公路路域科学系列丛书

公路路域生态学

毛文碧　段昌群 等 编著

人民交通出版社
China Communications Press

内 容 提 要

本书是公路路域科学系列丛书之一，主要内容包括：绪论、公路路域生态系统特征、公路路域生态学的基本理论、公路路域生态系统分析、公路路域生态环境影响评价与保护，共五章。本书深入浅出地介绍了公路路域生态学的相关理论，同时配合实例介绍了公路路域生态学理论在工程中的应用。

本书可供公路与生态环境研究、设计、施工人员学习参考。

图书在版编目（CIP）数据

公路路域生态学/毛文碧等主编. —北京：人民交通出版社，2009.1
ISBN 978-7-114-07428-8

Ⅰ.公… Ⅱ.毛… Ⅲ.公路-路侧地带-生态系统-研究 Ⅳ.U418.9

中国版本图书馆 CIP 数据核字（2008）第 154408 号

书　　名：公路路域生态学
著 作 者：毛文碧　段昌群　等
责任编辑：韩亚楠
出版发行：人民交通出版社
地　　址：(100011) 北京市朝阳区安定门外外馆斜街 3 号
网　　址：http://www.ccpress.com.cn
销售电话：010-59757969，59757973，85285977
总 经 销：北京中交盛世书刊有限公司
经　　销：各地新华书店
印　　刷：北京鑫正大印刷有限公司
开　　本：787×960　1/16
印　　张：13.75
字　　数：206 千
版　　次：2009 年 1 月第 1 版
印　　次：2009 年 1 月第 1 次印刷
书　　号：ISBN 978-7-114-07428-8
印　　数：0001－3000 册
定　　价：36.00 元

序

前不久，从文碧老院长那里听到“公路路域生态学”的概念，感到很新鲜。“公路”是我熟悉的专业，“生态”则是陌生的领域，两者结合的学问让人有耳目一新的感觉。近日，当我读罢“公路路域生态学”时，觉得它是一本难得的好书，犹如一把理论梳子将公路与其周围生态相互影响的关系梳理得清晰可见，值得一读。同时，也愈发觉得公路路域生态学是一门有生命力的学科，因为它顺应了时代的发展和要求。

“路域生态学”起源于20世纪60年代。欧美国家在席卷全球的环境启蒙运动中，对公路建设带来的水土流失、水文效应给予了关注。1970年后，欧洲和美国开始为野生动物穿越公路建设专门的桥梁与通道。1980年后，荷兰等国推动了与公路建设相关的生态学的研究。 2003年美国著名景观生态学家Forman教授等14位科学家，共同撰写了首部路域生态方面的专著《路域生态学：理论与实践》，提出了“路域生态学”的概念和学科内容，标志着“路域生态学”的诞生。

我国公路建设中的生态保护工作起步也很早。多年来我国对公路建设中的路旁植树、水土保持、风沙治理等都相当重视。20世纪70年代公路交通环保工作开始起步，1987年交通部发布《交通建设项目环境保护管理办法（试行）》，进一步推动了气、水、声等公路交通污染防治工作的发展；1997年交通部发布《公路建设项目环境影响评价规范（试行）》，规定对社会环境、生态环境、环境空气、环境噪声的影响进行评价；1998年交通部又发布了《公路环境保护设计规范》，这一年交通部科学研究院、北京大学、陕西省高速公路管理局共同开展《黄土地区高速公路建设生态环境影响评价指标体系研究》，在国内率先研究高速公路生态环境评价指标体系，为公路交通行业在生态环境影响评价领域的发展进行有益的探索。20世纪90年代初，世界银行在我国公路贷款项目评估中，要求进行项目环境影响评估，推动了我国公路生态环境保护事业的发展。

进入21世纪，我国公路建设者的生态保护意识明显提高。2003年交通部在四川省川主寺到九寨沟公路的改造工程中，提出并实践了“设计阶段最大程度地保护生态，施工阶段最小程度地破坏生态和最大程度地恢复生态”的建设原则。2004年交通部在全国公路勘察设计工作会议上提出“六个坚持，六个树立”[注]的建设理念，并在全国高速公路中示范推广，一批路域生态保护与设计施工良好的公路工程建成通车。

应该指出的是，虽然我国在公路路域生态保护方面的工作有了明显进步，但将其作为独立的学科进行发展才刚刚起步，很多空白还需要填补与开拓。

在新的历史条件下，公路生态保护事业的发展面临前所未有的机遇与挑战。党的“十七大”确定的2020年实现全面建成小康社会的奋斗目标中，明确提出：“建设生态文明，基本形成节约能源资源和保护生态环境的产业结构、增长方式、消费模式。循环经济形成较大规模，可再生能源比重显著上升。主要污染物排放得到有效控制，生态环境质量明显改善。生态文明观念在全社会牢固树立”。

我国多位生态学、社会学等相关专业的专家和公路专业工作者，齐心协力，在短短两年多时间就撰写成这本《公路路域生态学》，为公路专业人士打开了一扇通往生态世界的大门，使我们逐步认识生物、环境及其规律；也为生态学者找到了一个在工程领域进行研究与探索的空间，使他们逐步了解公路建设过程；为共同建设我国“公路路域生态学”，推动我国公路交通学科的发展作出了积极贡献。

谨向各位作者及人民交通出版社表示衷心的祝贺和敬意。

中华人民共和国交通运输部总工程师

2008年6月30日于北京

注：“六个坚持，六个树立”：一是坚持以人为本，树立安全至上的理念；二是坚持人与自然相和谐，树立尊重自然、保护环境的理念；三是坚持可持续发展，树立节约资源的理念；四是坚持质量第一，树立让公众满意的理念；五是坚持合理选用技术指标，树立设计创作的理念；六是坚持系统论的思想，树立全寿命周期成本的理念。

《公路路域科学系列丛书》出版说明

公路路域科学是一门探讨如何处理公路建设中引起生态环境与社会问题的学科。它将相关的生态问题、经济问题、社会问题同我们国家的资源环境与发展问题有机结合，以其综合性、系统性、交叉性、实用性、前瞻性初步构建了具有时代前沿特征和中国特色的学科体系。本套丛书以《公路路域生态学》的出版为开篇，目前已经建构了公路路域方面有关工程学、恢复工程技术、公路路域工程实例、经济学、社会学等知识体系和理论框架，并将在陆续出版的《公路路域科学系列丛书》中与读者见面。

公路网络及其承载的各种交通工具为人类社会带来巨大便利和社会效益，但也对自然景观和各种生态系统产生了严重影响，各种分割、扰动、破坏、污染等效应对公路沿线生态系统产生的负面作用越来越受到社会关注。如何趋利避害；如何在进行公路设计、建设过程中，将可能出现的各类生态环境问题化解在源头之中，是公路建设领域构建和谐社会、建设生态文明的突破口和切入点。

20世纪70年代，公路建设部门开始将公路的环境问题纳入工作视野中，但直到20世纪90年代，工作重点主要集中在公路建设的废水、废气、废渣这些“三废”处理和公路边坡绿化及水土保持方面。进入21世纪，随着国际社会对生态系统服务功能、生态健康、生物多样性这些涉及全人类未来基本福祉问题的纵深关切，仅仅围绕行业内直观的生态环境问题就难以满足社会发展对资源环境保护的需要。把覆盖在地球表面的公路网络有机地融合到可持续发展的生物圈中，使公路建设和运行对自然生态系统的影响降低到最小程度，使公路建设在顺应自然规律的基础上提高公路的寿命和运行通畅性，已经成为公路事业的主旋律。在认识该问题的过程中，公路路域生态学在进入新世纪之初应运而生。2003年，“景观生态学之父”、哈佛大学Forman教授联合全美14位科学家，历经27个月的时间，撰写了国际上首部系统阐述公路生态学影响的专著——《路域生态学：理论与实践》（Road Ecology: Science and Solution），书中初步提出了路域生态学的概念和学科内涵，标志着路域生态学的诞生。

我国目前是世界公路建设的主战场，这里既急需理论指导又可孕育最新理论，既急需技术支持又是技术创新的舞台。我国路域生态学的研究在注重解决具体实际问题方面有自己的长处，但在基础知识积累、学科积淀、技术创新、学术思想形成和理论构建方面还十分薄弱。未来我国除应在自己的传统优势领域提升理论高度，形成优势外，还应抓住我国当前大规模建设这一机遇，解决世界各国科学家从来没有或很少面临的基础科学工程技术难题，通过任务带动解决具体问题，发展路域生态学及其他路域科学体系。

我国公路生态科学研究与实践，应该顺势而谋，乘势而上，在提升研究水平、追赶国际前沿的同时，构建中国公路路域生态学的学科高地，争取在多个优势领域引领路域生态学的学科潮流。为此我们组织了多位生态学、社会学和公路工程学方面的专家共同编写了《公路路域科学系列丛书》。在出版《公路路域生态学》的基础上，还将继续推出《公路路域工程学》、《公路路域恢复工程技术》、《公路路域经济学》、《公路路域生态工程实例集》等分册。从书中的理论基础、研究方法及工程实例将为公路工程学、生态学、经济学、社会学等方面的研究人员提供有益的参考。

《公路路域生态学》编写组名单

顾　　问：汪星宇　舒　翔

主　　编：毛文碧　段昌群

编写人员：段昌群　李海峰　甄晓云　陈　兵　王　云　陶　磅
张智才　王　洁　秦晓春　续勇波　吴家勇

统　　稿：毛文碧　段昌群

前言

截至2007年底，我国公路通车总里程达357.3万公里，其中，高速公路超过5万公里，高速公路的通车里程已居世界第二，仅次于美国。虽然我国的公路建设，从规划、设计、材料、工程机械到施工与质量控制等方面，都取得了许多成功的经验，建设水平大大提高，甚至已经走在世界的前列。但是，和世界上的许多国家一样，“公路对自然环境的负面影响和影响的复杂性”也才刚刚被我们认识。

据有关研究资料报道，公路建设对环境和自然生态系统有着显著的负面影响，如：土地资源占用、植被破坏、水土流失、汽车运行造成的大气污染和噪声污染等。根据有关资料显示，每建设1公里高速公路，占用的土地最高可达5～7公顷；在长江中下游地区，由于公路建设，每年新增水土流失量达到5 000万吨，仅四川省，每年因公路建设新增水土流失达2 678万吨。

据美国的研究表明，道路路网的形成对自然景观和生态系统有分割、孤立、干扰、破坏、退化、污染等各种负面影响，而这些影响，可能超过了人类活动的其他方面。美国的科学家们同时指出：道路网络主要形成于20世纪70年代，那个时代交通部门注重提供安全和高效的交通环境，而不大关心生态学。然而今天，情况发生了变化，交通部门和生态学家正积极解决由于过去错误决策而带来的恶果，并防止其在未来继续发生。世界上第一部有关道路和生态学方面的专著《路域生态学：理论与实践》出版，推动了此方面研究并标志着“路域生态学”的诞生。

我国首部《公路路域生态学》的创作目的，是在认识公路“对自然环境的负面影响和影响的复杂性”的基础上，把公路工程建设纳入和谐社会建设的大战略中去具体实施，并真正做到公路建设以人为本，人与自然和谐相处。人与自然和谐相处的关键是“相处”。“相处”就要承认自然、尊重自然、爱护自然、保护自然；自然界是人类赖以生存和发展的基本条件，保护自然就是保护人类，建设自然就是造福人类。所以，在研究路域生态系统、路域经济系统、路域社会系统和公路这种人工构造物共存的时候，确保公路沿线生态系统的完整性，实现公路与生态系统的和谐与动态平衡，是公路路域生态学的根本任务。

《公路路域生态学》一书，由毛文碧，段昌群，李海峰，甄晓云，陈兵，王云，陶磅，张智才，秦晓春，王洁，续勇波，吴家勇十二人共同写作完成，汪星宇、舒翔为本书的顾问。全书共分序、前言、第一章至第五章共七部分。其中，前言由毛文碧主笔，第一章和第三章由段昌群主笔、统稿；第二章和第五章由陈兵主笔、统稿；第四章由李海峰、王云主笔；毛文碧和段昌群负责全书统稿。人民交通出版社杨文银社长对本书的出版提出了许多宝贵的建议；人民交通出版社韩亚楠编辑对本书进行了认真的加工整理。

本书在编写过程中得到了云南利鲁环境建设有限公司董事长苏一江先生和河南高远路业集团董事长刘廷国先生的全力支持，保证了多次编审会议圆满成功。云南利鲁环境建设有限公司是从事自然生态环境研究、设计与恢复的专业公司；河南高远路业集团是我国集公路养护技术研发、设备和材料生产，及工程施工为一体的专业化企业。在此对以上各位领导和同仁对该书出版工作给予的大力支持和指导表示衷心感谢。

正如大卫·白威尔先生对美国版《路域生态学：理论与实践》的评价中所说："路域生态学是交通行业的'寂静的春天'。如果我们不能及时地从道路工程学转移到路域生态学中，我们必将生活在一个拥挤的、破碎的生态系统的世界中……"。

我们衷心期望，我国首部《公路路域生态学》的出版，能为我国的公路建设、公路路网交通与生态系统的和谐和发展，提供必要的理论支持，为生态文明理念在全社会的牢固树立和生态文明建设作出应有的贡献。

路域生态学作为一门新型学科，正处在研究阶段，它的学术思想很多方面还不成熟，也还没有形成它自己的理论框架。有鉴于此，《公路路域生态学》的许多基本观点和理论论述，难免有不当之处，希望有关专家和学者不吝赐教。

编　者

2008年6月

目　录

第一章
绪 论

公路网络是地球表面最大的人工设施，作为人类文明的重要象征，连接不同的区域，汇聚了巨大的人流、物流，创造着价值流和信息流，不断提高人类的可移动性。公路网更加便捷、快速地推动着现代社会的交流和发展，成为人类社会发展的巨大驱动力。

自然界中的植物、动物、微生物通过复杂多样的食物链和食物网有序地统一起来，维护着生物地球化学循环、能量流动和信息传递，在为生命世界的发展和演化提供支持条件的同时，也为人类社会提供了无可替代的生态服务及人类赖以生存和发展的资源和环境。

公路网络覆盖在地球表面，在提高人类的活动性和物质流的同时，也对自然生态系统产生着影响。包括对植物、动物等生存环境的影响，对生物地球化学循环过程的影响，对自然连续性破坏的影响和对景观分割的影响，同时也影响自然生态系统功能的发挥。随着公路建设规模的扩大、公路密度的增加、公路向更广阔的自然界延伸，这种影响将变得更加突出。

如何使公路的建设和运行对自然生态系统产生的影响降低到最小程度，如何使公路建设在顺应自然规律的基础上提高公路的使用寿命和运行通畅性，这些既是公路建设中面临的重要课题，也是环境保护工作的重要内容。公路路域生态学正是探讨如何处理公路建设所引发的生态环境问题的一门应用学科。

第一节 公路路域生态学的基本概念

公路路域生态学是一个新型交叉学科，涉及很多概念。有的属于传统生态学和工程学的基本术语，有的则是在本学科理论体系构建过程中融合了多学科的概念并进行了拓展。

一、公路路域

公路路域是公路路域生态学的一个核心概念。基于生态学的基本理论并结合公路工程学的特点提出这一概念，其具体阐述如下：

（一）公路

路（Road）又称道路，是提供给人及交通工具通行的公共地面。根据通行界面的不同，路分为水路、陆路等。在陆路中，根据服务区域不同，又可分为公路、城市道路等。在公路中，根据公路功能、路网规划和适应的交通量的不同，又可将公路分为五个等级：高速公路、一级公路、二级公路、三级公路和四级公路。在一定区域内，不同标准等级的公路相互交织，构成了公路网络（简称路网）。

（二）公路路界

我国《公路工程技术标准》（JTG B01—2003）在确定公路用地范围时应符合以下规定：① 公路用地范围为公路路堤两侧排水沟外边缘（无排水沟时为路堤或护坡道坡脚）以外，或路堑坡顶截水沟外边缘（无截水沟为坡顶）以外不小于1m范围内的土地；在有条件的地段，高速公路、一级公路不小于3m，二级公路不小于2m范围内的土地为公路用地范围。② 在风沙、雪害等特殊地质地带，设置防护设施时，应根据实际需要确定用地范围。③ 桥梁、隧道、互通式立体交叉、分离式立体交叉、平面交叉、交通安全设施、服务设施、管理设施、绿化以及料场、苗圃等用地，应根据实际需要确定用地范围，这些用地范围的边界称之为路界。

公路用地范围内的土地以及公路设施，是公路管理部门依法管理、维护的路产路权。

（三）公路路域

公路路域是指公路建设、维护和运行管理过程中所改变和影响的地面自然带状空间，这种带状空间既包括公路建筑设施，还涵盖与公路产生相互作用和影响的自然生态系统相关区域。在景观生态学中，路域又可称为公路廊道（图1–1）。

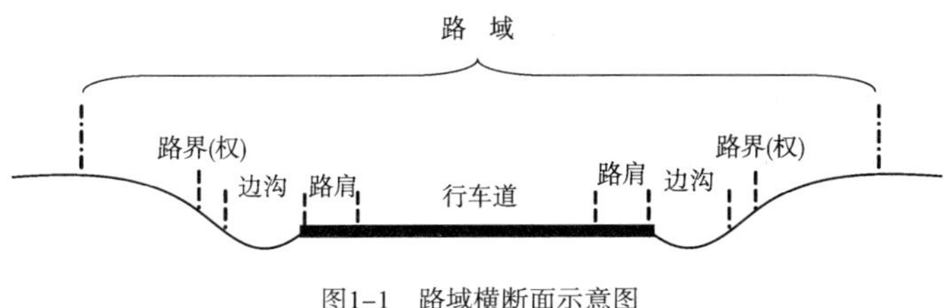

图1–1 路域横断面示意图

公路是穿越自然环境的一个人工构造物，它在建设、维护和运行管理过程中必然要和沿线或者路网所在区域中的自然生态系统发生关系。因此，路域在空间尺度上涵盖路界，而路界只是路域内人工限定其使用隶属关系的空间。

公路路域这个概念主要强调公路与自然之间的相关作用，这种作用包括两个层次，一个层次是公路与其沿线的植被、动物、水体、沉积物等生态因子的相互作用，另外一个层次是公路穿越大自然时与所在区域生态系统的相互作用。

公路的显著影响一般表现在公路用地范围内，但有些影响可延伸和跨越较远的距离。如由于公路建设所引起的人类可达性干扰、侵入性物种传播、公路对溪流的影响、公路对野生动物移动路线的干扰、公路对对流层——高层大气循环的影响等。又如有研究表明，北美路网对野生动物驯鹿的影响距离可达到5km。

由于公路经过不同区域，对自然生态系统产生的影响范围、程度、持续时间也有所不同，因而路域范围是不规则的，同时也是动态变化的。公路本身一旦建设完成，它对周围环境的影响范围往往还因交通流量、运输物品的属性及突发事故的发生地点、人工处理生态环境问题的方式不同而产生很大差异。因此，不宜简单地确定固定的路域边界。

公路路域的大小是由公路建设和运行管理过程中公路交通系统对生态系统的扰动程度和范围所决定的。主要决定因素，包括公路自身特征、交通量特征、公路沿线生态系统特征和人类行为干扰特征四个方面。

（1）公路的自身特征主要指公路横断面的宽度和路面面层类型，如沥青混凝土路面、水泥混凝土路面等类型。

（2）交通量特征主要指交通量大小、车型组成、交通量时间分布特征等内容。

（3）公路沿线生态系统特征主要指生物的群落结构、分布特征、行为方式等，及其对公路交通干扰反应的敏感程度，或抗干扰程度等内容。

（4）人类行为干扰状况主要指人类行为沿着公路进行扩散，从事生产活动或资源获取的范围和强度等内容。

需要强调的是，公路沿线生态系统的复杂性决定了路域大小和边界的复杂程度。一般来说，顺风面的路域要大于逆风面的路域；在水流浸蚀、溶解、运输与沉积共同作用影响下公路下坡侧的路域要大于公路上坡侧的路域；草地公路的路域要大于密集森林内公路的路域。由于沉积作用、水流等物质运输的影响，在很大程度上扩大了公路影响的范围。

路域范围以影响自然生态系统的尺度和范围来界定，但也要根据所研究工作的具体需要和工程操作层面上的可行程度来矫正该范围。因此，虽然路域是客观存在的，但其研究的范围往往需根据实际要求进行合理界定。

为了尽量减少公路对自然生态系统的干扰和破坏，在规划选线和整个建设过程中，必须分析研究公路路线所经过的自然生态系统，把其对生态系统的影响程度作为项目可行性研究的重要指标，使其负面影响降低到最小。而一旦公路路线确定，在建设过程中，必然会对原有的自然生态系统产生分割、破坏等负面作用，这就需要在施工工艺和防护对策上进行认真研究，使这种破坏作用减少到最小。公路投入运行之后，还要通过科学有效的管理，以达到对沿线生态系统最小干扰的目的。因此，在研究自然生态系统和公路共存的时候，要分析公路沿线的生态系统现状，力求在保持原有自然生态系统结构和功能的基础上，实现公路与自然界的共生和协调，形成新的动态平衡。

二、公路路域系统

公路建设的目的是服务经济社会的发展，满足交通工具安全运行的需要，实现人流、物流、价值流的有序流动。这种由人、交通工具及其承载物、路域组成的，能够完成人类运输要求的功能体系称为路域系统。简而言之，路域系统就是由人、车、路及路域构成的复合系统。

（一）公路路域系统是一个复合的、动态的系统

公路路域系统的复合性和动态性主要体现在如下方面：首先，该系统是

由人工构筑物覆盖和叠加在自然生态系统上形成的，它既有人工构造物的成分，也有自然生态系统的成分。其次，公路设计、建设和运行受到经济社会等因素的驱动和约束。随着经济技术条件的不断发展，公路的宽度、桥隧的密度和高度、公路网的密度都发生着翻天覆地的变化。同时公路产生的影响还与行驶在公路上的人流、车流密切相关，而后者显然与公路通行区域经济社会发展条件密切相关。

公路路域系统的复合性和动态性在不同阶段的影响有不同的体现。在公路的建设阶段，这个系统不仅涉及公路的用地范围、建筑限界和施工方案与所在的自然生态系统的关系，还涉及取土坑、弃土场、料场等用地对所在生态系统的扰动；在公路建设完成并投入运行以后，公路路域生态系统就是一个由人、车、路和公路沿线的自然生态系统组成的复杂系统，同时这也是一个动态平衡的系统，在运行车辆的干扰（噪声、废气、污水、固体垃圾等）下不断变化，最终达到一种新的相对稳定的动态平衡。

（二）公路路域系统是一个人工化的生态系统

公路路域系统是一个人工化的生态系统，因为任何公路都是人工构造物。公路穿行的自然生态系统即使采取相应的生态保护措施也不可能完全恢复到原有状态，同时由于公路运行过程中的交通扰动等因素，自然恢复往往十分缓慢，经过长期的自然演变后公路沿线的边坡和路基上的生物和环境状况也只是部分地逐渐地接近临近的生态系统，有些地方甚至没有恢复的可能。因此，公路路域生态系统打上了人工烙印。

公路路域系统虽然带有很强的人工色彩，但其基础仍然是自然生态系统。现代公路建设的理念就是在公路规划设计阶段最大限度保护自然生态系统，施工建设阶段最小程度破坏自然生态系统，运行管理阶段最大限度恢复自然生态系统。在确保公路通畅的条件下，建立自然生态系统和公路（人工构造物）之间的动态平衡，实现公路与生态系统的和谐共处是公路路域生态学研究的根本任务。

（三）公路路域系统包含的三个子系统

公路路域系统体现的是人的意志。其结合方式和形式受技术、经济、社会条件的制约，它是自然性、经济性和社会性的统一体。为研究方便，我们可以将这个自然—经济—社会的复合系统划分为三个子系统：公路路域生态系统、公路路域经济系统和公路路域社会系统，公路路域系统是由这3个子系统融合而成的有机整体。

1. 公路路域生态系统

公路路域生态系统主要强调的是路域系统中的自然界基本属性要素。支撑公路通行的自然环境具有自然生态系统的一切特点。任何公路都是在一定的自然介质中进行设计、建设和维护的。气候、地形、地质、地貌、土壤及其中的植物、动物、微生物等自然因素都与公路之间产生相互作用和相互影响，这种影响的规律和特点是公路路域生态学的基本内容。认识好、掌握好、利用好生态规律，才能更好地指导公路设计、建设和进行维护。

2. 公路路域经济系统

公路路域经济系统主要强调的是路域系统中的经济性要素。公路建设的目的是为了满足人类的直接物质流通和人员往来需求，这种需求是建立在经济利益驱动下的，建什么样的公路、如何建、什么时候建都是经济发展中的客观要求。

3. 公路路域社会系统

公路路域社会系统主要强调的是路域系统中的社会性要素。任何公路建设不仅仅只是在自然地带上修筑一条满足人车通行的道路，而且要满足社会长期发展的需求。公路的走向、样式、护坡及公路沿线的绿化既是公路本身功能的要求，也包含有公路经过地区的文化元素，具有一定的区域性和民族性。尤其是体现了公路经过区域的人文景观、风土人情、社会文化和民族区域特征。这些既是现代公路景观建设中经常考虑的因素，也成为公路路域社会系统的重要组成部分。

三、公路路域生态学

伴随着公路建设对生态环境影响程度的加深及人们环境保护意识的觉醒，公路路域生态学应运而生，它突出强调在公路设计、施工、运行过程中实现公路与自然的和谐发展。

（一） 公路路域生态学定义

生态学是研究生物与其所在环境相互关系的科学体系。生物与环境之间通过物质循环、能量流动、信息传递组成了一个结构和功能的统一体，这个统一体就是生态系统。因此，生态学也是研究生态系统的一门学科，它的本质是研究自然界中的经济学，是研究生物如何更好地生存的一个科学体系。生态学的研究表明，人类只不过是地球生物圈大家庭中的一个成员，只能与这个星球同命运，共存亡。人类社会如果不遵守生态规律，将会给人类与地球带来共同的厄运。生态学对人类如此重要，不仅因为人类为了生存要合理地利用生物资源而需要研究动植物生态学，而且也因为人类自身有责任维护人类赖以生存的星球，需要用生态学原则来调整人类与自然、资源与环境之间的关系。现代生态学发展至今，已不仅是生物学中揭示生物与环境相互关系的一门分支学科，而且成为指导人类行为准则的一门科学。

公路路域生态学是研究与公路和车辆相关的有机体与所在的自然环境之间相互作用的科学。它的研究对象是公路路域生态系统。它把人—车—路这种人工系统和公路沿线的生态环境有机结合起来，综合地考虑、系统地分析研究这个统一体，使公路与自然的和谐统一。

公路路域生态学的研究对象是公路路域生态系统，而这个生态系统之所以不同于其他自然生态系统，其原因在于：

第一，公路的宽度及其建设方式不同，对自然生态系统的影响程度和影响方式不同。因此，公路路域生态系统的大小取决于公路建设对自然生态系统的影响程度以及自然生态系统对公路建设和安全运行的影响范围。

第二，公路以线性状态穿行自然界的时候，往往通过多个自然生态系统，所以公路路域生态系统往往也是多个不同自然生态系统以公路为纽带连接在一起的功能体，即由公路这个人工构造物和公路沿线的生态系统按照一定的规律组成的复合系统。

第三，公路建设主要体现人的主观意志，在哪建，如何建，建成什么等级的公路受人为因素的影响，因而公路路域生态系统的诞生和形成是非自然性的，人类可以有预见性地调控这个生态系统。

公路路域生态学需要充分研究和认识这种特殊生态系统的特点，发现和掌握它的运行规律，为公路建设的可持续发展和人与自然的和谐相处做出贡献。

（二）公路路域生态学的学科定位及其特点

1. 公路路域生态学的学科定位

公路路域生态学是一门研究路域系统中与自然生态系统密切相关内容

的学科，而相应地研究路域系统经济方面的科学可以定义为路域经济学，研究路域系统社会学方面的科学可以定义为路域社会学。路域生态学、路域经济学、路域社会学共同组成了新兴的路域学科体系。可以认为，路域科学体现了交通学的发展方向。

公路路域生态学是生态学的应用学科。生态学分为基础生态学和应用生态学，前者是研究自然界生物与环境之间的关系和规律，后者是研究应用生态学的基本原理和方法，分析和解决人类生产、生活过程中的环境保护及资源利用等领域中的问题。应用生态学近20年来有两个发展趋势：一个趋势是经典的农、林、牧、渔这些涉及生物资源方面的应用生态学的不断发展；另一个趋势是随着人类对自然界的影响不断深化，人类面临人口爆炸、食物短缺、生物多样性减少、能源不足、交通拥堵及工业污染等方面的新挑战，因此应用生态学的研究也相应地扩展到这些领域。这些问题的解决往往是区域性的，甚至是全球性的，需要通过自然科学、工程技术科学、经济科学、社会科学及管理科学等多学科的融合才能够解决以上问题，才能促进自然—经济—社会这一复合系统的良性发展。公路路域生态学就是应用生态学的后者在纵深发展形势下产生的新学科。随着它的不断发展和完善，将给应用生态学乃至整个生态学领域提供新的发展动力，拓展新的发展空间。

2. 公路路域生态学的特点

公路路域生态学具有鲜明的多学科交叉性和综合应用性的特点，同时在分析研究具体问题时，也具有明显的区域性。

1）学科交叉性

从生态学的角度来讲，公路路域生态学是研究公路建设和运行过程中与自然环境相互关系的科学体系；而从公路工程科学的角度来讲，又是研究和分析公路建设和运行过程中如何遵循生态规律，得到最大经济社会效益的科学体系。虽然路域生态学是生态科学与公路工程科学的交叉学科，但也不能将其视作两者简单的叠加，而是需要生态学、自然地理学、地球科学、经济科学、管理科学、社会科学以及工程技术学等多个学科门类的支撑，并将这些学科高度综合而成的一门科学。

应该注意的是，公路路域生态学虽然涉及很多学科门类，但最核心的知识体系主要是生态科学、地球科学、工程技术科学，其中包括交通运输学、水文学、野生动物学、植被生态学、种群生态学、土壤学、水化学、水生生物学等学科，同时保护生物学、景观生态学等也是重要的支撑学科。

2）综合应用性

公路路域生态学是以生态学原理为指导，以经济和社会需求为目的，实现公路建设中生态、经济、社会效益的三者统一，并能造福人类的一门综合学科。公路路域生态学是以多个学科的原理为基础，来解决公路建设中的生态和环境问题，因此是一门具有很强应用性的新兴学科。

公路路域生态学实现了多个层次的综合，一是以人—车—路作为一个统一整体；二是将这个系统与自然生态系统融合为一体，实现了公路建设指导理论的新跨越。公路路域生态学将为汽车工程学、旅行行为学、交通规划学的发展和完善提供了新动力，并为公路交通和社会发展的相互和谐提供富有成效的解决方案。

3）区域性

公路路域生态学的研究对象——路域生态系统具有很强的区域性，决定了该学科在认识和解决具体问题时，也必须重视和强调它的区域性。公路建设本身就是一个极富区域性的人类活动，公路延伸到自然生态环境中更是如此，这种特色性、区域性很强的要素的组合和叠加，使任何一条公路建设面临的生态环境问题都不可能相同，解决问题的思路和方案也有差异，如何在遵循基本生态学原理的基础上，创造性地解决区域性公路建设中自然—经济—社会的复合问题，并从中提炼一些共性的思想和方法，是本学科发展的内在动力。

（三） 公路路域生态学研究的意义

公路路域生态学是在解决公路建设中存在的生态环境问题时应运而生的学科，不仅具有广阔的应用前景，而且具有重要的学科意义。

1. 公路路域生态学是交通学科和生态学等学科发展的增长点

从全球范围来看，公路建设，尤其高等级公路网络及其路域环境的变化，在驱动人类文明发展的同时，也成为影响地球环境最重要的人为因素。人类社会开始关注环境问题后，人们对涉及公路建设的生态环境问题虽然有所重视，但仅仅只是关注公路建设中影响比较大、后果比较严重、影响比较直接的环境问题，诸如公路建设对植物、水土环境、产生的废弃物等方面的影响，以及公路的绿化、养护、运行过程中产生的废气污染及突发交通事故对公路的影响等，解决问题的方式往往是事后的被动应对，缺乏系统的全过程的理论指导。公路路域生态学就是根据多学科发展的内在需要而产生的，它的发展必将对相关学科发展起到重要的引领作用。

2. 大力发展公路路域生态学是中国公路建设和生态环境保护事业的内在需求

（1）国家环境保护局发布的《中国生态问题报告》分析表明，交通建设过程和矿产资源开发引起的生态破坏已经成为生态环境恶化的主要原因之一。我国公路建设已进入重要的发展阶段，但也成为影响生态环境的重要原因。所以，公路建设和改造中亟待构建环境影响理论和评价指标体系以及研究生态修复的创新技术。以往公路设计时，重视了技术和经济方面的比选，但往往忽视了地质灾害和生态环境保护，导致了生态破坏。近20年来，高速公路的建设和发展，增加了地质选线，增大了环保投资，在已建成的高速公路路界范围内，形成了重视生态环境保护的新局面。同时，由于社会对生态环境保护的要求越来越高，国家环境保护法规和制度也越来越完善，这些无疑对公路的生态环境保护提出了新要求。此外，由于公路生态环境保护工作缺乏系统的科学理论指导，生态修复和环境保护工作相对滞后，引发和遗留的生态环境问题引起了社会的关注。因此，公路建设在生态环境保护方面的理论突破、思想集成和评价指标体系的构建，引起了公路界和生态界的广泛重视。可见，公路路域生态学的发展大有可为。

（2）在我国未来公路建设中西部地区任务繁重，而西部地区也是我国生态环境保护的关键地区、重要的生态功能区和生态脆弱区，在这样的地区进行公路建设，生态环境的保护压力很大，生态修复和环境重建的难度亦很高，更需要全面、科学地进行规划。

我国西部地处内陆，交通运输以公路为主，高等级公路路网正在大规模建设，与此同时，我国西部自然地理条件复杂，生态环境多样，物种丰富，同时地处国际和国内大江大河的上游，生态环境变化直接影响下游地区的发展和国家的生态安全，因此生态环境十分敏感。西部地区又是我国生态环境十分脆弱的地区，资源承载力和环境容量十分有限，很容易导致生态破坏和环境退化。大规模的公路建设将引起本区域生态环境发生怎样的变化，如何预测和警示不良的生态环境变化，并在公路规划设计、建设、运行等不同阶段采取科学合理的方法化解各种生态风险，是西部大开发中保护生态环境的重大问题。公路路域生态学将在解决这些问题上发挥着不可替代的作用。

（3）当前及未来相当长的一段时间内，我国是世界公路建设的主战场，需要解决世界公路建设史上从来没有遇到的难题，或者需要在较短时间内解决发达国家数百年才遇到的相关科学技术难题，因此应在工程建设实践中不断提炼思想和理论，在满足和指导我国公路建设的同时，也为公路工程学、生态学作出的新贡献。

第二节 公路路域生态学研究的内容

作为一门独立的学科，公路路域生态学具有自己的研究内容和范畴。公路路域生态学研究的中心内容，简单地说，就是研究路域生态系统的科学，而路域生态系统是公路与自然生态系统的有机融合，因此公路路域生态学研究的主要任务就是研究公路与自然生态系统的相关关系及其规律。具体可以分为三个方面：公路对生态环境的影响，生态环境对公路的作用，路域生态系统的保护、修复、优化与提高。

一、公路对生态环境的影响

公路对生态环境的影响，本质上就是公路建设和运行过程中对公路路域生态系统中的生物和自然环境因素的综合影响，可划分为以下几个层次。

（一）公路建设对生物的直接影响

1. 公路对植被的影响

公路路界范围内对其穿越地表的森林、农田、草地植被进行清除，完全改变了原来地表的植被覆盖；公路对所经过区域植物生存环境的改变，以及对植物繁殖体传播的阻隔作用，改变了路域植物群落的物种组成；植物群落的演替动力受到干扰，群落演替长期停留在偏途顶级状态（又称顶级，由于干扰使得真正的演替顶级发生改变，形成另一个相对稳定的群落称为偏途顶级）；公路两侧的植物长期被草本和灌木植物所代替，路域附近植被的连续性受到阻断；借助公路两侧的生境和交通工具的携带作用，为杂草和外来植物的生态入侵提供了机会；公路通达性的提高，增加了公路附近植被受到人为干扰的可能性。

2. 公路对野生动物的影响

公路交通导致动物死亡已成为野生脊椎动物死亡的重要原因之一；阻碍动物个体在同种种群间的交流以及互补性资源间的周期性迁移；迫使森林内部物种、边缘敏感物种主动回避公路，动物的行为发生改变；导致公路路域栖息鸟类繁殖率下降；有利于小型物种沿公路边缘扩散,造成生物入侵。公路路域作为一种特殊的边缘地带，对一些边缘物种以及其他被吸引过来的动物来说是一种“死亡陷阱”。这些影响的综合作用会导致孤立的小种群问题，从而严重威胁到珍稀濒危物种的长期存活。

3. 公路建设对微生物的影响

公路两侧的大型真菌丧失生存条件，种类和数量显著减少；伴随土地条件的改变，土壤细菌、真菌、放线菌的物种和群落结构完全改变；行驶的交通工具可能携带外来微生物并扩散到公路沿线，影响本地微生物的区系组成。

（二）公路建设对生物栖息环境的影响

1. 公路建设对地表物理属性的改变

公路建设挖填过程及其对自然环境条件的改变，完全改变了自然地表土层的层理和质地，压实地段及部分地段公路两侧的土壤丧失了生物栖息的条件；人工构筑的路面对光照、温度、水分的物理效应完全改变，促使公路周围小气候的形成，风和大气流动形势也随之改变。

2. 公路建设对水文条件的改变与水土流失

硬化路面和密集路网改变了区域水分的渗漏、坡面漫流、地下水流以及分水岭，引起区域水文条件的改变；公路建设产生了大量的松散土壤、碎石和大量地表裸露，为土壤侵蚀创造了条件；硬化路面妨碍了水分的渗入，并且降雨形成地表径流在集中排水过程中为土壤侵蚀提供了动力。

3. 公路交通运行污染对自然环境的影响

来自车辆的尾气、公路和桥梁的淋溶物、交通工具运输物质的散落物、交通事故中的物质泄漏，防滑用的沙石料，融雪剂等对路域水体、土壤乃至大气产生污染；公路运行期间生活服务区的废水和垃圾污染、公路沿线的噪声污染等都对自然环境产生影响。

（三）公路建设对生态系统和景观格局的影响

1. 公路建设对生态系统结构和功能的影响

公路穿越区域自然因素发生变化，生态系统中的生产者、消费者和分解者的组成发生变化，对食物链和食物网的结构产生影响，从而区域生物地球化学循环特征、能量流动状况受到影响；生态系统的生物多样性水平发生变化，生物生产力和生物资源的再生维持能力降低，生态系统稳定性和抗干扰性可能受到影响；公路穿越特殊的生态脆弱区（如高寒山区、荒漠和沙漠地区等），处理不当还可能引起不可逆的生态衰退。

2. 公路建设对景观的改变

公路建设本身就是向自然景观中嵌入人工景观，创造新景观，并因此改变了原来的自然景观及其连续性；公路的影响从自然环境因素改变到对生物的影响范围，成为改变公路沿线景观格局和演变力量的主要驱动因素。尤其是伴随着公路的延伸，物流、能流更加通畅，城镇可沿公路沿线布局，城市可沿公路沿线拓展，人为活动及其对自然的影响沿公路沿线向纵深发展，自然景观将逐步被人工化景观所替代。

二、生态环境对公路的影响

公路与生态环境之间的影响，不仅仅体现在公路建设对生态环境产生影响；生态环境也对公路的设计、建设和运行产生诸多影响，这些影响不仅表现在不同的公路建设过程中,而且对未来公路的安全性、运行与维护成本带来不同程度的影响。

（一）生态环境对公路设计的影响

1. 自然地理因素对公路设计的影响

地形、地貌和地质结构是传统公路规划设计中考虑的首要因素；河流、山体的走向，小地形的坡度、坡向也经常成为路线设计中要考虑的重要内容。

2. 生物分布格局对公路设计的影响

珍稀濒危生物的分布、珍贵树木、大型野生动物栖息地、野生动物的迁移路线、重要生物种群的空间分布格局等因素，已经成为现代公路设计高度重视的要素。如何在公路规划设计阶段对未来公路可能产生的影响进行前瞻性预测并采取规避措施，成为路域生态学进行生态环境保护的重要对策。

3. 生态景观格局对公路设计的影响

公路往往会穿越各种自然保护区、国家公园、森林、农田、水域、村镇、自然历史文化遗产地、民族宗教祭拜地和保护地（如神山、龙山）等等，这些生态景观要素在公路设计中往往也是需要考虑的重要内容，有的要充分应用这些生态景观提高公路生态文明的程度，有的需要设法规避公路建设对它们的影响。

（二）生态环境对公路建设的影响

1. 自然地理条件与公路施工技术选择

除了在公路设计阶段需要尽可能减少自然地理条件对公路建设的影响外，进入施工阶段，往往也需要根据具体的自然地理条件应用先进的施工方法，减少相关影响。

2. 生物因素与公路建设

自然保护区是保护生物和生态环境的重要区域，穿越或临近自然保护区的公路施工往往需要最小程度的干扰和破坏；施工尽可能减少对湿地和洼地的填埋，保持其自然属性；接近有重要保护生物种类的敏感水域，要集中收集和堆放施工中产生的污染物，并进行无害化处理。

（三）生态环境对公路运行的影响

生态环境对公路运行的影响主要体现在：边坡稳定，土壤侵蚀，水文变化，地段性滑坡，路基变形；在生态敏感区域考虑设计野生生物规避区与生物迁移通道；路侧植物绿化及其对安全运行的影响。

三、路域生态系统的保护、修复、优化与提高

（一）生物多样性保护

实现公路建设中对生物多样性的保护是路域生态学研究的一个基本内容和准则。生物多样性保护涉及多种方法和途径，其中最基本的原则就是，尽可能对生物种群及其栖息环境产生最小的扰动，同时也可以通过自然保护区、植物园或动物园对野生生物进行就地保护或迁地保护。

（二）水土流失控制

水土流失是公路建设造成的最常见生态问题之一，尤其是在施工期根据工程区水土流失的特点科学设计开挖路堑，准确控制路基填方，严格管理取料和弃土弃渣，及时对施工产生的创面进行生态修复。

（三）环境污染防治

公路交通的污染主要包括建设期间的污染和建成运行期的交通污染。严

格执行工程建设的环境保护“三同时”制度（“三同时”制度是建设项目环境管理的一项基本制度，是我国以预防为主的环保政策的重要体现，即建设项目中环境保护设施必须与主体工程同步设计、同时施工、同时投产使用），发展绿色交通，防止环境污染。

（四）生态景观修复和重建

一方面对受公路建设影响而发生变化的自然景观进行生态修复，使改变了的路域景观尽可能与原来景观相协调；另一方面，公路建设本身创造的新景观也反映了人与自然的对话，也是景观格局的重要组成部分，通过改变凸显这种变化，重建成为更好的生态景观。如穿越沙漠的公路建设防护林带，穿越居民区的公路采取密集的绿化带隔离。

第三节 公路路域生态学的理论与方法

公路路域生态学作为多学科交叉融合产生的新兴学科领域，研究和分析问题的理论和方法主要借助相关学科的理论，要借助工程学的技术手段来解决问题，要借助社会学和经济学的思想来确立最终发展目标。

一、理论框架

（一）生态学理论

1. 生态学的产生与发展

生态学（Ecology）是德国科学家Haekel（1834～1911）于1866年首先提出来的，并定义为“研究有机体与环境间相互关系的科学”。这一定义界定了生态学的研究领域和基本内容，生态学及植物生态学、动物生态学等分支学科一直沿用这个定义。同时，由于Ecology（生态学）一词和Economics（经济学）同一字源，有的科学家强调，生态学就是“自然界的经济学”。1935年，英国生态学家Tansley提出了生态系统的概念，认为生态系统是一定空间中的生物群落与其生存环境组成的系统，该系统是一个有机统一体，其中能量流动、物质循环维持着相对的生态平衡。美国生态学家Eugene P. Odum围绕着生态系统及其结构和功能这一思路，明确提出“生态学是研究生态系统的结构和功能的科学”。迄今为止，生态学一般仍沿用原有的定义，即它是研究生物与环境间相互关系的科学，只是理解上有了新扩展，融入了生态系统和自然经济的思想和内容。对学科理解的不断完善反映了人类对自然界认识的进步，也反映了人们在合理利用资源及生态环境建设方面对生态学的要求。

2. 生态学研究对象的层次性

（1）个体水平。个体生态学是分析生物个体在其生命活动过程中和环境之间的关系。任何生物必须从自然环境中摄取各种物质以建造自身，并要求一定的外部环境条件以保证生命活动的进程。所以，生物与环境错综复杂的关系是与生俱来的；但环境如何影响生物，生物又如何适应环境，可以通过生物的生存和生活状态表现出来。

（2）种群水平。在自然界，任何生物个体必属于某一个物种，而物种是以种群的形式存在的。不同的生物种类，其适应能力有强弱之分，即便同一种生物的个体之间，生活能力也有高低之别。其结果是：有的生物种类因缺乏适当的环境条件而不能在新的地点存在；而有的种类却因适应能力很强而不断扩大个体数量和生存空间，并在适应过程中形成一些新的性状，这就在种群中产生了生态分化。如果分化的方向较为稳定和持续，日积月累，变化的性状就会存留下来，成为生物界进化过程中重要的积累部分。

（3）群落水平。不同种群的生物在同一地段聚集生长，形成生物群落。生物之间为了空间和资源的分配而发生复杂的相互关系，例如相互依存、相互结合或相互排斥。能够群居在一起的生物并非杂乱无章的堆积，而是形成了一个有规律的组合。各个生物群落适应于一定的自然环境，均有其一定的空间位置，在自然界中有规律地重复出现，体现了群落与环境的统一；每个群落又都是一个动态系统，它通过物质和能量的转化而自我维持、自我调节。地球表面的整个生物界就是由各种生物群落镶嵌组成的。

（4）生态系统与生物圈。地球上一定区域中所有生物及其生存环境之间的相互依赖、共同发展，形成了一个有机统整体，这就是生态系统。生态系统的大小可根据解决问题的需要科学合理界定。生态系统小到一滴水，大至整个地球，即生物圈。生物圈（Biosphere）是地球表面上生命活动最为活跃的圈层，它处于大气圈、岩石圈和水圈的界面上，因生物的生活活动而具有沟通无机界和有机界、能量与物质转化的特殊功能，形成了适于生命存在的环境，成为支持复杂多样性生命活动的庞大系统。同时，源源不断地制造各种“生物产品”，成为人类生活资料最基本的来源。因此，常常说到的“保护自然”，实际上就是要保护生物圈的结构与功能。生物圈的结构和功能单元就是生态系统（Ecosystem），它包括生命系统与非生命系统两大组成部分，实现营养元素循环与能量流动。

生物圈中的生物种类复杂多样，但主体是由绿色植物构成的植被。植被是地球表面绿色植物的总和，是生态系统的第一性生产者，也是自然界能量与物质转化的中心环节和可见标志。在物质生产和能量转换的过程中，生物与环境之间、生物与生物之间的生态关系，由植物起始，扩展到各类生物之间，形成为一个结构极其多样的网络，构成了地球所独有的生命支持系统。在长期进化过程中，植物为动物和微生物提供了生存的资源和环境；动物和微生物的分解、消耗过程把有机物转变成为无机物，这也为植物再生产提供了营养物质和生存条件。因而所有生物彼此之间形成了相互依赖、相互支持的协同发展关系。

3. 生态学认识和解决问题的特点

生态学的主流是以生物种群和群落为基础，通过分析生物与环境、生物与生物之间的相互关系（生态关系）及其实现过程（生态过程），研究种群的生态分化和群落中生物的结合规律，研究目标是保护生物圈（生态系统）的结构与功能，维护生物资源的可持续利用和良好的生态环境。

由此，可以对生态学作一个简要的归纳：

（1）生物圈是地球特有的生命支持系统，其自然单元是生态系统；

（2）生物以种群及群落的方式存在，是生态系统物质和能量转化的枢纽；

（3）生物群落是生物有规律的组合，在物质和能量转化过程中实现自我维持、自我调节，动态发展；

（4）生物种群组成群落并在其遗传基础和外部条件互动结合中进行生态分化；

（5）生物生态适应的方向和途径与环境及其主导因子的作用密切相关。

在生态学研究中应遵循“整体着眼，部分着手；功能着眼，结构着手；动态着眼，静态着手”。这样避免孤立看待某一个别生态现象，陷入盲目或片面。而且，在观察自然、研究分析生态现象中，强调注意外部和内部因素的结合以及时间和空间的关系。这些就是生态学研究方法的特点所在。

4. 生态学与人类可持续发展

在人类历史上，人与自然和谐相处始终是一个亘古不变的主题，这是因为人类的生存与发展有赖于自然界提供的资源与环境，也就是有赖于生物圈的存在。

人是自然界中的一员，无时无刻都离不开自然界提供的资源和环境。研究自然界多种多样的生态关系和生态过程的规律，探求人与自然和谐相处、协同发展的途径，是生态学研究的最终目的。包括公路建设在内的所有开发建设活动，都需要在认识生态规律的基础上才能获得可持续发展。

（二）工程学理论

20 世纪60 年代，美国著名生态学家 H. T. Odum 首先提出了生态工程的概念，并描述为“对自然的管理就是生态工程，更好的措施是与自然结成伙伴关系”。20 世纪80 年代初期欧洲生态学家Uhlmann 等提出了“生态工艺技术”，将它作为生态工程的同义语，并定义为“在环境管理方面，根据对生态学的深入了解，实现花最小的代价措施，达到保护生态环境，并使对其损害减到最低程度的技术”。美国的Mitsh 与丹麦的Jorgenson 联合将生态工程定义为:“为了人类社会及其自然环境两者的利益而对人类社会及其自然环境进行的计划和设计”。1993 年又修改为“为了人类社会及自然环境两者的利益而对两者进行综合的生态系统设计,并使其可持续发展。它包括开发、设计、维持和建立新的生态系统，以解决诸如污水处理、地面矿渣、废弃物回收、海岸带保护等问题；同时还包括生态恢复、生态更新、生物控制等目的”。

生态工程在我国的提出始于20 世纪70 年代末期。1979 年我国著名生态学家马世骏教授提出了以“整体、协调、循环、再生”为核心的生态工程基本概念。1987 年进一步定义为“生态工程是利用生态系统中物种共生与物质循环再生原理，结构与功能相协调的原则，结合结构最优化方法设计的分层多级利用物质的生产工艺系统。生态工程的目标就是以促进自然界良性循环为前提，充分发挥自然界物质持续再生产的潜力，防治环境污染，达到经济效益与生态效益同步发展”。

生态工程是从系统思想出发，按照生态学、经济学和工程学的原理，将现代科学技术成果、现代管理手段和专业技术经验组合起来的，以期获得较高的经济、社会、生态效益的现代工程系统。生态工程的目的就是利用科学的原理和方法，通过对工程所涉及范围的生态系统加以调控，引导系统向有利于持续性的方向发展。

生态工程是一个复杂的系统工程，包含因素很多，有生物的，也有非生物的；有社会经济的，也有政治的。如何协调这些组分使他们相互依存（即循环共生）、相互促进（在不良的生态结构上再生出优良的生态系统），是构建生态工程的核心问题。在研究公路路域生态学的时候，应遵循以下基本原理。

1. 系统的整体性原理

系统论的创始人L. V.贝塔朗佛对系统定义为：“相互联系的诸要素综合体”。因此系统整体性都具有以下主要特征：

（1）整体功能性。指有特定功能的一个有序有机体，具有很强的整体性功能。

（2）稳定性。指具有明显的边界，形成高稳定性的和谐整体。

（3）系统性。有两个以上组成成分或子系统；各组分或子系统有一定的比例关系；各个组分在系统中既有一定的分工又有合作；各个组分始终通过一定的关系进行相互作用。

作为一个高稳定的系统必然是一个和谐的整体，各组分之间必须有适当的比例关系和明显的功能分工，只有这样，系统才能顺利完成物质、能量、信息、价值的转换和流通。当一个系统的某个组分发生量的变化以后，必然影响到其他组分，最终影响到整个系统。生态工程学的一个重要任务就是研究如何优化和重建生态系统的整体结构，来提高生态系统的效能。

2. 系统的动态性原理

运动是万物的存在形式，复杂的生态系统必然是变化着的动态系统，系统内部各要素及其相互联系与相互制约的关系实质上就是一种运动。生态系统作为一个运动着的复杂“有机体”，总是处于不断变化之中，其平衡、有序与稳定的状态是相对的，而波动、突变、矛盾、失衡的状态是绝对的。动态性是系统保持相对平衡的基本前提，是系统得以生存、发展的重要保证。

由于生态工程实施的主要对象是生态系统，而生态系统处于不断发展变化之中，因此生态工程的设计和实施具有动态性和灵活性。

3. 生态环境效益与社会效益和经济效益相协同的原理

生态工程建设的目标是使人工控制的生态系统具有强大的自然再生产能

力和社会再生产能力。在生态效益方面要实现生态再生，使自然再生产过程中的资源更新速度大于或等于利用速度；在经济效益方面要实现经济再生，使社会经济再生产过程中的生产总收入大于或等于资产的总支出，保证系统扩大再生产的经济实力不断增强；在社会效益方面要充分满足社会要求，使产品供应的数量和质量大于或等于社会基本要求，通过生态工程的建设与生态工程技术的发展使得三大效益能协调增长，实现整个系统高效益持续稳定发展。

（三）经济学理论

众多西方经济学家和生态学家都发现，人类经济活动无时无刻不在与地球生态系统之间发生着密切的联系，即经济系统与生态系统的相互作用构成了一个生态经济系统。

经济学在生态环境问题中起着重要的作用。因为许多环境问题从根本上讲就是经济问题，许多环境破坏也缘于经济原因。

经济学的一般定义：研究社会如何使用有限的资源生产各种商品，并把商品在不同社会集团间进行分配。在这个定义中包含了经济学的两大核心思想，即物品的稀缺性和社会对其有效利用的要求。正是因为稀缺性和追求效益的愿望，经济学才成为一门重要的学科。

经济学分为微观经济学与宏观经济学两大类。资源的有效配置是微观经济学研究的核心，社会资源配置效率也就是整个社会的经济效率。宏观经济学是研究经济的总体运行情况。

现代的世界经济问题是复杂的，不同社会，不同历史发展时期，人们往往面临不同的经济问题，人们解决这些经济问题的方式，也会因社会制度不同而有所不同。尽管如此，经济学所要研究的基本问题却具有共性，大致可归纳为生产、分配、资源、生产能力和购买力五个方面，具体阐述如下：

第一，生产主要体现在，生产什么，以什么方式生产，生产多少。

第二，分配主要体现在，分配方式和形式，分配的公平和公正性等方面。

第三，资源主要体现在，资源的稀缺性和有效性，资源的可得性与供给水平等方面。

第四，生产能力主要体现在，技术、经济、人力资源与生产能力等方面。

第五，购买力主要体现在，购买力的形成和影响购买力的因素等方面。

微观经济学和宏观经济学的区别在于它们所研究的经济问题的范围、范畴、经济概念不同。上述五个问题中，生产和分配属于微观经济学的研究范围，而资源、生产能力、购买力则属于宏观经济学的研究范围。

人类的经济活动随着工业革命进程已经严重影响到了人类以外的自然界，或者说经济活动和自然的生态系统之间一直存在着人类所无法回避的重要关系。即人类的社会经济活动是建立在自然的生态系统基础之上的，没有自然生态系统的健康运行，人类的经济活动就不可能正常运行。目前的经济学过分地强调市场和价格的作用，认为价格机制可以解决一切问题，包括资源的稀缺，但是目前经济发展中所面临的众多问题如环境污染、资源耗竭等都是市场和价格所解决不了的。人类必须要以生态文明为中心，寻求一种可持续发展的道路。

公路建设是经济发展到一定水平的产物，也是经济社会发展的重要驱动力，更是生产力和经济要素进行合理配置和空间优化的重要途径。经济学与公路科学的融合，必将使公路建设在更高层次上把握它与经济之间的互动规律，推动公路建设更好地支持、优化和服务于经济发展。

（四）社会学理论

社会学是研究人类社会行为规律的科学。20世纪50年代开始，环境污染、生态破坏等环境问题作为新的社会现象出现，促进人们从社会学的角度来认识和分析这些环境问题，众多学者认为必须抓住“人—自然”之间的相互联系来进行社会学研究。

环境污染和生态危机等社会问题不断发生，全球性的环境问题变得越来越严重，从而使人类社会的生存质量受到了极大的威胁。人们对人类社会和自然生态系统之间不和谐的状况越来越感到不安和焦虑。因此，从社会学的角度来研究“社会—自然界”的关系问题，就逐渐具有了特定的社会价值。人类生活作为整个自然生态系统的一个组成部分，到底应该受到什么样的约束和遵循什么样的规范哪？这显然是人们必须认真研究和严肃对待的大问题。而对于“社会—自然界”这样复杂的社会生态系统，运用社会学的“分析—结构—功能—组织”的研究方法，可以发现和发展“社会—自然”自我调控机制，实现人类社会与自然的和谐进步。

社会生态学即人类社会的生态科学，是研究人类社会及其环境（包括自然环境和社会环境）相互关系与作用规律的科学。前苏联学者将其定义为“运用综合生物方法和社会方法研究人类与其居住的自然环境与人工环境相互作用规律的科学”。社会生态学的认识主体即研究者是“与生态系统和谐共存的人”而非“生态主人”；社会生态学的对象客体即研究对象，是社会生态系统即“社会—经济—自然复合生态系统”，或“自然生态—社会经济系统”；社会生态学的研究内容是人类与环境的关系及其发展规律；社会生态学的研究任务是促进全球人口、资源、环境和社会的协同发展，以确保社会生态系统结构与功能的最优化；社会生态学的学科体系由社会生态工程、社会生态论、社会生态学、社会生态哲学四部分组成。

自20世纪80年代起，我国开始研究社会生态学，并将其研究内容概括为：人口与环境研究，资源开发与利用研究，社会生态系统研究，城市生态研究，社会生态理论与方法研究等等。公路建设作为满足现代社会运转的基本纽带，与社会学存在必然的联系，如何使公路建设与社会发展协调、良性互动、和谐发展，是路域社会学研究的重要内容。目前，该领域还属于空白点，我国社会学工作者和公路工作者有必要努力跟进，争取在本学科取得一席之地。

二、研究方法

路域生态学的研究方法具有多学科的特点。由于它与生态学、工程学、经济学与社会学等学科的关系密切，因此研究方法多借鉴这些学科的方法，未来路域生态学将在继承相关学科方法的基础上，形成自己的方法体系。

从认识、分析和解决问题的角度来看，路域生态学的研究方法包括基础数据获取方法，数据处理方法，工程技术方法，管理调控方法等，这些方法将定性研究和定量相结合，目的是实现多层次、多角度地贯通路域生态学涉及所有因素和环节，实现对路域生态系统的全面把握，寻找人类社会合理干预生态系统的途径和渠道，推动公路建设与自然、经济、社会的良性互动与和谐发展。

（一）基础数据获取方法

基础信息与数据是科学研究的基础，要开展路域生态学研究首先必须获取真实、大量的相关信息与数据。

1. 试验研究

试验研究法是通过控制和操纵一个或多个自变量并观察因变量的相应变化以检验假设的研究方法。这种方法是自然科学研究的基本方法之一，后被引入社会科学中。试验研究要求试验结果可被重复试验所验证。试验研究有准试验、试地试验、试验室试验等形式。

在路域生态学中，主要的试验方法包括采样化验、仪器直接测试、现场试验、模拟试验等。例如，对于路域土壤、水体中的污染物调查、微生物含量等可采用布设样点、采样化验的试验手段。对于路域小气候特征，包括温度、湿度、光照条件等可采用仪器直接测试，大气和噪声污染也是如此。对于边坡生态恢复的物种选择、土壤基质配方等对恢复效果的评价可采用现场试验方式。对于不同防护形式、不同坡度比等对土壤侵蚀的影响可采用现场人工降雨和自然降雨等进行试验，也可以通过室内人工降雨模拟试验进行。对于公路景观视觉效果可以通过计算机模拟试验来评价，也可通过模拟驾驶舱等室内试验设备来进行。总之，试验研究是从微观角度定量研究不同路域生态因子及其生态效应的最主要的研究手段。

2. 实地考察与调查

路域生态学研究，需要在应用试验研究手段定量研究的基础上，同时采用实地考察与调查方法获取一定区域面上的基础信息和数据。

当前实地考察与调查的信息与数据包括了自然生态环境方面和人文社会经济方面的内容。根据研究目的，合理选择考察路线进行点的深入剖析、线的系统分析、面的宏观分析等。调查方法主要有：野外实地调查、相关业务部门的调查搜集资料、相关专家的访谈咨询等。

结合我国公路交通发展的实际，当前应重点组织植被生态专业人员对路域进行植被种类、数量、空间分布、特征等实地调查；组织动物生态专业人员对路域动物种类、数量、空间分布、特征等进行实地调查；组织土壤生态专业人员对路域土壤物理、化学与生物特征进行实地调查；组织水资源、大气、噪声研究者对路域地表地下水文状况、地表地下水体污染、大气污染、噪声污染状况进行实地考察；组织景观生态人员对路域视觉特征进行实地考察与评价；组织环境影响评价工作人员实地进行其他内容的考察与调查。

3. 定位观测

路域生态系统的影响因子（包括小气候、交通量、人为干扰等）及组成（如路域植被、动物、土壤、水体等）在不断地发生着变化，系统地研究路域生态系统的动态变化，是路域生态学的重要研究内容。因此，这需要有较长时间的、比较系统的数据资料作支持。根据需要设置一定的定位观测点，开展长时间序列定位观测，就成为路域生态学研究获取基础信息和数据的重要技术手段。

定位观测的主要内容包括试验研究方面的系列数据和资料，实地考察与调查方面的系列数据和资料，如土壤污染、路域土壤侵蚀、水体污染、生态水文过程、野生动物通道的效果评价（包括野生动物通过时间、具体位置、数量、种类、通过过程）等基础信息和数据等。

4. 遥感技术（RS）与全球定位系统（GPS）

遥感技术（Remote Sensing，简称RS），它具有宏观、综合、动态和快速等特点，是景观生态学中采集数据的主要手段之一，目前广泛应用于路域生态学的数据采集和调查过程中，包括公路选线、路域水资源调查、路域土地资源调查、路域植被资源调查、路域地质调查、路域考古调查、路域环境监测和规划管理等方面。通过对数据的整合分析，可以在宏观层次上实现三个方面的工作：一为路域植被和土地利用进行分类；二为路域生态系统和景观特征定量化，如定量化不同时空尺度上斑块的格局、植被的结构、生境特征及生物量计算等；三为路域景观进行动态研究，如研究土地利用的时空变化、植被动态、群落演替、人类活动的影响等方面。

全球定位系统（Global Positioning System，简称GPS），目前也广泛应用于路域生态学研究领域。如用于监测动物的行踪，制作专题地图（生境图、植被图及其他资源图等），航空照片、卫星遥感图像的定位和地面校正以及环境监测等。用GPS测定景观中某一位置的精确度依赖于GPS接收器本身的精度以及定位卫星的控制和干扰程度，但一般来讲，其精度可达到1m。

（二）基础数据的处理方法

基础信息和数据取得后，需要进行深入细致的分析与处理，发现规律，并在此基础上进行科学决策，这是路域生态学研究的重要组成部分。

1. 分析评价与预测

路域生态学的分析评价与预测主要包括以下方面：路域生态系统有机

与无机组成要素的现状分析、空间分布规律、演替的动态情况与时间变化规律、面临的主要生态问题、影响因素及形成机理、路域生态系统结构与功能分析、路域生态系统的时空演化规律及预测等。

一般使用的定量分析方法主要是多重数据的整合分析，另外还需要综合地进行统计分析，包括相关分析、回归分析、聚类分析、因子分析、方差分析等。

2. GIS 地理信息系统

GIS（Geographical Information System）地理信息系统，是一种对地球表面及空间和地理分布有关的信息进行采集、存储、检索、分析和显示的应用系统，具有图形数字化，输入、查找、更新数据、分析、输出信息等功能。GIS是宏观生态学领域整合信息的重要手段和方法。

GIS在路域生态学中的应用非常广泛。主要包括：分析路域景观空间格局及其变化情况，确定不同环境和生物学特征在空间上的相关性，确定路域斑块大小、形状、毗邻性和连接度，分析路域景观中能量、物质和生物流的方向和通量，分析路域景观变量的输出情况，评价不同路线选择对生态的影响程度，还可用于路域景观美学等方面的研究。

3.仿真与模型模拟

所谓仿真就是利用模型复现研究对象在实际系统中发生的变化过程。仿真本质上是一种基于相似性的原理，采用模型对系统行进过程和因果动态进行模拟。它是人类探索自然的最古老的科学方法之一。

目前利用仿真模拟在路域生态学中的应用不多，有待进一步研究开发。其中计算机公路景观动态视觉仿真模拟应用领域较多；其次是利用模型来模拟路域动物种群的动态变化、路域水体化学物质含量的动态变化；还有模拟路域水文学特征的物理模型和各种景观生态学研究模型等。

（三）工程技术方法

应用自然科学原理，通过工程实践解决路域生态学问题是路域生态学的重要内容。工程技术方法是解决路域生态问题的直接手段，对于水土流失、高陡边坡的生态恢复等路域生态学问题的控制和解决最终都离不开工程技术手段。

工程技术方法主要包括生态工程技术与物理工程技术两方面。

1. 生态工程技术

公路路域生态工程技术是指根据公路建设和养护特点，遵循系统优化原理、生态学原理和自然法则，综合运用工程措施、生物措施与农艺措施，在完成公路工程建设的同时，对路域生态环境系统进行保护、恢复、改良或重建，使公路基础设施作为一种人文景观与周围环境景观在更大范围内融为一体的工程方法。公路路域生态工程以路域生态系统的保护和重建为目的，将生态技术和土木工程技术有机结合起来（如采取必要的植被恢复等生物措施），使公路路域生态系统得到有效保护，同时保障了行车的安全和视觉的舒适。

公路路域生态工程技术当前主要有边坡植被恢复技术、湿地再造技术、表土收集技术及野生生物栖息地恢复技术等。其中，边坡植被恢复技术主要有客土喷播技术、液压喷播技术、三维植被网护坡技术、土工格室植草护坡技术、浆砌片石骨架植草护坡技术等。

2. 物理工程技术

主要指遵循生态学、水文学、土壤学等学科原理，采用土建工程进行污染物防治、水土流失治理、生态环境保护的方法。防治水土流失可通过修建截水沟、排水沟、拦沙坝、沉淀池等来减缓冲刷或截水沉沙；对于野生动物的保护，可设置动物标志牌提醒驾驶员注意，在适当路段设置振荡强制减速标线迫使驾驶员行车减速，设置动物通道（上跨桥和下穿式涵洞）及其配套设施来保护路域野生动物；在路域内设置一定高度的且远离行车道供鸟类栖息的固体构造物，保护鸟类不受交通流的干扰；设置噪声墙防止车辆噪声对沿线村镇的干扰等。

（四）管理调控方法

公路建设中生态环境问题的科学、合理、高效解决，不仅仅取决于科学的诊断、先进技术的应用、合理的工程设计，而且需要良好的管理调控手段才能达到理想的效果。如何通过社会与经济科学调控技术来促进路域生态学问题的解决和路域生态环境的建设，是路域生态学的主要内容之一，也是路域生态学的重要支撑系统。社会科学调控方法主要包括法律政策层面和管理层面两大部分。

1. 法律政策层面

法律政策层面体现为具体规范人们的行为，如防止路域水土流失、生态破坏、环境污染，促进路域生态环境建设而制定的一系列法律和法规。

如，《中华人民共和国环境影响评价法》、《中华人民共和国环境保护法》、《公路建设项目环境影响评价规范》（JTG B03—2006）等。政策层面包括各级政府针对一定时期内路域土地利用中存在的生态问题而提出具体的方针政策。如，“路域土地开发管理政策”、“路域绿化规定”、“路域动物保护规定”等。政策层面还包括各地根据本地区实际情况，为有利于路域生态问题解决和路域生态环境建设而制定的管理措施和规章制度。如，“路域生态环境建设规划与实施措施”、“路域水土保持与实施措施”、“路域取弃土场土地复垦规划与实施措施”等。

2. 管理层面

管理就是在公路建设中将所拥有的知识、技术以及实现工程目标的资源进行有效的计划、组织、领导和控制，以便实现公路建设中人—车—路的有机统一与和谐发展。管理应该依法进行，并科学实用。目前的管理工作主要是对各执行部门制定法规、政策、制度并进行宣传教育、监督管理和奖惩激励。其中，关键是建设强有力的监督监管机制和奖惩机制，并保证其有效落实。从管理学的角度来看，管理活动要通过综合运用所拥有的各种资源来实现预期目标。管理的任务就是获取、开发和利用各种资源来确保预期目标有效率实现。管理的核心在于对现实资源的有效整合。传统意义上的资源主要是指人、财、物，强调的是那些内部的、有形的资源。现代意义上的资源包括组织内部和外部的资源，有形和无形的组织资源。从一定程度上讲，组织间的管理实际上是对资源利用有效性的较量，谁在这一方面取得了成功，谁也就获得了竞争的优势。

第四节 公路路域生态学的发展动态

一、国外公路路域生态学的发展动态

（一）路域生态学建立前期

道路建设引起的生态环境问题作为科学技术问题给予正式的关注较晚，开始于20世纪60年代。在20世纪80年代以前主要关注公路对野生动物生境的干扰和水土水文效应的影响。欧美国家在20世纪60年代席卷全球的环境启蒙运动中就开始关注道路建设对水土流失、水文效应的影响，并逐步发展了系统规范的防控方案。20世纪70年代以后，欧洲和美国开始建造一些为了野生动物穿越公路的桥梁和涵洞，如法国建造了

150多座5~10m宽的小桥，建造了欧洲第一个也是最大的一个上跨式动物通道（又称绿桥）。1978—1979年，美国建造了北美第一个8m宽的上跨式动物通道。另外，许多跨越溪流的小桥和排水涵管等也成为一些野生动物的通道。加拿大国家高速公路（Trans-Canada Highway）穿越了阿尔伯特国家公园，该公园内大型野生动物广布，如各种鹿类、熊类等，因此公路野生动物致死率很高。为此，在Alberta国家公园公路上建造了宽度达到52m的上跨式通道，而且促进了加拿大路域生态学相关问题的综合研究。

（二）路域生态学的诞生

20世纪80年代以来，道路建设中的各种环境问题得到全面关注，尤其是景观生态学的兴起及其在公路建设中的应用，推动公路建设中的生态环境问题从整体的角度着眼，从区域的层次着手进行系统地解决。20世纪80年代中后期，荷兰交通部、公共事务和水资源管理署（Public Works and Water Management）联合成立了专门的机构开展与道路建设有关的生态研究。目前荷兰是从事公路路域生态学研究最领先的国家之一，该国对主要公路工程项目中的生态问题提出了系统的解决方案，并取得了卓越的成果。从20世纪80年代开始蓬勃发展的景观生态学引起了许多发达国家研究者的兴趣，然而其中对公路的关注非常少。到了20世纪90年代后期才逐渐发表一些研究文章，从景观生态学的角度认识相关的公路生态问题。直到2003年路域生态学才作为一门学科正式问世。

2003年，美国著名景观生态学家，“美国景观生态学之父”哈佛大学Forman教授联合全美14位科学家（4位交通专家、1位水文学家、9位生态学家），历经27个月的时间，撰写了国际上首部系统阐述公路生态学影响的专著《路域生态学：理论与实践》（《Road Ecology: Science and Solution》），书中初步提出了路域生态学的概念和学科内涵，标志着路域生态学的诞生。从此，路域生态学研究朝着系统化、专业化的方向纵深发展。

20世纪90年代后期和21世纪初期召开了5次关于路域生态学的重要国际会议（野生生物生态学和交通国际会议，ICOET），地点分别在荷兰、美国佛罗里达州（2次）、美国蒙大拿州和美国科罗拉多州。在1998年的美国生态学会年会和美国地球物理学会议上开设了路域生态学论坛。

目前，还没有正式的专门用于发表“路域生态学”研究文章的刊物，相关研究文章可发表在各国的生态学、生物学、景观学、交通学、社会学等相关领域的刊物上，如《恢复生态学》（Restoration Ecology）、《保护生物学》（Conservation Biology）、《景观和城市规划》（Landscape and Urban Planning）、《交通研究》（Transportation Research）、《野生动物管理学报》（Journal of Wildlife Management）等刊物。

路域生态学虽然是一门刚刚诞生的新学科，但大量的国际会议和正在开展的科学研究表明，路域生态学已经在全球引起了广泛重视，并成为生态学和道路交通科学之间的前沿学科领域。

二、我国公路路域生态学的发展动态

我国的公路路域生态学发展源自交通环境保护工作，交通行业也是我国最早开展环境保护工作的行业之一（始于1973年）。从1987年交通部发布《交通建设项目环境保护管理办法（试行）》开始，公路建设项目环境影响评价工作正式启动，公路交通环保工作开始稳步发展。初期的环保研究多是围绕环评中的各种污染，如水、气、声等指标的测定，而对于动植物、生态系统、景观等研究较为粗糙。从20世纪90年代开始对边坡绿化进行研究，1996年采用湿法喷播技术对云南省昆明—曲靖高速公路全线进行了全面防护和绿化，为提高我国公路绿化技术进行了有益的尝试。此后，公路环保的科研和工程研究主要集中于公路的绿化方面。

进入21世纪，我国公路建设者逐渐意识到公路环保的范围不仅局限于边坡绿化方面，还包括土壤侵蚀、动物影响与保护、景观视觉影响、各种污染等方面。要有效避免、缓解这些负面影响不能仅在公路建成后才开展相关保护措施，必须从公路建设源头（即规划阶段）开始重视，并且所有保护措施要贯穿于公路建设与运行的全过程，包括规划、设计、施工、运行和维护各阶段。2003年交通部结合四川川主寺至九寨沟公路的改造工程，提出了“在公路设计阶段最大程度地保护生态，在施工阶段最小程度地破坏生态和运行过程中最大程度地恢复生态”的建设原则。

交通行业组织开展了大量的有关环境保护方面的研究。20世纪80年代，先后开展了“公路对环境影响的研究”、“防治贵黄公路噪声技术的研究”等。20世纪90年代到21世纪初的10多年时间，相继开展了交通环保政策法规方面的研究，为我国交通环保法律法规的建设和完善提供了技术支撑。21世纪初又大量开展了特殊地区和典型公路的环境保护方面的研究。

1998年，交通部科学研究院、北京大学、陕西省高速公路管理局共同开展了“黄土地区高速公路建设生态环境影响评价指标体系研究”，提出了公路建设和运行中的生态环境保护的具体控制目标和相关评价指标，提出了要从源头着手、动态地分析建设过程中的生态环境评价指标。这项工作对公路交通行业在生态环境方面的影响评价进行了有益探索。2002年交通部西部交通建设科技项目“多年冻土地区公路生态环境保护与评价技术研究”又在此方面进行了进一步的发展。

国际上围绕公路建设对路域植被、动物、水体、沉积物、化学物、水生生态系统、大气等方面的影响，开展了不同程度的研究，且注重自然科学与人文社会科学的交互性，注重从政策与管理的角度进行切入。相对来说，我国公路建设的生态环境保护工作主要集中在环境问题和绿化问题上，如对路域植被、化学污染、大气影响方面研究较为深入，而在生态问题上的研究相对较少，如路域动物、水体及水生生态系统、路域沉积物、公路网络生态影响等方面的研究在我国还很少开展。

我国公路建设的生态环境保护工作具有自己的特色。与发达国家相比，我国在公路建设路域植被恢复设计、绿化设计、景观设计、生态工程技术等方面研究较为深入，公路建设对大气污染的影响及防治对策也比较集中，在公路生态修复方面发展也十分迅速。如交通部科学研究院于1999年引进并使用客土喷播技术，开始探索我国公路路域生态恢复的实用技术。另外，我国路域生态学研究更加注重实际应用，现有的生态工程技术研究已经广泛应用于全国各区域公路工程生态建设的实践中，为提高全国绿色通道生态环境质量做出了积极贡献。我国的公路路域生态各项研究具有紧迫性、实效性与社会性等特点，该领域深入的研究必将会带来巨大的社会、经济与环境效益。

但应该看到的是，我国公路路域生态学的研究在解决具体实际问题方面有自己的长处，但在基础知识积累、学科积淀、学术思想形成和理论构建方面还十分薄弱。如公路建设对外来物种入侵及外来物种对沿线生态环境影响方面、公路路域生态系统保护、公路建设对路域植物资源影响及保护方面均缺乏深入系统的研究。公路建设对动物迁徙及栖息地的影响及保护、公路建设对地表和地下水水文的影响过程及保护、公路建设对路域环境的污染及防治、公路网络的生态效应及缓解等方面都是我国尚未系统开展研究的领域。从路域生态系统的角度研究公路与生态服务功能之间的关系还是空白。公路的社会学、经济学影响方面研究也很少，很多领域研究还处于起步阶段。

未来我国应在自己的传统优势领域提升理论高度，形成自己的研究优势，另外我国是世界高速公路主战场，将面临解决世界各国科学家从来没有或很少遇到的工程技术难题，应通过任务带动解决具体问题，发展公路路域生态学。我国许多自然生态条件是世界独有的，如青藏高原、黄土高原、西南高山峡谷等，都是很好的研究基地。未来很多公路建设要穿越我国多个世界生物多样性的热点地区，多个重要的生态功能区和生态脆弱区，这些为我国公路路域生态研究与工程人员提供了绝好的研究对象。我们应该顺势而谋，乘势而上，提升我国路域生态学研究水平，构建中国公路路域生态学的学科高地，争取在多个优势领域引领路域生态学的学科潮流。

第二章
公路路域生态系统特征

公路路域生态系统是一个半人工化的自然生态系统，这个系统里既有高度人工化的成分，如人、车、路，也有比较自然的成分，如在公路穿越地可以看到的各种生物及其栖息的生态环境。不同的要素成分通过物质循环、能流流动、信息传递形成一个有机的统一体，造就了不同的路域生态系统结构，这种结构包括空间结构、营养结构和层级结构，而且由于穿越生态系统的不同，这种结构类型也有很大差异，因此公路路域生态系统是由多种生态系统组成的复合系统。

路域生态系统不仅具备一般生态系统的基本功能，而且还具有交通支撑、生态服务、经济社会服务和景观美学等系列功能。同任何生态系统一样，公路路域生态系统的结构和功能都是动态变化的，尤其是在人工扰动后形成的路域生态系统与原来的生态系统之间相互融合并动态衔接，形成新的平衡，创造了新的景观，在完成公路路域生态系统社会经济功能的同时，也逐步恢复了自然生态功能。全面深入地理解这种生态过程是研究路域生态学的基础。

本章从组分、结构、功能及其动态变化等方面探讨公路路域生态系统的特征。

第一节 公路路域生态系统的组成

路域生态系统由路域人群、过往车辆、公路设施以及相应条件下的自然生态环境组成，这些组分通过生态与经济纽带形成具有一定结构和功能的有机整体（图2–1）。这是一个半人工化的生态系统，相对于完全自然的生态系统有更多的人为扰动，相对于完全人工化的城市生态系统又有较少的人为控制。

路域生态系统的组分中包含人—车—路系统和自然生态环境。具体阐述为：

（1）人—车—路系统包括路域人群、过往车辆和公路设施。

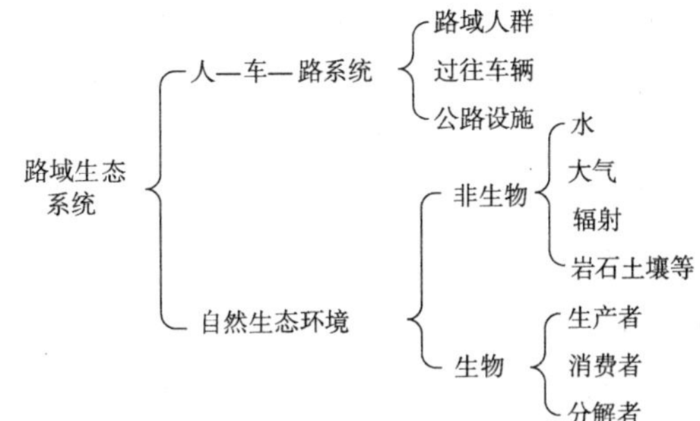

图 2–1 路域生态系统的组分

（2）自然生态环境包括非生物组分（太阳辐射、大气、水体、岩石圈与土壤圈等）和生物组分（生产者、消费者和分解者）。

一、路域生态系统中的公路设施

公路设施主要包括：路线、路基路面、桥涵、隧道、路线交叉、交通工程及沿线设施。

我国《公路工程技术标准》（JTG B01—2003）中对于公路设施与生态环境之间的相关关系有明确描述。如路线部分强调“路线线位应考虑同农田与水利建设、城市规划的配合，尽可能避让不可移动的文物和自然保护区，保护环境且与当地景观相协调”。路基路面部分强调“路基设计应重视排水设施与防护设施的设计，取土弃土应进行专门设计，防止水土流失、堵塞河道和诱发路基病害”。桥涵设计特别强调 “应根据公路功能、等级、通行能力及抗洪防灾要求，结合水文、地质、通航、环境等条件进行综合设计”。隧道的选址则强调对建设区域的“自然地理、场地与生态环境、工程地质、水文地质、地震等进行勘察，取得完整的勘察资料，经技术经济论证后确定”。对于路线交叉和交通工程及其他沿线设施，也要将生态环境保护纳入工程相关内容并进行综合考虑。

尽管公路设施在公路路域生态系统中属于非生物组分，无生命活动的特征，但是它们不仅具有提供交通安全运行的功能，而且具有生态和美化景观的功能。公路设施也是路域生态系统中生物成分生存和发展的重要空间。

在公路建设过程中，由于山体开挖和填方，必然产生大量的边坡，这些边坡位于公路的两旁。公路建设完工后，边坡被人工恢复和防护，逐渐形成一个人工构建的生物群落，并且这个群落将渐渐融入到自然生态系统中，恢复后的植被也起到绿化景观的效果，为驾驶员和乘客提供美好的视觉享受。中央分隔带同时包含了非生物因子（如路缘带）和生物因子（如中央分隔带种植的植物花草），它们成为有机的整体，在公路路域生态系统中起着十分重要的作用。

为保证路基路面的强度和稳定性，我国《公路自然区划标准》（JTJ 003—86）中，将我国的公路自然区划分为：七个一级自然区，三十三个二级自然区和十九个副区，三级自然区是二级区划的进一步划分，并由各省、市、自治区、直辖市自行划分。

《公路工程技术标准》（JTG B01—2003）和《公路自然区划标准》（JTJ 003—86），以及《新理念公路设计指南》等都是我们开展公路路域生态学研究的重要参考资料。

二、路域生态系统的过往车辆

路域生态系统的过往车辆是指进入路域范围的、利用公路进行交通运输的车辆，包括客车、货车、工程车等，也包括公路建设施工的工程车辆、在路域系统范围内进行作业的农用车辆、林业工程车辆等。

路域生态系统中的车辆是完成公路功能的基本工具，公路功能包括公路的物质流、能量流、信息流的流通。没有车辆也就不存在公路，路域生态系统也就不存在了。

三、路域生态系统中的路域人群

路域生态系统中的路域人群指的是在路域范畴内经过的、服务的人群，包括驾驶员、乘客、服务区工作人员、公路建设和维护人员以及收费站和检查站的工作人员等，也包括居住在路域范围内的居住者（农民以及城镇居民等）。

由于路域人群的存在，使得路域生态系统不仅仅是一个自然生态系统，而且经常受到人类扰动，给路域自然生态系统带去了其他生态系统的有机物质和无机物质，改变路域自然生态系统的物质和能量循环，使得路域生态系统的开放性和流动性更大。

四、路域自然生态环境

（一）非生物组分

自然生态环境中的非生物组分包括太阳辐射、大气、水体和岩石圈与土壤圈，还包括化学因子（如酸碱度、氧化还原电位、阳离子、阴离子等），这些对生物的生命活动产生了综合影响。

1. 生物的能量环境——辐射

生命存在的一个基本条件是能量环境，地球上生命生存必需的能量主要来自太阳的辐射。太阳产生的能量以电磁波的形式向周围辐射，地球表面在大气层上界垂直于太阳光的平面上所接受的太阳辐射强度为1.94 cal/（cm^2·min），称之为太阳常数。实际上，由于大气层对太阳辐射的吸收、反射和散射作用，辐射强度被大大减弱，平均只有47%左右到达地面。

太阳辐射具有两种不同的功能：一种是热能，它给地球表面送来了温暖，使表面土壤、水体变热，引起空气和水的流动，是路域生态系统获取物质和能量流动的原始动力；另一种是光能，它在光合作用中被绿色植物吸收，转化为化学能形成有机物，这些有机物所包含的能量沿着食物链在路域生态系统中不停地流动。

2. 生物的物质环境——大气

大气的组成包括多种气体和一些悬浮杂质和微小液滴。在气象学中，通常根据温度和运动情况，把大气圈划分为五层：对流层、平流层、中间层（或电离层）、暖层和散逸层。对流层是贴近地面的一层，约10~20km，其特点是空气的垂直对流运动显著；温度随高度升高而降低，每升高100m温度下降0.65℃左右；含水蒸气和尘埃；影响生物的一切气候现象都发生在对流层中。

大气中的二氧化碳和氧气与生物的光合作用和呼吸关系密切，辐射能只有在绿色植物中结合二氧化碳才能完成光合作用，形成的绿色植被组成第一性生产者，成为整个路域自然生态系统食物链的基础。此外，大气中的氮气可通过生物固氮的方式，增加植物和土体内氮的含量。

3. 生物的物质环境——水

水是一切生命存在的最基本物质，可以说，没有水就没有生命，也就没有路域生态系统。环境中的水体可能存在的形式有湖泊、溪流、海洋等，也可以以地下水、降水的形式出现。水蒸气弥漫在空气中，水分也渗透在土壤之中。

水体包括占地球表面71%的海洋、内陆水域和地下水，是生命诞生的摇篮。水的总量约为$1.4 \times 10^{18} m^3$，其中淡水仅占2.53%，而目前人类可以直接利用的江河湖泊淡水和地下淡水仅占总量的0.77%。

水作为一种特殊的物质，是路域生态系统存在的必备条件，适量的水有利于公路建设中植被的恢复，有利于公路结构的稳定，有利于防止路面扬尘，尤其是在干旱半干旱地区。但是，过量的水也会给公路建设造成破坏，导致施工困难，引起滑坡、水土流失等。甚至使已经恢复的植被遭受破坏，所以在公路规划、设计、施工中一定要注意根据当地的降雨情况和地下水特点做好预防工作。

4. 岩石圈和土壤圈

岩石圈是指地球的地壳部分，常称为大陆圈。地表岩石经风吹、日晒和雨淋，逐步风化分解成为母质，经过化学和生物的共同作用，形成了土壤层，即土壤圈。岩石圈和土壤圈储藏着丰富的资源，是生物所需要的各种元素和化合物的源泉，是万物生存繁衍的基地。

土壤是植物生长的最重要基质，也是众多微生物和小动物的栖息场所。自然环境通过其物理状况（如辐射强度、温度、湿度、压力、风速等）和化学状况（如酸碱度、氧化还原电位、阳离子、阴离子等）对生物的生命活动产生综合影响。

对于路域生态环境而言，土地具有多重功能，概括起来有如下方面：

（1）公路交通的支撑功能，是公路的基本落脚点；

（2）容纳基础设施建设；

（3）生物基因库存在和繁殖场所；

（4）农业和林业生产的基础；

（5）过滤、缓冲、分解、转化等生态功能；

（6）构成景观并保存自然文化遗产。

（二）生物组分

路域生态系统的生物包括动物、植物和微生物。多种多样的生物在路域自然生态系统中扮演着重要角色。根据生物在路域自然生态系统中发挥的作用和地位可将其分为生产者、消费者和分解者三大功能类群。

1. 生产者（Producers）

生产者又称初级生产者，指自养生物，主要指绿色植物，也包括一些合成细菌。这些生物能利用无机物合成有机物，并把环境中的太阳能以生物化学能的形式第一次固定到生物有机体中。初级生产者是路域生态系统中唯一能将太阳能转化为生物化学能的生物。

这些生物可以通过光合作用把水和二氧化碳等无机物合成为碳水化合物、蛋白质和脂肪等有机化合物，并把太阳辐射能转化为化学能，储存在合成有机物的分子键中。植物的光合作用只有在叶绿体内才能进行，而且必须是在阳光的照射下。但是当绿色植物进一步合成蛋白质和脂肪的时候，还需要有氮、磷、硫、镁等15种或更多种元素和无机物参与。生产者通过光合作用不仅为本身的生存、生长和繁殖提供营养物质和能量，而且它所制造的有机物质也是消费者和分解者唯一的能量来源。生态系统中的消费者和分解者是直接或间接依赖生产者为生的，没有生产者也就不会有消费者和分解者。生产者是生态系统中最基本和最关键的生物成分。

路域生态系统与自然生态系统有所不同，路域生态系统一个是开放性、流动性比较强的系统，除了在路域生态系统区域内生产者直接生产有机化合物之外，路域人群也给路域生态系统带去了一些其他生态系统产生的有机化合物，加入路域生态系统的物质和能流循环中。

2. 消费者（Consumers）

消费者指以初级生产的产物为食物的异养生物，主要是动物。所谓消费者是针对生产者而言，即它们不能从无机物质制造有机物质，而是直接或间接地依赖于生产者所制造的有机物质，因此属于异养生物。消费者归根结底都是依靠植物为食（直接取食植物或间接取食以植物为食的动物）。直接吃植物的动物叫植食动物（一级消费者），如蝗虫、兔、马等；以植食动物为食的动物叫肉食动物（二级消费者），如猎豹等；可能还有三级消费者（或二级肉食动物）、四级消费者（或叫三级肉食动物），直到顶级肉食动物。

消费者也包括那些既吃植物也吃动物的杂食动物，有些鱼类是杂食性的，它们吃水藻、水草，也吃水生无脊椎动物。有许多动物的食性是随着季节和年龄而变化的，麻雀在秋季和冬季以吃植物为主，但是到夏季的生殖季节就以吃昆虫为主，所有这些食性较杂的动物都是消费者。食碎屑者也应属于消费者，它们的特点是只吃死的动植物残体。消费者还包括寄生生物。寄生生物靠取食其他生物的组织、营养物和分泌物为生。主要指以其他生物为食的各种动物，寄生生物包括植食动物、肉食动物、杂食动物和寄生动物等。

3. 分解者（Decomposers）

分解者是异养生物，它们分解动植物的残体、粪便和各种复杂的有机化合物，吸收某些分解产物，最终能将有机物分解为简单的无机物，而这些无机物参与物质循环后可被自养生物重新利用。分解者主要是细菌和真菌，也包括某些原生动物和蚯蚓、白蚁、秃鹫等大型的腐食性动物。

分解者在生态系统中的基本功能是把动植物死亡后的残体分解为比较简单的化合物，最终分解为最简单的无机物并把它们释放到环境中去，供生产者重新吸收和利用。由于有机物质的分解过程是一个复杂的逐步降解的过程，因此除了细菌和真菌两类主要的分解者之外，其他大大小小以动植物残体和腐殖质为食的各种动物在物质分解的总过程中都在不同程度上发挥着作用，如专吃兽尸的兀鹫，食朽木、粪便和腐烂物质的甲虫、白蚁、皮蠹、粪金龟子、蚯蚓和软体动物等。有人则把这些动物称为大分解者，而把细菌和真菌称为小分解者。

由于分解过程对于物质循环和能量流动具有非常重要的意义，所以分解者在路域生态系统中都是不可缺少的组成成分。如果路域生态系统中没有分解者，动植物遗体和残遗有机物很快就会堆积起来，影响物质的再循环过程。路域生态系统分解者不但要分解路域自然生态系统产生的有机物质，还要分解路域人群从其他生态系统带去的有机物质，保持路域生态系统物质和能量循环的平衡。

第二节　公路路域生态系统的结构

路域生态系统的结构可以从以下三个方面理解。一是空间结构，在路域生态系统中体现为：路基、路面、边坡、排水设施、中央绿化带等，系统中的生物种类、种群数量、种群的空间格局以及群落的垂直和水平结构等。二是营养结构，以营养为纽带把生物和非生物紧密结合起来，构成以生产者、消费者和分解者为中心的三大功能类群，它们与环境之间发生密切的物质循环和能量流动。营养结构保持了系统的稳定性。在外界干扰下，继续保持系统的有序性和恒定性。三是层级结构，生物的行为过程实际上可以发生在从核酸、细胞、组织直到生物个体和种群等各个层级之间，在这一过程中，不同层级的要素之间存在着复杂的交互影响。

对于路域生态系统的结构概括起来有以下三个特征：

（1）系统组分应有两个以上的要素；

（2）各成分与其环境相结合，系统的外界因素是系统的环境，系统与环境不可分割；

（3）各成分之间相互联系、相互作用、相互制约形成一个整体（结构），并可用以下方程表示：

$$MA(\delta,t)=[CA(\delta,t),EA(\delta,t),SA(\delta,t)] \tag{2-1}$$

式中：M——路域生态系统的结构；

A——在生态系统水平；

C——成分；

E——环境；

S——结构；

δ——该系统；

t——时间。

在上述的三个特征中整体性是路域生态系统最重要的一个特征。整体性是指系统的有机整体，其存在的方式、目标、功能都表现出整体性。路域生态系统就是一个由工程设施、车辆、人群和自然生态环境组成的有机整体。虽然系统是由多个成分结合而成的。但这个系统不再呈现结合前各自分散的状态，而发生了根本的变化，集中表现在整体性方面。整体性是生态系统各要素与结构之间相互作用的体现。

公路建设施工和运行中所面临的水土流失、动物致死、生物多样性下降、外来物种的入侵等问题，都需要用整体性的思维来解决。

一、路域生态系统的空间结构

空间结构是自然物体存在的必要条件，路域生态系统也不例外。路域生态系统的空间结构包括垂直结构和水平结构。由于公路具有其独特的大尺度线性特征，绝大部分的公路都横跨多个生态系统，所以一条公路的路域生态系统在空间结构上通常包括多个生态系统的综合特性，是多种生态系统空间结构的复合体。

（一）垂直结构

路域生态系统的垂直结构可以分为两个部分，一个是公路部分自身的垂直结构，一个是路域范围内自然生态环境的垂直结构。

公路部分自身的垂直结构包括路基、路面、桥涵、隧道等部分，较为简单（图1-1），大部分的结构比较一致，只是不同等级的公路有一些差别，另外桥梁、隧道、交叉等的垂直结构与一般公路路面路基的垂直结构也有所不同。

路域生态系统的自然生态环境的垂直结构因穿越不同的自然生态系统而比较复杂。大多数群落的内部都有垂直分化现象，即不同的生物种出现于地面以上不同的高度和地面以下不同的深度处，从而使整个群落在垂直方向上有上下不同层次的成层现象。群落的垂直结构主要就是指成层现象。由于一条公路的路域生态系统穿越多个自然生态系统，所以兼有所经不同自然生态系统的成层现象。

比如草原生态系统，草原生态系统是成片的绿草，高高矮矮，参差不齐。上层绿草稀疏，而且喜阳光；下层绿草稠密，较耐阴；最下层有的就匍匐在地面上。动物在空间的分布也有明显的成层现象。最上层是能飞行的鸟类和昆虫；下层是兔子和田鼠的活动场所；最下层是蚂蚁等在土层上活动，土层下还有蚯蚓等。森林生态系统的层次比草本植物群落的层次多，表现也更为清楚（图2-2），成层现象包括地面以上的层次和地面以下的层次，但地下成层经常不易看见。大多数温带森林至少有3~4个层。最上层是由高大的树种构成的乔木层；乔木层之下有灌木层、草木层和由苔藓地衣构成的地被层。在地面以下，由于各种植物根系所穿越的土壤深度不同，形成了与地上层相应的地下层。热带雨林生态系统的层次也十分复杂，群落的层数也很多。

图 2-2　森林群落的垂直结构

正如群落中植物有成层现象一样，各种动物也因活动空间不同而占据着不同的层。例如鸟类经常只在一定高度的林层做巢和取食。在我国珠穆朗玛峰的河谷森林里，白翅拟腊嘴雀总是成群地在森林的最上层活动，吃食大量的滇藏方枝柏的种子。而血雉和棕尾虹雉是典型的森林底层鸟类，主要以地面的苔藓和昆虫为食。煤山雀、黄腰柳莺则喜欢在森林中层做巢。

生态系统垂直结构的出现使生物群落在单位面积上容纳更多的生物种类和数量，能最充分地利用空间和营养物质。

（二）水平结构

路域生态系统的水平结构就是路域系统在空中能够看到的一种投影视平面结构，从横向看，路域生态系统可分为路面、路肩、边沟等，一直可延伸到路域自然生态系统部分，有的公路还有护栏网、公路防护林等，所经过不同的地方还有桥梁、隧道和交叉口等。从纵向看，路域自然生态系统包括农田、森林、居民区、水塘、河流、草地斑块等，形成一种景观格局。如重庆渝黔高速公路綦江段穿过森林、农田、河流等生态系统（图2–3）。

图 2–3　渝黔高速公路綦江段穿越多种生态系统

在路域自然生态系统内部我们常常观察到由于地形条件、土壤条件、动物的活动、光照状况不同，使群落内部的环境在水平方向上出现不一致的现象，形成许多小环境，并在群落内部分化出许多由一种或若干种植物所构成的小斑块，即小群落。它们分布于整个群落中，形成所谓的镶嵌现象，这就是群落在水平方向的主要结构特征——镶嵌性。

如山区公路路域由于取弃土导致局部洼地的形成，有的形成季节性水池，方便了两栖类在其中产卵和繁殖；局部高地容易停留风中飘扬的植物种子和孢子，发育地方植物和外来物种，坡度较陡的坡面一般多生长灌木和草木，较少生长乔木，而坡度较缓地带乔木、灌木、草本和花卉均有分布。

由于公路是长线状人工构造物，其水平结构除了在小尺度上呈现斑块镶嵌现象外，在大尺度上还具有线状结构特征（图2–4）。

图 2–4 川藏公路的回头弯

二、路域生态系统的营养结构

路域生态系统除前述生物群落的垂直结构和水平结构外，还具有以食物关系把各类生物有机体联结起来的营养结构。绿色植物首先固定了太阳能并可制造有机物质，供本身和其他消费者利用，它们属第一营养级。第一性消费者植食动物是第二营养级，蚱蜢和牛都是植食动物，处于同一营养级。螳螂吃蚱蜢，猫头鹰吃田鼠，这两种捕食者动物都是第二性消费者，占据第三营养级。吃螳螂的鸟和吃猫头鹰的貂是第三性消费者，占第四营养级。同理还可以有第四性消费者和第五营养级。由此可见，在生态系统中包含于食物里的能量由植物到植食动物再到肉食动物，是一步一步进行流动的，每一步或每一环节称为一个营养级，它是以相似的方式获取相同性质食物的植物类群或动物类群。不同的路域自然生态系统往往具有不同数目的营养级，一般有3~5个营养级。在一个生态系统中，不同营养级的组合就是营养结构。

如上所述，在一个生态系统中，以生产者植物为起点，各种生物有机体以吃与被吃的关系，即通过食物的关系彼此关联而形成为一个能量与物质流通的系列，即食物链。食物链是生态系统营养结构的具体表现形式。

在路域生态系统中存在不同类型的食物链，按照生物之间的相互关系，食物链主要有以下三种类型：

一类是捕食性食物链，以植物为基础，由植物到小动物，再到大动物，后者可以捕食前者，如青草→蝗虫→蛙→蛇→鹰就属于这种类型。

二是寄生性食物链，以大动物为基础，由小动物寄生在大动物身上，如鸟类→跳蚤→原生动物→细菌→过滤性病毒就属于这种类型。

三是腐生性食物链，也称分解链，在死的动植物残体上，从繁殖细菌、真菌及某些土壤动物开始，如植物残体→蚯蚓→线虫类→节肢动物就属于这种类型。

路域生态系统是一个开放的系统，营养结构不仅仅在于路域自然生态系统内部，而且还跟公路运行中产生的废气、重金属、有机物和无机物垃圾等产生交换，这些物质和能量通过食物链进入路域生态系统。

在路域生态系统内存在有许多食物链，同时一个食物链常常有许多不同的分支，各个食物链彼此交织，形成更加复杂的食物网。食物链和食物网的复杂程度常常决定着系统的稳定性程度。一般来说，生态系统的食物链愈长、食物网的结构愈复杂，它的稳定性愈好。路域生态系统中对动物、植物的保护目的是维护整个路域生态系统的稳定性。

三、路域生态系统的层级结构

层级结构是按照系统各要素特点、联系方式、功能的共性、尺度的大小、能量变化范围等多方面特点划分的等级体系。生物圈是最大的生态系统，是个多层次的独立体系。尺度上从大到小一般可分为十一个层次，即全球（生物圈，Biosphere）、区域（Region）、景观（Landscape）、生态系统（Ecosystem）、群落（Community）、种群（Population）、个体（Individual）、组织（Tissue）、细胞（Cell）、分子（Molecules）、基因（Gene）。

层级性结构中,个体水平以上的为宏观，个体水平以下的为微观。生态系统层级分明，但又有机联系在一起，不同层级中的生物在时空尺度和行为过程等诸方面有很大的差别（图2-5）。

所谓行为过程就是指系统事物作为一个整体对外界的反应过程。层级越高系统的行为变化越慢，一个细胞可能只生存几个月，而一个动物可能存在几年、几十年，而这个动物所处的种群的进化过程往往需要数百年或数千年，一个区域的生态系统和景观变化可能需要几万年、几十万年甚至以地质历史时间来计算，而更高层级的生态系统如整个地球生物圈，存在的时间到目前为止已经有数亿年。

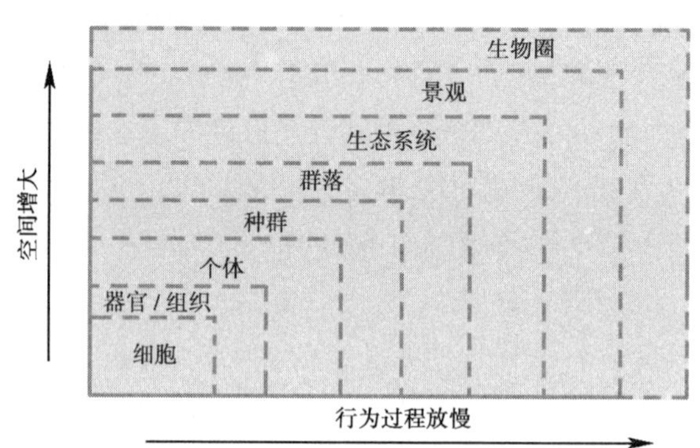

图 2–5　生态系统的层级结构

在路域生态系统中，处于个体水平的某些动物的少量死亡对种群和生态系统的影响并不大，但是如果某些稀有动物被轧死或撞死的概率太大，将有可能导致几年内这种动物的大量死亡，从而使得这个动物种群在几年、几十年内灭亡，种群消失。继而，这个动物种群的消失将有可能导致整个地区动植物群落发生变化，进而影响到局部生态系统结构和功能的改变，改变当地生态系统景观格局。

第三节　公路路域生态系统的功能

生态系统（Ecosystem）就是在一定空间中共同栖居着的所有生物（即生物群落）与其环境之间由于不断地进行物质循环和能量流动进而形成的统一整体。公路路域生态系统则是指在路域范围内所有生物（即生物群落）与其环境之间由于不断地进行物质循环和能量流动而形成的统一整体。公路路域生态系统是自然生态系统的一个重要组成部分，是一个动态的、开放的和具有自动调节功能的系统，在公路路域生态系统中，各组分担负着不同的功能，但又有机地结合在一起，共同担负着整个路域生态系统的系统功能。

生态系统的基本功能是指系统内部以及系统与外界的能量流动和物质循环。

（1）能量流动（能流）。任何生态系统要正常运转都需要不断地输入能量。生态系统中的能量来自于太阳能，它是通过绿色植物输入到系统中，并保存在有机物质中。当植食动物吃植物时，能量转移到第二营养级动物体中；当肉食动物吃植食动物时，能量又转移到第三营养级的动物中，依此类推。最后由腐生生物分解死亡的动植物残体，将有机物中的能量逸散到环境中。与此同时，各营养级由于生物呼吸作用都有一部分能量损失。没有能量的输入和在系统中的流动就没有生命，没有生态系统，能量是生态系统存在和发展的动力，因此能量流动是生态系统的重要功能之一。

能量在流动过程中逐级递减，因为每一个营养级生物在生命活动过程中都要消耗能量，这些能量最后主要消耗散失于无机环境中去。美国生态学家Lindeman发现，能量沿食物链流动时，剩下来可以被更高营养级的生物利用的能量越来越少，通常后一营养级所获得的能量大约为前一营养级的10%，这就是著名的“十分之一”定律（林德曼效率）。从理论上讲，一个人靠吃鱼增长身体1kg，就得吃掉10kg鱼，10kg的鱼则要吃掉100kg的浮游动物，100kg的浮游动物要吃掉1 000kg的浮游植物。也就是说，1 000kg的浮游植物才能养活10kg的鱼，进而才能使人增长1kg体重。能量沿食物链流动时逐级递减，营养级越多，消耗的能量也就越多。

（2）物质循环（物流）。生态系统除了需要能量外，还需要水和各种矿物元素。这首先是由于生态系统所需要的能量必须固定和保存在由这些无机物构成的有机物中，才能够沿着食物链从一个营养级传递到另一个营养级，供各类生物需要。否则，能量就会散失掉。其次，水和各种矿质营养元素也是构成生物有机体的基本物质。因此，对生态系统来说，物质同能量一样重要。物质循环的范围为生物圈，生物群落和无机环境之间的物质可以反复出现反复利用，周而复始地进行循环，不会消失，这种循环也称作生物地球化学循环。

（3）公路路域生态系统的其他功能。公路路域生态系统的系统功能除了具有生态系统具备的基本功能——物质循环和能量流动外，还有道路交通的功能、生态服务的功能、景观美学的功能等，具体阐述如下：

一、公路路域生态系统的交通支撑功能

公路路域生态系统最特殊的一点就是“路”，它担负的是交通运输的

功能，作为城市间和城乡间物质、能量和信息流动的重要通道，源源不断地进行传递，在国民经济的发展中起到了重要的作用。交通运输是国民经济的命脉，是经济建设不可缺少的基础设施，它的进步与变革直接关系到生产力的发展与变化。

二、公路路域生态系统的生态服务功能

公路路域生态系统即使是一个半人工化的生态系统，但也具备生态服务功能，而且如何确保和提高这种生态服务功能，是路域生态学研究的重要任务。

（一）保护和改善环境质量的功能

1. 路域林带能有效降低噪声

林木能把投射到树叶上的噪声反射到各个方向，造成树叶微震使声能消耗而减弱。其对噪声的衰减量因树木品种、种植方式、种植密度及季节等变化而差别较大。通常林带的平均衰减量可用下式估算：

$$AL=kb \tag{2-2}$$

式中: AL——林带的平均衰减量，dB；

k——林带的平均衰减系数，一般取0.12～0.18dB/m；

b——噪声通过林带的宽度。

2. 防治大气污染、净化空气的功能

绿色植物有防治大气污染、净化空气的功能被誉为“天然的过滤器”。因此，路域生态系统中的植物也具有过滤各种有害物质、净化公路沿线空气的功能。有的树叶表面生白绒毛，有的能分泌黏液、油脂，可吸附大量飘尘。而蒙尘的植物经过雨水冲洗后，又能继续拦阻尘埃。例如，二氧化硫是有强烈辛辣刺激性的有毒气体，而松树林每天可以从1m^{3}的空气中吸收20mg二氧化硫；1hm^{2}垂柳在生长季节，每月可吸收二氧化硫10kg；柑橘树叶子可吸收储存硫达1%。另外，氟化物都对人畜有毒害，而各种树木对氟化氢都有一定的吸收能力。另外，有些树种可以吸收CO、HC和NO_x等有害气体，以减少道路大气污染的范围。

3. 路域绿地可减少粉尘

路域生态系统复层结构的绿地在垂直空间上有较大的叶面积和阻挡面，能减缓气流并促使其中颗粒较大的尘粒沉降，从而较有效地减少粉

尘。据研究显示，叶面的滞尘量，棕榈为56.489g/m^2，无花果为42.836g/m^2，桂花为20.193g/m^2，枫香为15.717g/m^2，杜仲为14.727g/m^2，木槿为14.646g/m^2，同时有些植物其自身也分泌较多的杀菌、抑菌物质。例如：油松、白皮松、云杉、核桃能分泌可杀死球菌和某些杆菌的杀菌素；紫薇、侧柏、法国梧桐等能分泌杀死某些杆菌的杀菌素。

（二）减缓干旱和洪涝灾害

公路路域生态系统的森林和植被在减缓干旱和洪涝灾害中起着重要作用，降雨时，植被枝叶树冠可截留65%的雨水，减少雨点对地面的直接冲击，植被根系深扎于土层之中，这些根系和死植物枝干充实土壤肥力，并且吸收和保护水分。试验证明，1棵25年生天然树木每小时可吸收150mm的降水，22年生人工水源林每小时可吸收300mm的降水。据测算，一片10万亩的森林，相当于一个200万m^{3}的水库。公路路域生态系统的森林起到了一定的减缓干旱和洪涝灾害的功能。同时公路路域生态系统的边坡植被还有稳固路基的作用。研究表明，树冠、地被可以遮蔽雨水，根系可固定土壤，落叶、地被植物可以涵养水源，从而减少和防止地表水汇集径流，减少雨水冲刷路堤的危害，边坡植被的这种效果在高填方路段尤为明显。

（三）调节和改善局部气候

公路路域生态系统的绿地还可以调节和改善局部气候，主要体现在树冠层的遮荫减光作用及绿地的蒸腾散热作用。

三、路域生态系统的经济社会功能

公路路域生态系统对经济社会发展的促进作用可以概括为以下几个方面：一是支撑经济发展，优化了运输布局和服务、提高了生产要素使用效率、推动了产业结构升级和空间布局优化。二是推动社会进步，改善了人民生活质量，推动了城镇化进程，促进了区域经济协调发展。三是改善公共服务，增强了运输可靠性和安全性，增强了政府应对突发事件和提供公共服务的能力。四是服务可持续发展，改善了运输效率和效益，促进了综合运输体系发展，降低了能源消耗，加强了环境保护。

四、路域生态系统的景观美学功能

公路路域生态系统中植被可以改善高速行车安全条件。譬如，通过视线诱导种植可预示或预告线形的变化；通过遮光种植可防止车辆夜间行驶对向灯光的眩目；通过明暗适应种植，当汽车进入隧道时，可帮助驾驶员缩短对明暗急剧变化的适应时间；通过缓冲种植，当车体与路外物体发生冲击时，可降低车辆和驾驶员的损害程度。同时，路域生态系统内成行成丛或成片的树木花草，可以美化路容，给人以“车行景异”的动态景观。

第四节　公路路域生态系统的动态变化和生态平衡

一、公路路域生态系统的动态变化

公路路域生态系统的结构和外貌也会随时间的不同而变化，这反映出生态系统在时间上的动态。一般可以从三个时间度量上来考察，一是长时间量度，以公路路域自然生态系统进化为主要内容，在公路建设和运行相对较短的时间内，生态系统进化基本可以忽略；二是中等时间量度，以群落演替为主要内容；三是以昼夜、季节和年份等短时间量度的周期性变化。

（一）公路路域生态系统的季节变化

在气候季节变化明显的地区，植物的生命活动随着气候表现出季节性的周期变化，使整个群落在各季表现出不同的外貌，这叫做群落的季相。群落外貌的这种季节上的顺利变化过程，叫做季相更替。一般地说，季相更替并不导致群落发生根本性质的改变。

不同气候带群落季相表现很不一致。热带雨林的季相变化很不明显，反映了那里的气候终年炎热多雨，比较稳定；温带地区四季分明，季相变化最为突出。群落的季节性变化除季相更替外，群落的生产力、植物的营养成分和群落内部环境也都相应地发生周期性变化。

公路路域生态系统的季节变化不仅对自然生态系统产生影响，也对公路交通产生很大的影响，比如雨雪、云雾天气。关注路域生态系统的季节变化有助于保证道路交通的顺利进行。此外，路域自然生态系统的季节变化也给公路的景观增添了不少的美学成分。

（二）公路路域生态系统的演替

在一定地段上一个群落被性质上不同的另一个群落所替代的现象叫做演替。例如，在某一林区，一片土地上的树木被砍伐后辟为农田，种植作物；以后这块农田被废弃，在无外来因素干扰下，就发育出一系列植物群落，并且依次替代。首先出现的是一年生杂草群落；然后是多年生杂草类与禾草组成的群落；再后是灌木群落和乔木的出现，直到一片森林再度形成，替代现象基本结束。原来的森林群落被农业植物群落所代替，其原因是一种人为演替。

1. 生态系统演替的原理

生态系统演替是系统内部的发展过程与外界施加的物理力量相互作用的结果。生态系统的演替是有次序的改变过程，这种改变是定向的，因而是可以预测的，演替最后导致建立一个更加稳定的生态系统而达到顶级状态。

演替过程所涉及的物种、所需要的时间及所达到的稳定性的程度取决于环境条件等其他物理因素。但演替本身是生物学过程，而不是物理学过程。强大的物理或生物力量的扰动，以及人类的过度开发和环境污染会改变、抑制或终止这种演替的过程。

生态系统的演替，通常以植物群落、动物种群的变化和环境条件的变化为基础，生态系统的演替可分为幼年发展阶段和增长成熟到顶级稳定阶段。

2. 生态系统演替分类

群落的演替按发生的基质状况可分为两类：原生演替和次生演替。

（1）原生演替。如果这个地域先前没有生物占领，那么，一个生态系统被另一个生态系统所代替的过程就称为原生演替。

公路建设区域一般都有原生植物分布，更多的是一个干扰和损坏的过程，植被恢复是在创伤面上进行的，所以原生演替很少，而多的则为次生演替。

（2）次生演替。开始于次生裸地或原生荒原（不存在植被，但在土壤或基质中保留有植物繁殖体的裸露地段）上的演替。比如，当一个地区被开垦，后又被废弃时，这个地区在开垦前的优势生态系统，将经过一系列明显的变化阶段而得到恢复。由于这是重建原来的就已经有的生态系统，所以把这个过程叫做次生演替。

一般来说，次生演替发展的要比原生演替快。因为群落演替的速度随具体条件不同而有差异，一般在演替系列的早期阶段比较迅速，群落稳定性差，后期，演替速度逐渐变慢，最后阶段的群落保持相对稳定的状态。其种群和结构相对稳定，整个群落的物质与能量的输入和输出保持相对平衡状态。

公路路域生态系统的演替突出表现在路域植物群落的演替。图2–6为我国南方地区裸露岩石植被的自然演替系列，首先是一些一年生、两年生草本植物以个体的形式在苔藓群落中出现，以后逐渐增加取代了苔藓群落，多年生植物开始出现，在多年生草本发育到一定阶段时，一些喜光的灌木出现，并与高草混生。形成高草灌木混生群落，以后灌木大量增加成为灌木群落，继而，阳性乔木树种出现逐渐形成森林。至此，林下形成郁蔽环境，使耐阴树种得以定居。阴性树种增加，而阳性树种因在林下不能更新而逐渐从群落中消失，林下生长耐阴的灌木和草本复合群落即形成。此时，旱生生境因群落的作用而形成中生生境。其中，地衣、苔藓植物阶段时间最长，木本植物阶段次之，草本植物阶段较快。根据调查，即使在云南省的亚热带气候条件下，这个过程最少也要50年以上，绿色植被就是在这样的环境下发生植物种的变迁。针对新建公路路域生态环境的特殊性，寻求从初期的裸露岩石坡面到植物间的合理搭配，能促进和加快群落演替过程。公路生态恢复就是在裸露的边坡上建造演替过程中的中间群落，其中高草灌木混生型和草本型为理想群落。

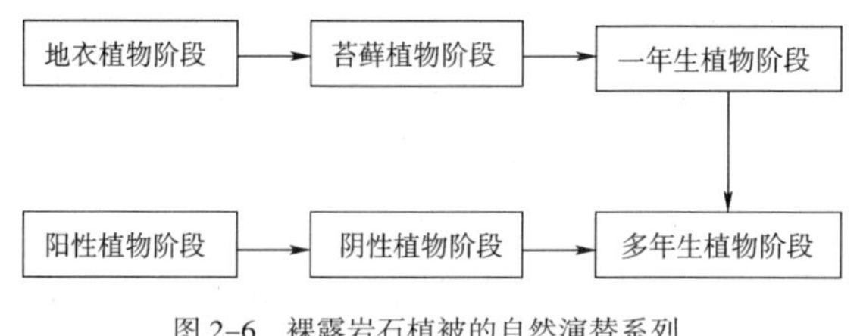

图 2-6　裸露岩石植被的自然演替系列

群落的演替还因其发展方向不同分为进展演替与逆行演替。当发生于裸露地面或撩荒地面的群落经过一系列发展变化，总趋势朝向逐渐符合于当地主要生态环境条件（如气候和土壤）的方向发展其演替过程，叫做进展演替。进展演替的结果为：群落的特征一般表现为生物种类由少到多，结构由简单到复杂，由不稳定变得比较稳定，同时群落越来越能够充分地利用环境资源。

群落由于受到干扰破坏而驱使演替过程倒退，即逆行演替的现象也是常见的。强度放牧下的草原，因适口性强的牧草逐渐减少或消失，代之以品质低劣或有毒和有刺的植物得以繁生蔓延，草群总覆盖度下降，甚至出现裸露地面。草原发生的这种退化现象即是逆行演替。公路建设如果对路域生态系统的干扰强度太大，就有可能产生逆行演替，生态系统的结构和功能发生改变，稳定性下降，生态系统退化。

公路路域受到公路建设的干扰或破坏，植被恢复时，可采用表土搜集与回填技术以及先进的生物工程技术（客土喷播与湿法喷播等），物种选择与配比上采用灌木和乔木与草本混合的方式，加速植被演替，促进其达到顶级稳定群落。如交通部科学研究院在云南省安楚高速公路植被恢复试验中提出“边坡快速灌木化”新理念，并在实体工程中取得了较好的效果。

当全部已有的物种继续彼此按比例繁殖，并不再发生变化的平衡状态称为顶级，这个系统也就叫做顶级生态系统。顶级生态系统的类型依照这个地区占优势的非生物因素的不同而有所差异。在炎热的干旱地区，顶级生态系统是热带荒漠生态系统；在炎热的潮湿地区，顶级生态系统是热带雨林生态系统。

对于公路路域生态系统来说，顶级生态系统在不同地区亦不相同，如在黑龙江这样寒冷的北方地区，路域顶级生态系统就是针叶林生态系统，在浙江这样的亚热带地区，路域顶级生态系统就是常绿阔叶林生态系统，而在如云南南部这样的热带地区，路域顶级生态系统是热带雨林。在不同区域的顶级生态系统就是路域生态恢复的终极目标，不同的生态恢复方式都是为了加速路域的生态演替的进程，最终达到公路路域生态系统的动态平衡。

3. 影响演替的因素

当生态系统的演替进行到顶级时，则可以理解为达到了动态的平衡。这种平衡也不是一成不变的，特别是自然因素和人为因素的强烈干扰下，往往破坏了生态平衡。

1）自然因素

影响生态系统演替的自然因素主要指自然界发生的异常变化或自然界本来就存在的对人类和生物的有害因素，如火山爆发、山崩海啸、水旱灾害、地震、台风、流行病等自然灾害，都会使生态平衡遭到破坏。

我国是个自然灾害大国，由于自然因素干扰路域生态系统演替的案例不胜枚举，每年由于泥石流、滑坡、洪水等典型灾害而毁坏路基和桥梁，也改变了生态系统的动态平衡。

2）人为因素

影响生态系统演替的人为因素主要指人类对自然资源的不合理利用、盲目发展生产带来的环境污染等问题。人为因素引起的生态破坏主要为：

（1）生物种类成分改变。人类有意或无意地使生态系统中某一生物消失或向其中引进某一种生物，都可能对整个生态系统造成影响。

目前全球范围内的研究表明，公路建设是外来物种入侵的主要原因之一，外来物种的入侵往往导致路域植被群落单一、结构简单、生态功能下降，地方物种灭绝，引起路域生态系统平衡的破坏。如，佛罗里达在20世纪40年代引入用于路域边坡生物防护的Cogon草。在20世纪60年代，该区域在道路建设中广泛种植了这种草。到20世纪80年代中期，这种草被判定为是一种毒草，因为导致了害虫的横行。

（2）环境因素的改变，引起平衡破坏。工农业的迅速发展，产生了大量污染物质，从而改变生态系统的环境因素，影响整个生态系统。

公路建设导致了各种污染物的大量排放，如隧道开挖导致水体污染影响下游的植物与动物栖息地质量，高速公路施工期与运行期形成噪声污染带，并对沿线野生动物产生阻隔与回避效应，城市道路、城际间大流量高速公路往往形成严重的大气污染，这些环境污染都会严重破坏路域生态系统的平衡，降低路域生态系统的质量，甚至导致逆向演替。

（3）信息系统被破坏。许多生物都能释放某种信息素（一些特殊的化学物质），以驱赶天敌、排斥异种或与同类直接或间接的联系以繁衍后代。如果排放到环境中的某些污染物破坏了这些化学物质，则会打乱生物的信息传递过程，使生物生存的固有规律遭到破坏。

二、公路路域生态平衡

（一）概念

生态平衡（Ecological Balance）是现代生态学发展在理论上提出的新概念。一般情况下，如果一个生态系统的输入和输出长期保持稳定（相等或分别稳定），生态系统的结构和功能就在较长时间内处于稳定状态，表现为生物的种类组成及数量比例没有明显变动，且在遭遇外来干扰时能通过自我调节从受冲击的状态恢复到稳定状态，人们把生态系统的这种稳定状态称为生态系统平衡或生态平衡。

在环境基本稳定的前提下，给予足够的时间，生态系统能向着较复杂的方向发展。当一个生态系统发展到成熟的、稳定的阶段，它的生产者、消费者和分解者之间，即物质和能量输入和输出之间，接近于平衡状态。此时，物质种类组成及数量比例长时间内没有明显变动，这种状态就是生态平衡或自然平衡状态。

路域生态系统（以及所有的自然生态系统）是一种开放系统，开放系统必须依赖于外界环境的输入，如果输入一旦停止，系统也就是失去了功能。如果公路路域生态系统的输入和输出长期保持稳定（相等或分别稳定），生态系统的结构和功能就在较长时间内处于稳定状态，表现为路域生物的种类组成及数量比例没有明显变动，且在遭遇外来干扰时能通过自我调节从受冲击的状态恢复到稳定状态，我们把路域生态系统的这种稳定状态称为公路路域生态系统平衡。公路建设是打破旧平衡状态，建立新平衡状态的过程。

公路建设过程中，不可避免的会对自然生态系统产生扰动，因此在公路规划、设计、施工与运行中要注重路域生态平衡的保护。如以桥梁通过湿地、以隧道通过山地、线路绕避野生动物保护区。实在不能绕避也从边缘通过且尽可能多地设置动物通道和“景观连接器”以保护景观的连通性与栖息地的完整性，这样即使扰动了自然生态系统，公路建成之后，公路路域新形成的生态系统能向着较复杂的方向发展，它的生产者、消费者和分解者之间，即物质和能量输入和输出之间，接近于平衡状态。这样的路域生态系统，一方面保证交通安全、运输效率的公路基本功能的发挥，一方面维持自然生态流的正常运行、生物多样性、完整和自然生态系统的动态平衡。我们建设人与自然和谐公路的目标就会实现。

（二）基本特征

公路路域生态系统平衡的基本特征表现在以下几个方面：首先是能量平衡上，路域生态系统的总生产量与群落呼吸量之比（P/R）应接近于1；在食物网特征方面，公路路域生态系统形成复杂的食物网结构，生物系统对环境干扰有较强的抵抗能力；在物质循环特征方面，路域生态系统的氮、磷、钾、钙等主要营养物质的生物地球化学循环，随系统演替的发展而逐步稳定；在群落结构特征方面，路域生态系统的物种多样性和物种数量保持相对平稳状态；在种群适应对策特征方面，路域生态系统物种数量多且密度高，低增殖潜力且具有较强竞争力的物种有较大的生存可能性。

1. 能量特征

生态系统的总生产量（P）与群落呼吸量（R）之比（P/R）是表示生态

系统营养特征和相对成熟程度的能量特征指标。如果系统早期的$P/R>1$，则为自养演替系统，如果系统早期的$P/R<1$，则为异养演替系统，而在上述两种演替中，P/R比率都随着演替发展至平衡状态而接近于1。换言之，在生态平衡的系统中，固定的能量与消耗量趋向相等。

2. 食物网特征

食物链与食物网结构也是表明生态系统成熟与稳定性的指标。自养演替生态系统在幼年期往往只有规模较小的、级数较少的、直线的食物链结构，随后发展成为以规模较大的放牧食物链为主的简单食物网，到成熟期，则形成以腐食食物链为主的复杂食物网。成熟系统复杂的营养结构，使生物系统对环境干扰具有较强的抵抗能力。这也是生态平衡系统自我调节能力的一个基础。

3. 物质循环特征

物质循环量能反映生态系统发展的进程。氮、磷、钾、钙等主要的营养物质的生物地球化学循环，随路域生态系统演替的发展而逐步稳定，到系统成熟时，由于系统形成了复杂的物流网络而具有强大的保持营养物质的功能，即营养物质丧失量少，使系统对外部输入的要求降低，最终导致输出量与输入量波动减小甚至两者相等。

4. 群落结构特征

一般认为，在演替过程中，物种多样性和均匀性增加，即物种数量增加，而某一物种或少数类群占优势的情形减少。但多样性最高的时候，并不一定是生态平衡的时候，因为物种多样性增加，可能孕育更为激烈的物种间竞争，并导致物种生活史变化，系统可能要在淘汰某些物种稳定后建立新的平衡。

5. 种群适应对策特征

通常，路域生态系统幼年期，物种数量少且密度低，此时，具有高增殖潜力的物种有较大的生存可能性，即R选择（非密度制约型自然选择），它是系统幼年期的主要生物种群适应对策特征；系统接近平衡的晚期，物种数量多且密度高，低增殖潜力且具有较强竞争力的物种有较大的生存可能性，即K选择（密度制约型自然选择），它是系统成熟期的主要生物种群适应对策特征。换言之，幼年期生态系统中，种群采取的是以量取胜的适应对策，相对平衡的生态系统中，种群采取的是以质取胜的适应对策。

（三）生态平衡的调节机制

生态系统平衡是通过系统的反馈、冗余性、抵抗力和恢复力等调节机制发挥作用实现的。

1. 反馈

反馈（Feedback）就是系统的输出变成了决定系统未来功能的输入。反馈可分为正反馈和负反馈，如果回输的信号与原输入的信号相同，且使整个系统运动加剧，就是正反馈，如在无限系统中，或在生态系统的幼年期，生物的生长繁殖对种群数量发生促进增加作用，就是正反馈。如果回输的信号与原输入的信号相反，且使整个系统的运动受到抑制，就是负反馈，如在有限环境中，或在生态系统的中年期与成熟期，生物的生长繁殖对种群数量发生密度制约作用，就是负反馈。负反馈调节作用的意义在于，系统通过自身的响应减缓系统内的压力以维持系统的稳定。

从长远看，公路路域生态系统中的负反馈和自我调节将起主要作用。系统不断通过（正、负）反馈进行调整，使系统达到稳定。生态系统生物之间，生物与环境之间都存在各种反馈，不加控制的系统不可能成为稳定系统。公路建设如果不当，偏离路域生态系统平衡位置点太远，将使得路域生态系统的反馈机制失调，引起生态系统失衡。

2. 冗余性

冗余性（Redundancy）是指生物群落中具有同样生态功能的物种，即同功能团的物种互为冗余。在正常情况下，同功能团仅有一个物种履行着功能职责，其他物种则并不重要，而一旦环境条件发生变化，在原履行功能职责的物种衰退或消亡后，冗余的物种就替代原履行该物种发挥作用，从而保证系统结构的相对稳定和功能的正常进行。

3. 抵抗力

抵抗力（Resistance）是生态系统抵抗外干扰的能力。抵抗力与物种特性及系统发育阶段状况有关，生物个体对环境因子的适应性越强，系统发育越成熟，系统抵抗外来干扰的能力就越强。例如我国长白山红松针阔混交林生态系统，生物群落垂直层次明显、结构复杂，系统自身存储了大量的物质和能量，这类生态系统抵抗干旱和虫害的能力要远远超过结构单一的农田生态系统。环境容量是系统抵抗力的主要表现形式。

4. 恢复力

恢复力（Resilience）是指生态系统遭受外干扰破坏后恢复到原状的能力。恢复能力主要由生命成分的基本属性（生命力和种群世代延续的基本特征）和生物群落特征决定。一般而言，生物的生活年代越短，系统的结构越简单，其恢复力就越强。如草地生态系统遭受破坏后恢复速度要比森林生态系统快得多。

对生态系统而言，抵抗力和恢复力是一对矛盾，抵抗力强的生态系统其恢复力一般比较低，反之亦然。

生态系统能否在受到干扰时保持平衡，除与构成生态系统调节能力的上述四个方面有关外，还与外干扰因素的性质、作用方式、持续时间等有关。通常，把不使生态系统丧失调节能力的外干扰强度称为“生态平衡阈值”。生态平衡阈值是自然生态系统资源开发利用的重要参数，也是人工生态系统规划与管理的理论依据之一。

（四）平衡失调的标志

1. 平衡失调的结构标志

平衡失调的生态系统往往表现在结构上出现变异或缺损。

当外部干扰还不甚严重时，系统各组分会发生变异，通常称为二级结构改变，其失调结构标志是各生物群发生物种组成比例、种群数量丰度、群落垂直分层、结构的变化，导致原系统趋于“生态单一化”，如过渡放牧使草原退化、过渡采伐使森林退化等。

当外部干扰巨大时，系统四大组分（生产者、消费者、分解者和非生物环境）中的一个甚至多个会缺损，通常称为一级结构破坏，特别是各功能生物群丧失，导致原系统崩溃，如严重污染使水体消费者生物消亡、大火使森林生产者和消费者缺失等。

二级结构改变与一级结构破坏之间并无严格界线，二级结构改变很容易演变到一级结构破坏，如草原消费者鹰、蛇种群濒危时，消费者鼠种群爆发，造成生产者草的减少甚至消失，于是草原生态系统崩溃进而荒漠化。

2. 平衡失调的功能标志

平衡失调的生态系统，在功能上表现为能量流动受阻或物质循环障碍。

能量流受阻主要表现为初级生产者第一性生产力下降和能量转化效率低或“无效能”增加。

物质循环障碍主要表现为物质循环减弱甚至中断和输入输出比例的失调。物质循环减弱甚至中断是目前许多生态系统平衡失调的主要原因和标志，这种减弱甚至中断有的是由于分解者的生境被污染而使其丧失了分解功能，更多的则是由于正常的物质循环过程被破坏，如农业生产的作物秸秆和草原上的枯枝落叶被用作燃料而没有进入自然的分解途径归还环境。物质输入输出比例的失调也是生态系统平衡失调的原因和标志。如某些污染物排入系统后，未能有效地从系统输出而积累于系统之中，这些积累物质的不断释放将严重危害系统结构和功能，重金属污染是这方面的典型例子。

（五）公路路域生态系统平衡失调的预防

预防公路路域生态系统平衡失调。尤其要注意以下几点：

（1）正确认识保持公路路域生态平衡与促进公路路域社会经济发展的辩证关系。保持公路路域生态平衡，可以提供稳定的物质和能量供给来促进公路沿线社会经济发展，而社会经济的发展，可以提供强有力的政策、法律和资金支持来强化公路路域生态平衡保护工作，两者相辅相成。对于发展中国家和欠发达地区而言，不能再走以牺牲公路路域生态平衡换取公路路域社会经济发展的老路，而应在探索在公路路域生态平衡的基础上，发展路域社会经济并进一步完善生态平衡保护工作，实现可持续的、协调的发展。

（2）努力控制对资源适宜的需求水平。公路路域生态系统中的生物资源是可再生资源，但再生至少要满足两个条件，其一，要保有一定的生物种群量，其二，要经历相当长的时间。这就要求人类应将对资源的开采利用数量控制在保证生态系统维持其稳定再生产的水平，而一旦开采利用使种群量接近于再生产所需的最小种群量，就必须停止，待其恢复到足以维持稳定再生产的水平后再度开发利用。

（3）尽量维持公路路域生态系统内部和生态系统之间的自然优化状态。人类已经掌握了通过控制物质和能量输入来调控特定生物生产的先进技术，但对这类输入所造成的对生态系统的全面影响还知之甚少，因此，在尽量减少从生态系统输出的同时也应尽量减少这类输入，以维持生态系统的自然优化状态。

第三章
公路路域生态学的基本理论

公路路域生态学是一门多学科交叉、多领域融合的新兴学科，是交通科学、生态学、工程技术等多学科共同发展的前沿学科，其知识体系还在不断完善，学术思想在很多方面还不成熟，没有形成普遍认同的、系统的理论框架。但像任何一个发展中的学科一样，从母学科的知识和理论中提炼以构建新兴交叉学科的理论是学科成长的必然过程。本章试图从生态学、工程学、经济学等方面提炼和归纳与公路路域生态学密切相关的理论和原则，作为公路路域生态学的基础理论，并为构建本学科自身的理论提供素材。

第一节　生态环境变化的一般规律

公路建设中的生态环境问题，是人类面临众多生态环境问题的一个重要组成部分。生态环境变化是复杂的，但也是有规律的，自觉认识和掌握生态环境的特点及其变化的一般规律，采取前瞻性、综合性的对策防范生态风险，规避不当建设带来的生态恶果，是公路路域生态学的重要任务。所以，认识并研究生态环境变化的一般规律，是构建公路路域生态学学科理论的重要基础。

一、自然环境的整体性和区域性

环境是当今世界使用频度最高的词汇之一，但不同学科所指的环境内涵具有很大的差异。在生态学或环境科学中，所谓环境是指相对于主体对象而言的背景，意即围绕主体对象以外的其他各种因素的综合。长期以来，在环境科学领域人类习惯以自己为中心，如果没有特殊所指，环境这个概念主要指的是以人类为主体的环境。此时，环境这个概念包含的是人类周围的所有生物的、非生物的因素。

所谓自然环境，就是指一切可以直接或间接影响人类生活、生产的自然界中的物质和能量的总称。在生态学中，自然环境往往是指较少受到人类的干扰和影响、仍较完整保持先天状况的环境。

自然环境是相对而言的，特别是随着全球气候变化和污染物的全球性扩散，完全纯粹的自然环境已经没有了。在不同的研究工作和领域中，自然环境的内涵也是不一样的。当研究的主体是环境污染时，自然环境主要强调的是没有污染的环境；当研究的主体是城市环境时，自然环境就是指城市以外的、人类居住密度较低、自然因素受人类影响和控制程度较低的环境；当研究的主体是退化环境时，自然环境所强调的是没有或较少受到人类影响、仍然保持自然面貌的环境；当研究的主体是公路路域环境时，自然环境主要强调的是公路路域较少受人类干扰的环境。自然环境强调的总是与我们研究的受损环境相对应的、较少受到人类影响或干扰的另一种环境。

自然界永远都是运动的，人类对自然环境的作用一刻也没有停止，因此自然环境还具有变动性的特点。当人类的行为作用于生态系统，其结构和功能不超过自然可以更新和承受的范围时，环境系统可以自动调节，使这些改变逐步恢复，系统的结构和功能可以恢复到原有的面貌；反之，环境系统结构退化，功能丧失，导致环境退化。这些因素相互作用、相互依赖形成一个具有特定结构和功能的生态系统。生态系统为人类生存和发展提供了环境条件和资源支持。

（一）自然环境的整体性

自然环境主要由大气、水体、土壤、生物、岩石、太阳辐射等自然要素所构成，彼此之间通过物质循环和能量流动相互有机联系在一起。植物通过吸收大气中的二氧化碳，利用水分和土壤中无机盐进行光合作用，将光能转化为储藏在有机物中的化学能，并释放氧气；动物直接或间接利用植物所转化的有机质，吸入氧气、氧化有机物以获取生存所需的能量；植物和动物生命活动过程中所释放的代谢产物、不能利用的碎屑以及尸体，最后都将被微生物分解，大量的元素以无机态的形式回归到土壤，可再次被植物利用。在这里各种要素有着相对确定的功能地位和相互作用关系，形成一个统一的整体，这就是生态系统。在生态系统中，植物称为生产者，动物称为消费者，微生物称为分解者，它们共同组成了这个有机整体的生物性成分，而大气、水体、土壤、岩石和太阳能称为无机成分。在某种程度上，自然环境存在的形式就是生态系统，有时为了强调自然要素的整体性使环境构成一个系统，也称为环境系统。

（二）自然环境的区域性

环境中各个要素是有机联系在一起的，但在不同的区域条件下，生态系统中生物成分和非生物成分的组成和比例是不一样的，区域中生态系统的物质循环和能量流动的速度、规模和途径也是有差别的，因此自然环境也具有区域性的特点。

二、环境退化和修复与干扰的强度和时间特征

（一）受损环境

与自然环境相对应的是受损环境，或称为扰动环境,它是指在人为或自然干扰下形成的偏离了自然状态的环境，在受损环境中，环境要素成分不完整或比例失调，物质循环难以进行，能量流动不畅，系统功能显著降低。

在自然条件下各种生态因子也会发生变化，而且这种变化有时也会超越生物生存的正常环境，形成生物生存的胁迫环境。胁迫环境与受损环境的不同主要表现在两个方面，一是成因不同，前者是自然条件下生态因子数量上偏离正常状态时的“自然环境”，后者是人为直接或间接影响和干扰下生态因子在数量和质量上发生重大变化的“人工环境”；二是环境变化的特点不同，即受损环境与胁迫环境相比，在环境因子变化的程度、范围、速度、频度等方面要大得多。在一定程度上可以把受损环境理解成人为的胁迫环境。

在受损环境中，非生物要素成分如大气、土壤、岩石、太阳辐射等发生变化，生物的种类构成及其相对比例变化，群落和生态系统的结构改变，生物多样性减少，生物间的相关关系改变，生物的可持续生产力降

低，土壤的形成作用减慢，水土保持作用减小。一般受损环境类型不同，引起环境变化的动力不同，受损环境的特点也是不一致的。

受损环境根据其成因归纳起来，主要有两种类型，一类是环境污染，一类是生态破坏。环境污染是指人类活动向自然环境中投入的废弃物超过自然生态系统的自净能力，并在环境中扩散、迁移、转化，使环境系统的结构和功能发生变化，对人类和其他生物的正常生存和发展产生不利影响的现象，简称为污染。能够产生污染后果的物质称为污染物。公路建设中常常在施工、运行中产生不同的污染物，这些污染物是影响路域生态环境的重要因素。

环境系统中的生物成分和非生物成分作为人类经济社会发展的资源受到过度利用或人为破坏，引起生态系统结构和功能的改变，并对人类生存和发展的环境条件和资源状况产生不良影响，我们把这种现象称为生态破坏。公路建设，尤其是现代高速公路建设对自然介质及其生物的影响强度、规模、范围不断扩大，并超过了自然环境可以恢复更新的限度，这时就出现了生态破坏问题。生态破坏的结果是生态系统物种丧失、生物量减少、物质流动规模降低、结构简化，环境朝着不利于生物生存的方向变化，生物多样性丧失，土壤肥力下降，水土流失，沙漠化和石漠化不断发展，这些都将损害人类社会生存和发展的物质基础。

（二）受损环境的变化趋势受干扰强度的影响

公路路域生态学要讨论公路建设过程中，在人类干扰和影响下环境变化及其对生物产生的影响，就需要分析公路路域环境变化的一般特点。

一般来说，人类的干扰强度越大，生态系统的结构就越不完整，生态系统的功能受到削弱的程度越高。为此，人们常常用生态系统的结构和功能的变化来评估干扰的强度。

干扰的后果不仅同强度有关，而且还与干扰的范围和规模密切相关，这就是干扰的尺度效应问题。很小的和局部的干扰有时可能产生积极的影响，如在森林中，局部小范围的砍伐或森林倒木形成的林窗内，生物多样性反而比森林内更为丰富，这就是中度干扰导致生物多样性增加的现象；又如，在小剂量的污染条件下，很多生物的代谢活力反而增强等。但是，干扰超过了一定范围和规模，对生物的不利影响就显示出来了，生态环境的自我恢复潜力大大下降，达到一定程度，生态系统将发生不可逆转的变化，进而走向灭亡。

干扰的后果与干扰速度和频度也有很大的关系。这里所说的速度是指干扰产生的快慢问题，频度是指单位时间内干扰发生的次数。一般来说，干扰的速度越快，对生物的影响越大，对生态环境的影响程度也越高，产生的后果越难以恢复。干扰的频度越高，对生物及其环境的影响越大，恢复的难度也越大。

（三）受损环境的变化趋势受干扰时间的影响

干扰的后果不仅与干扰的强度有关，而且和干扰持续的时间有很大的关系。一般来说，干扰持续时间越长，干扰的影响作用就越大。应该注意的是，如果干扰是基于生物种群及其以上的生物层次，则由于种群中的个体对干扰的适应性不同，在长期干扰条件下经过自然选择使抗性或适应性水平较高的个体得到了保留，这些个体的后代更容易得到发展，后代种群中抗性个体或适应性强的个体比例越来越高，并在外观上表现出更好的适应性，似乎呈现出干扰时间越长，负面影响越小的情况。

干扰的影响还同干扰发生的时刻有很大的关系。生物体在其生活周期的不同时间段对外界的敏感性是不同的，从而在对外来干扰的响应方式和程度上产生了差异。一般，生物体在生育阶段和幼小个体发育阶段对干扰最敏感，有时把这个时期称为临界期，而种子、孢子等繁殖体形成后尚未进入萌发阶段的时期，对外在因素的抵抗能力最高。对动物和人类而言，成年阶段对外来干扰的抵抗能力强；同样，对于群落和生态系统而言，演替和发育初期阶段对污染和人为干扰比较敏感，而到成熟期则有较高的抵抗力。

三、生态环境变化的综合效应

（一）积累效应

无论是环境污染，还是生态破坏，除了个别情况下是因突如其来的环境灾难外，更多的环境变化是逐步发展的，一开始并不被人们所察觉或重视，而后逐步积累，最后产生不可逆转的后果，这就是积累效应。

积累效应可以通过这样一个比喻来类比，一个人满头黑发，拔掉一根是微不足道的，拔掉10根是无足轻重的，拔掉100根也是无伤大雅的，但如果拔掉1 000根、10 000根、100 000根呢？在这个过程中人会逐步变成秃头，最后可能成为光头。绝大多数环境污染和生态破坏就是在这种不知不觉中发生的。

积累效应存在一个量积累到质变化的过程，而往往在发生过程中很难确定其中的转折点。为了更有效地管理生态环境，防治不可逆转的生态后果，越来越多的人认为，有必要认真分析这个转折点。这就是生态系统在保持其基本结构和功能、维持良性运转条件下能够接受污染物的最大量或承受能量损失的最大量，即环境容量和资源、生态承载力问题。也就是说，任何环境污染和生态破坏，最后的积累都应控制在这个限度以内，否则生态系统最后会走向崩溃，人类将丧失生存和发展的基本环境条件和资源支持能力。

积累效应包括两个层面，一是人类活动对环境因子的改变程度及其效应程度是不断积累的，二是环境因子的改变范围和效应范围也是不断积累的。前者主要侧重于环境污染，后者主要侧重于生态破坏。量的积累和范围的延伸是受损环境及其效应不断发展的两个方面。

公路建设中引起的生态环境问题及其积累效应是比较常见的。在一个区域里简易公路的影响较小，而随着公路修建的等级越高，影响就越大；公路密度越大，切割效应就越明显，对景观的隔离作用就越大，对生态系统的完整性影响就越突出。公路建设对生态环境的影响是作用持久、范围较大、普遍存在、短期内难以觉察效应的生态扰动行为，这种效应容易被忽视，研究工作往往也很少涉及。正是这些眼前看来不值得一提的环境受损，经过长期积累后很容易发展成为不可逆转的生态衰退。这类属性的环境问题，日益成为路域生态学研究的前沿领域和热点问题。

（二）放大效应

在人类的干扰和影响下，环境并不是呈线性变化的，而是逐步以加速度发展，呈现放大效应。

对于环境污染而言，这种放大效应主要表现在：污染物随着食物链的延伸而不断积累，呈现放大效应，如南极大气中没有检测到的DDT却存在于当地的企鹅体内；污染物对生物的影响在个体水平上的毒害效应可能不大，但在种群、群落乃至生态系统层次上产生了很大的影响，如温室气体的排放对个体性的生物而言影响较小，但对全球气候和生物圈的影响则十分巨大。

对生态破坏而言，这种放大效应主要表现在：局部的生态破坏产生的后果在全局上表现出来，从而产生更大的危害，如上游地区的毁林开荒引起的水土流失，会引发中下游地区产生洪涝之害，且在下游进行防治和治理的代价远高于源发地区的上游；关键地区的生态破坏将对很大范围的生态环境产生重大的影响。如在生物多样性极为丰富的地区过度利用资源、破坏环境，使这里的生物多样性丧失，带来的是整个区域生物多样性显著降低。

人类活动引起的环境受损以及生物对受损环境的响应具有放大效应，这是由环境和生物的特点及其关系属性所决定的。任何一个自然环境因子在生态系统中的地位和作用都是不可替代的，任何一个环境因子的变化都可能引起其他环境因子的变化（即级联反应），生物必须适应存在于其周边的任何一个环境因子，而且某个生物的适应可能引起处于某一个食物网中的其他生物发生适应性和适应能力的改变（即连锁效应），这样，当一个环境因子发生变化时，通过级联反应和连锁效应，一方面可能放大了最初的信号，另一方面产生多重后果，导致放大效应的产生。

公路建设已经成为人类社会规模大、持续时间长的扰动生态环境的行为，它的放大效应比较普遍。放大效应一方面提醒人们注意破坏环境的严峻后果，另一方面也要求在环境分析中，从源头上减轻对生态环境的破坏。

（三）滞后效应

人类对生态环境的破坏和环境污染引起的后果并不是伴随着成因的出现立刻表现出来的，而是要经过一定的时间后才能充分显现出来，这就是滞后效应。

环境污染和生态破坏的后果具有很强的滞后效应，而且这种效应普遍存在。例如，美国在19世纪中期开始，为了开发中西部，将大面积的森林开辟为种植园，到20世纪30～40年代，这些生态破坏酿造了大范围的生态危机，在这场危机中美国中西部数百万公顷良田的表土被飓风卷入大西洋。在我国，云南西双版纳是热带雨林比较集中的地区，在20世纪50年代后期为了种植橡胶，毁灭了大量的热带雨林，至20世纪70年代雨林气候特征发生了明显的变化：每年雾日减少了32d，降雨量降低了100mm左右，年空气平均湿度也有所降低。

出现滞后效应，是由生态系统的反应过程所决定的。生态破坏和环境污染对生态环境的影响具有一定的积累效应，这种积累需要一定的时间；生态系统结构破坏和功能丧失是一个复杂的生态过程，这个过程在生态系统中的环境与生物之间、生物与生物之间发生的恶性循环需要经过多个环节、多个层次的食物链、食物网传递，在整个过程中因果关系转化需要一定的时间跨度；生态系统本身对外来的干扰具有一定的缓冲能力，这种能力也使后果会在人类破坏一段时间之后才展现出来。同时，人类的认识有一定的局限性，只有酿成较大规模的不可逆转的后果时，才能确认所引起的破坏和污染。

正因为滞后效应的形成受这些因素影响，所以，越是小范围、小强度的人类干扰形成的生态后果，滞后效应越突出；生态系统越复杂，滞后效应越突出；产生后果对人类经济社会发展的直接影响越小，滞后效应越突出。

滞后效应的研究具有重要的现实意义。通过对滞后效应的研究，可以尽早预警相关的环境后果，及时采取措施，以避免大范围的生态环境恶化；同时，通过研究，人们可以从更大的时间尺度和更广泛的空间范围认识人类干扰的后果，警惕自然的报复，提高与自然和谐共处的能力和技巧。

第二节　生态学基本原理

公路路域生态学是生态学的一个分支学科，也是生态学的一个交叉应用学科，涉及生态学所关联的所有层次及其相关现象，因此，几乎所有的生态学原理都与公路路域生态学相关联。这里，主要从认识和解决当前特别关注的公路路域生态问题出发，从生态学几个典型的层次上介绍一些常见的生态学原理，为公路规划、设计、施工和运行管理提供理论指导。

一、景观及生态系统生态学原理

（一）尺度原理

尺度在生态学中的定义不同于地理学或地图学中的比例尺。路域生态学中，尺度是指所研究的路域生态系统的面积大小（即空间尺度），或者指所研究的生态系统动态的时间间隔（即时间尺度）。尺度往往以粒度和幅度来表示，空间粒度指景观中最小可辨识单元所代表的特征长度、面积或体积（如样方、像元）；时间粒度指某一现象或事件发生的（或取样的）频率或时间间隔。时间和空间尺度包含于所有景观的生态过程之中。在路域生态学中，大尺度（或粗尺度）是指大空间范围或时间幅度，往往对应于小比例尺、低分辨率；而小尺度（或细尺度）则常指小空间范围或短时间，往往对应于大比例尺、高分辨率。

尺度原理要求路域生态学研究必须考虑尺度作用。路域景观格局和景观异质性都因测定的时间和空间尺度变化而有所不同。比如，在一个尺度上定义的同质性景观，可以随着观测尺度的改变而转变成异质性景观。研究的尺度越大，生态过程所需的时间越长，其过程就会越复杂，相应的生态过程和反应时间也会加长。

（二）等级理论

等级理论认为，任何系统都属于一定的等级，并具有一定的时间和空间尺度。等级可被看作是一个内在互相联系的系统，在系统内上一个等级不同程度地制约着下一个等级。在一个等级系统中，不同的等级水平，其过程的频率是不同的。

生物世界是具有等级结构的。任何等级的生物系统，它们都由低一等级的组分组成。等级理论在生态学探究跨越不同水平和时空尺度的许多格局和过程方面具有重要作用。

等级理论最根本的作用在于简化复杂系统，以便理解和预测其结构、功能和行为。等级理论的关键一步是将那些复杂系统，包括公路路域生态系统中繁多而又相互作用的组分按照某一标准进行组合，并赋之以层次结构。基于等级理论，在研究复杂系统时一般至少需要同时考虑三个相邻层次：核心层、上一层和下一层预测。首先关注的应当是核心层，核心层被定义为问题的函数或研究的目标，一般将研究核心放在具体的研究对象或与之相联系的研究整体上。然后我们还必须考虑另外两个层次：核心层之上的那个层次，它制约和控制着它的下一层次，是核心层的背景；核心层之下的那个层次，它为核心层提供了细节，这些细节可以解释在核心层上观测到的行为。

来自等级理论的另一个主要的信息是：虽然影响一个过程的变量可能随着尺度变化，也可能不随尺度变化，但不同变量的相对重要性却会随着时空尺度的变化而变化。例如，当在一个局部尺度上预测植物组织的分解率时，我们需要知道这一地点的许多详细信息，如小气候、环境变量、落叶层的特征、木质素含量等。然而，如果要在一个地区乃至全球尺度上预测分解率时，我们可能只需要温度和降水量数据。

因此，等级理论告诉我们，应把注意力直接集中在事件发生或兴趣尺度上，并且对于研究的生态系统来说，如果我们改变了尺度，相关的过程都会发生改变。

（三）岛屿生物地理学原理

在生态学中，为了研究物种的分布、数量、存活和迁徙等一系列动态平衡规律，需要有一个相对简单的自然环境，规定在该自然环境中，有比较明确的“边界”，有不受人为干扰的“体系”，有内部相对均一的“介质”，有外部差异显著的“邻域”，这就是生态学上的“岛屿”。比如沙漠中的绿洲、陆地中的水体、开阔地包围的林地和自然保护区等，都相对地符合以上假设的基本条件。其中，以海洋中的岛屿条件最为理想，它们被视作天然的“生态实验室”，为探求生态学中涉及的空间分布、时间过程、系统演替，乃至“时间—空间耦合”的生态系统行为等，提供了极好的研究场所。研究发现，岛屿与其他生境联系减少，种群之间的交流较少，进而影响生物的自然选择、物种形成和进化。这种情形与岛屿面积大小、与大陆距离远近都有十分重要的关系。岛屿生物的适应和进化不同于大陆，很容易出现特化、退化和消亡。

事实上由于公路建设对景观的切割作用，产生了很多生态岛屿。在路域生态系统中，公路作为一个廊道，对原自然生态系统进行人为的“切割”，使得原本在一起的生境被划分成大小不等的“斑块”，这些独立的斑块就像大海中的“岛屿”一样，我们可以借用岛屿生物地理学理论对这些斑块进行分析。不同岛屿之间的生物如何进行种群迁徙，实现基因交流，及如何减少因片断化生境引起生物的消亡，是公路路域生态学不可忽视的一个研究内容。

（四）食物链和食物网原理

按照生物之间的相互关系，在路域生态系统中存在三种不同类型的食物链：捕食性食物链、寄生性食物链和腐生性食物链，其中腐生性食物链也称分解链。

食物链上的每一个环节，叫营养级。任何一种生物都属于一定的营养级。任何食物链上，后一种动物只能吃食、同化前一种动物所能提供能量的一部分，并通过新陈代谢等又消耗一部分能量。后一种生物最终只能储藏从前一种生物中摄取能量的10%左右。这就是说，能量沿着食物链的营养级逐级流动，不断减少。一般食物链中的营养级不会多于五个。

生态系统中，生物成分之间的取食关系是很复杂的。同一种植物会被不同的动物吃掉，同一种动物也不只吃一种食物。各生物成分之间在取食关系上存在着错综复杂的联系，各种食物链相互交错，相互联结，形成网状结构，称为食物网。食物网是生态系统中普遍而又复杂的现象。能量的流动，物质的迁移、转化，就是通过食物链或食物网进行的。如图3-1是一张温带草原生态系统的食物网简图，其中由多条食物链组成了一个食物网。

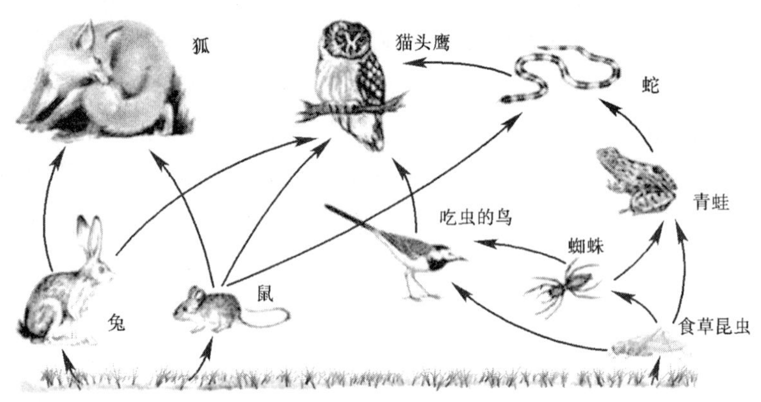

图 3-1　温带草原生态系统的食物网

在食物网中，一个物种数量的改变，必然牵动整个食物网内各物种数量的变动。在路域生态系统中，保护野生动物有积极的意义，如东北虎处于食物链的顶端，在整个食物网中处于最高级别，它的种群数量的减少乃至于种群的存亡，将直接对整个生态系统产生很大的影响。

在生态系统中，生物的种类越多，个体数量越大，其中的食物链就越多，食物网就越复杂，生态系统就越稳定。

食物链和食物网原理在路域生态学中具有重要的指导作用。①为确定生态保护目标和制订保护措施提供理论依据。有效地保护动植物最好选择这个路域自然生态系统的食物链和食物网的优势种和关键种，保护好生物群落中优势种和关键种，是维护整个路域生态系统稳定的最简洁的方法。②保护大型动物，最有效的办法就是保护食物链和食物网的完整性。③由于有毒有害物质通过食物链有积累效应和放大效应，为此要注意通过食物链逐级累积的有害物质对人类身体健康的危害。

（五）生态系统能量流动原理

能量是生态系统的基础，一切生命都存在着能量的流动和转化。没有能量的流动，就没有生命和生态系统。能量流动是生态系统的重要功能之一，能量的流动和转化服从于热力学第一定律和第二定律。

（1）生态系统中能量流动的主要路径为：能量以日光形式进入生态系统，以植物物质形式储存起来，沿着食物链和食物网流动，以动物、植物物质中的化学潜能形式储存在系统中，或作为产品输出离开生态系统，或经消费者和分解者生物有机体呼吸释放的热能从系统中消失。

（2）生态系统中能量流动的特点：① 生态系统中的能量流动是单向、不可逆的；② 能量在流动过程中逐级递减，原因是每一个营养级生物的呼吸都会产生相当多的热量，这些能量散失到无机环境中去。生态系统中能量流动遵循“十分之一”定律（见第二章能量流动论述）。

生态系统能量流动原理在路域生态学中的应用比较广泛。如它为公路建设中生物保护定位以及制订保护措施提供理论依据和支持。公路建设对每一个环节的损害都可能影响到生态系统中其他生物，能量流往往伴随着物质流，两者相辅相成，公路建设不仅仅对动植物会产生直接的伤害，还对动植物的生活产生影响。例如，公路施工和运行中铲除大量植物，施工中产生的大量灰尘，覆盖在植物表面，不利于植物进行光合作用同化能量，一旦初级生产受到影响，相关区域生物的生存就受到总能量供给不足的制约，整个生态系统的正常运转就会受到影响。

（六）生物地球化学循环原理

生物地球化学循环就是指地质上大循环和地区地球化学的背景上由生物活动操纵的物质循环。生物在循环中的作用主要是用生命活动的能量做功，使各个元素脱离了地质学循环的途径，在生物体与环境之间反复流转循环，这种循环不仅包括物理、化学过程，还包括生物过程，它是生态系统最主要的功能之一。

生物地球化学循环可分为三大类型，即水循环、气体型循环和沉积型循环。水循环的主要路线是水从地球表面通过蒸发进入大气圈，同时又不断从大气圈通过降水而回到地球表面，氢（H_2）和氧（O_2）主要通过水循环参与生物地球化学循环。在气体型循环中，物质的主要储存库是大气和海洋，其循环与大气和海洋密切相关，具有明显的全球性，循环性能最为完善。属于气体型循环的物质有氧（O_2）、二氧化碳（CO_2）、氮（N_2）、氯（Cl）、溴（Br）、氟（F）等。参与沉积型循环的物质，主要是通过岩石风化和沉积物的分解转变为可被生态系统利用的物质，它们的主要储存库是土壤、沉积物和岩石。沉积型循环的全球性不如气体型循环明显，循环性能一般也很不完善。属于沉积性循环的物质有磷（P）、钾（K）、钠（Na）、钙（Ca）、镁（Mg）、铁（Fe）、锰（Mn）、碘（I）、铜（Cu）、硅（Si）、锌（Zn）、钼（Mo）等，其中磷（P）是较典型的沉积型循环元素。气体型循环和沉积型循环受到能流的驱动，并都依赖于水循环。

生物地化循环是一种开放的循环，其时间跨度较大。相对于这种地质上的大循环，还有一种在生态系统内部土壤、空气和生物之间进行的元素周期性循环，称生物循环。养分元素的生物循环又称为养分循环，它一般包括以下几个过程：吸收，即养分从土壤转移至植被；存留，指养分在动植物群落中的滞留；归还，即养分从动植物群落回归至地表的过程，主要以死亡残落物、降水淋溶、根系分泌物等形式完成；释放，指养分通过分解过程释放出来，同时在地表有一积累过程；储存，即养分在土壤中的储存，土壤是养分库，除N外的养分元素均来自土壤。生物循环吸收量等于存留量和归还量之和。

生态环境保护的一个重要内容，就是土壤及其营养元素的保护。公路建设中大土方量、土壤表层的破坏，是对碳、氮、硫、磷等元素循环的严重干扰，需要进行认真研究寻找相关对策。一方面要尽可能减少对土壤的直接破坏，另一方面，由于施工中破坏植被会引起水土流失，使区域很多元素的生物地球化学循环过程受到影响，进而损害生态系统对人类社会的多种生态服务功能，所以在工程建设中尽可能避免对土壤和植被的破坏。

（七）生态平衡原理

生态平衡是生态系统在一定时间内结构和功能的相对稳定状态，其物质和能量的输入输出接近相等，在外来干扰下能通过自我调节（或人为控制）恢复到原初的稳定状态。当外来干扰超越生态系统的自我控制能力，而不能恢复到原初状态时谓之生态失调或生态平衡的破坏。生态平衡往往强调两个方面的稳定：一方面是生物种类（即动物、植物、微生物）的组成和数量比例相对稳定，另一方面是非生物环境（包括空气、水、阳光、土壤等）保持相对稳定。

自然生态系统经过由简单到复杂的长期演替，最后形成相对平衡状态，其物种在种类和数量上保持相对稳定；能量的输入、输出接近相等，即系统中的能量流动和物质循环能较长时间保持平衡状态。此时，系统中的有机体充分占据所有有效的空间，环境资源能被最合理、最有效地利用。例如，热带雨林就是一种发展到成熟阶段的群落，其垂直分层现象明显、结构复杂、生产力高，单位面积里的物种多，各自占据着有利的环境条件，彼此协调地生活在一起。

生态系统具有一定的内部调节能力，当生态系统的某一部分出现了机能异常时，系统会依靠自身内部的机制补偿异常部分的功能。例如：草地鼠对草原有一定的破坏作用，但在牧草生长不良的季节，某些鼠类可能处于休眠状态，生殖率也降低。休眠这种行为保护，使草地鼠的死亡率降低，从而保持其种群平衡；草地鼠出生率下降，又减轻了对草群的压力，为雨季草群复苏创造了条件。上述实例表明，生态系统通过自动调节，以保持它的稳定性。

生态平衡是动态的。生态系统中的生物与生物、生物与环境以及环境各因子之间，不停地在进行着能量的流动与物质的循环，生态系统在不断地发展和进化，环境也处在不断的变化中。人类应从自然界中受到启示，不要消极地看待生态平衡，而是发挥主观能动性，维护适合人类需要的生态平衡（如建立自然保护区），或打破不符合自身要求的旧平衡，建立新平衡（如把沙漠改造成绿洲），使生态系统的结构更合理，功能更完善，效益更高。

生态平衡是一种相对平衡而不是绝对平衡。因为任何生态系统都不是孤立的，都会与外界发生直接或间接的联系，会经常受到外界的干扰。生态系统的抗干扰能力具有一定的弹性，其自我调节能力也是有限度的，如果外界干扰或压力在其所能忍受的范围之内，当这种干扰或压力去除后，它可以通过自我调节能力而恢复；如果外界干扰或压力超过了它所能承受的极限，其自我调节能力也就遭到了破坏，生态系统就会衰退，甚至崩溃。我们通常把生态系统所能承受压力的极限称为“阈限”。例如，草原应有合理的载畜量，超过了最大适宜载畜量，草原就会退化；森林应有合理的采伐量，采伐量超过生长量，必然引起森林的衰退；污染物的排放量不能超过环境的自净能力，否则就会造成环境污染，危及生物的正常生活，甚至造成动物死亡等。

生态系统的平衡往往是大自然经过了很长时间才建立起来的动态平衡。一旦受到破坏，有些平衡就无法重建，带来的恶果可能是人类无法弥补的。因此人类要尊重、维护生态平衡，而绝不要轻易去破坏这个平衡。

二、种群及群落生态学原理

（一）生物群落分布的地带性规律

生物群落是生物与自然环境协同进化的产物，地球上自然环境，尤其是气候条件呈现地带性变化，因而植被成带分布，而植物是所有生物存在和发展的基础，所以地球上生物的分布也呈地带性的变化。生物群落在地球表面因气候带而呈带状更替的分布现象，称为生物群落地带性。

地球上的气候条件按纬度、经度与高度这三个方向改变，植被及其他生物也沿着这三个方向交替分布。前两者构成生物群落分布的水平地带性，后者构成垂直地带性。

生物分布的水平地带性，包括由南至北因热量变化而形成的纬度地带性，以及由海洋至大陆中心因水分变化而形成的经向变化。在低纬度地区（例如赤道），地面全年接受太阳总的辐射量最大，因而终年高温多湿，长夏无冬；在北半球，随着纬度的北移，地面受热逐渐减少，一年中季节差异增大；到了高纬度地区（例如北极），终年寒冷，长冬无夏。这样，由赤道到两极就形成了各种热量带，每一个带由东向西延伸，又由南向北依次更替。与此相应，各种植被类型也呈带状依次更替，即为植被分布的纬度地带性。在湿润的气候条件下，植被类型由南到北的顺序为：热带雨林—亚热带常绿阔叶林—温带落叶阔叶林—寒温带针叶林—极地苔原。伴随着植被分布的地带性变化，动物和微生物等生物类型也呈现类似的规律性变化。

生物分布的经度地带性，主要受海陆相对位置影响下的水分变化所左右。海洋上蒸发的大量水气，通过大气环流输送到陆地，是陆地上大气降水的主要来源。在同一热量带范围内，陆地上的降水量从沿海到内陆渐次减少，相应的植被类型也依次更替。沿海地区空气湿润，降水量大，分布着森林植被；距离海洋较远的地区，大气降水量减少，干旱季节长，分布着草原植被；到了大陆中心，大气降水量最少，地面蒸发量大于降水量，气候极为干旱，则分布着干旱荒漠植被。

生物分布的垂直地带性指的是在各个水平带的山地上，生物群落按海拔高度交替变化呈地带性分布。从低海拔平地向高山上升，气候条件逐渐变化。通常海拔每升高100m，气温下降0.5～0.6℃，湿度则随着海拔升高而增大，其他气候因子及其配合方式，也会有很大变化。气候条件的垂直差异，导致了生物垂直分布上的变化，形成了具有一定特点的生物垂直带。这就是说，山地生物垂直带是以所在地的生物水平地带为基带，由此形成具有一定特点的生物垂直带系列。但是，由于山体所处的地理纬度和海陆位置不同、山体大小和高度不同，以及山地上不同的坡向和坡度等，所引起的气候垂直变化也并不都是完全一样的。

地球上有些地区，纬度地带性规律很明显，另外一些地区则经度地带性规律很明显。但是这两个规律的作用在任何地点都是存在的，只是主次程度不同而已。同时，在生物群落分布呈现地带性变化的同时，生物的种类分布也呈现地带性变化。

生物群落分布的地带性规律在公路路域生态学中具有重要的作用：

（1）该原理为公路建设识别和确定敏感保护目标提供了理论依据。地带性植物群落可以通过指示物种或标志物种来识别。原生性地带植物群落由于具有完备的生态服务功能类别和强大的生态服务能力，或具有特别重要的生境，或因生存有大量的珍稀、濒危和特有动植物，成为生态环境保护中的重要目标。

（2）在公路建设及其环评工作中为生态环境现状评价和预测提供背景资料或依据。目前建设项目对生态系统的结构、功能影响及其程度和系统完整性影响评价，是生态环境影响评价中的一个难点，尚无标准方法，通用方法是把拟评价生态系统的组成和结构特征数据与区域内原生性地带性植物群落进行对比，并作分析评价。

（3）为公路路域生态系统恢复和重建工程效果评价提供依据。一方面为选用本地物种提供依据，也可以帮助预测所选用物种能否正常存活、生长；另一方面为评价拟选物种的生态风险提供依据，防止引种导致生态入侵。此外，目前路域生态系统生态恢复、重建效果尚无有效可行的定量评估技术和方法，经野外调查和长期监测，对重建路域生态系统与区域内原生性地带性植物群落结构和功能特征指标定量值，进行对比评估可能是一条值得探索的途径。

（二）生物群落演替原理

生物群落演替是指在一定区域内，群落随时间而变化，由一种类型自然演变为另一种类型的有顺序的更替过程。随着群落演替的进展，最后出现一个相对稳定的群落阶段即顶极群落。群落演替可以按照演替时间进程、演替发生的起始条件、基质性质、控制演替的主导因素和性质等不同原则划分为不同的类型。

群落演替主要体现在群落内物种的多样性与群落结构稳定性两个方面。演替是群落改变物理环境的结果，群落最后走向具有自我平衡性质的稳态（顶极群落），因而演替具有可预测性和可控制性，其演替的预期趋势见表3–1，进展演替和逆行演替的特征见表3–2。控制演替的几种因素包括：植物繁殖体的迁移、散布和动物的活动性，群落内部环境的变化，种内和种间关系的改变，外界环境条件的变化和人类活动。

演替的预期趋势 表 3–1

项　目	生态系统特征	演替阶段	顶极阶段
群落结构	种类组成	改变快速	改变极小
	个体大小	小	大
	自养生物的种类	增长	减少
	异养生物的种类	增长	减少
	物种多样性	低	高
	总生物量	小	大
	非生命有机物质	少	多
能流	总生产量（P_g）	增加	减少
	净生产量（P_n）	高	低
	群落呼吸量	低	高
	P_g/R（R群落呼吸）	>1	=1
	P_n/B（B现存量）	高	低
生物地球化学循环	矿物质循环	开放型	封闭型
	生物与环境间营养物质交流速度	快	慢
	碎屑物的作用	少	增加
	养分保持能力	弱	良好
选择与调节	增长	快速增长	反馈调节
	生产	数量变化	质量变化
	生物间共性	弱	强
	稳定性（抗干扰力）	弱	良好
	生态位特化	宽	狭
	生命周期	短而简单	长而复杂
	信息	低	高

公路路域生态学应高度重视生物群落的演替原理。一方面根据生物群落演替原理，可以评价生态环境现状是否合理，建设项目是否会导致受影响群落产生逆行演替，生态变化的动态和趋势怎样等，通过保护群落的进

进展演替和逆行演替的特征　　表 3-2

进展演替	逆行演替
种间种内关系多样化和复杂化；食物链延长和食物网复杂化	种间种内关系不协调和简单化；食物链变短以及食物网简单化
群落结构复杂化	群落结构简单化
群落稳定性提高	群落稳定性降低
资源利用能力增强	资源利用能力减弱
群落生物量、总盖度和初级生产力增加	群落生物量、总盖度和初级生产力降低
高级演替阶段的优势顺序出现	初级演替阶段的优势顺序出现
群落中生化	群落旱生化和湿生化
群落环境强烈改变	外界环境轻微改变
生物多样性增加	生物多样性下降
生态服务功能种类增多和服务能力增强	生态服务功能种类减少和服务能力下降
环境调控能力增强	环境调控能力减弱

展演替所需的自然环境条件，实现重要植被及生物群落的有效保护和管理是路域生态工程的努力方向；另一方面，根据生物群落演替原理可以采取人工促进、直接按照顶极或亚顶极群落进行重建和控制演替方向的方法促进演替的快速进行，较快地恢复损失的生态服务功能。若重建路域生态系统和临时用地处于稳定状态且进展演替方向特征明显，或具备进展演替的自然环境条件，就可以推定生态恢复方向正确、恢复效果有效。因此，群落演替原理可以为路域生态系统重建、临时用地生态恢复实践、工程竣工环境保护验收中生态恢复的验收标准制定提供理论支持，同时还可以为生态恢复和重建中植物物种选择和配置提供理论指导。

（三）生物多样性原理

生物多样性是指地球上所有物种的所有基因以及由它们和它们所处的生存环境相联系的生态协同的多样性程度，包括遗传多样性、物种多样性、生态系统多样性和景观多样性。

生物多样性是生物进化的结果，是生态系统及其过程正常运转的物质基础，足够的生物多样性才能使物种内和物种间的生态关系得以存续，生态过程得以完成，进而使生物地球化学循环得以顺利进行，生态系统得以发育和进化，同时使人类的生命支持系统得以维持，为人类的生存和发展提供良好的生态环境支撑和资源支持。一般来说，生物多样性越高，系统越稳定，反之，系统的简化、均化过程则导致系统的失衡和振荡。

生物多样性价值巨大，包括经济价值、生态价值、社会价值和存在价值等内容，全世界生物多样性年度经济价值为31.88×10^{12}美元。评价生物多样性提供生态服务功能的价值是生态经济学领域的研究热点，根据谢高地、鲁春霞等的研究结果以及相关研究，全国主要生态系统单位面积生物多样性价值见表3–3，而且其价值会随着科学技术的进步和其稀缺性的增加而增大。保护生物多样性是生态环境保护的核心，其重点是保护生态系统的完整性和珍稀濒危物种。最大限度地保护生物多样性是所有开发建设项目必须遵守的一个基本准则。

中国主要生态系统单位面积生物多样性价值（单位：元/（$hm^2\cdot a$））　表3–3

项目	森林	草地	农田	湿地	水体	荒漠
气体调节	3 097.0	707.9	442.4	1 592.7	0.0	0.0
气候调节	2 389.1	796.4	787.5	15 130.9	407.0	0.0
水源涵养	2 831.5	707.9	530.9	13 715.2	18 033.2	26.5
土壤形成与保护	3 450.9	1 725.5	1 291.9	1 513.1	8.8	17.7
废物处理	1 159.2	1 159.2	1 451.2	16 086.6	16 086.6	8.8
生物多样性保护	2 884.6	964.5	628.2	2 212.2	2 203.3	300.8
食物生产	88.5	265.5	884.9	265.5	88.5	8.8
原材料	2 300.6	44.2	88.5	61.9	8.8	0.0
娱乐	1 132.6	35.4	8.8	4 910.9	3 840.2	8.8
合计	19 334	6 406.5	6 114.3	55 489	40 676.4	371.4

在公路建设中，生物多样性原理将为公路建设中生物多样性保护定位以及保护措施制订提供理论依据和支持，提高公众环境保护意识和自觉性，促使公路决策者、设计者和建设者全面正确认识保护生物多样性的价值和意义，有效保护公路沿线生态环境。同时，根据生物多样性原理，利用成熟的生态经济价值评估技术方法，评估建设项目造成生物多样性价值损失，可作为项目建设是否具有环境可行性的重要依据，也可以明确开发建设者所应承担的环境责任，为实行生态保护、生物多样性保护与管理、生态恢复和补偿提供数据支持。

（四）边缘效应

在不同群落交界的区域，称为群落交错区。在群落交错区常出现生物种类和种群密度增加，或群落边缘的生物个体因得到更多的光照等资源而生长特别旺盛的现象，叫做边缘效应。

边缘效应形成需要一定条件，如两个相邻群落的渗透力大致相似，两类环境或两种生物群落所造成的过渡地带相对稳定，相邻生物群落各自具有一定的均一面积或群落内只有较小面积的分割，具有两个群落交错的生物类群等。边缘效应的形成需要较长的时间，是协同进化的产物。

公路建设绿化带与两侧生物群落形成一定范围的过渡带。利用边缘效应原理增加过渡带中生物物种和某些种类数量，能在一定程度上补偿公路建设导致的生物多样性降低的情况，促进受影响区域自然恢复。但是，边缘效应也会引发生物入侵，生物入侵是公路路域最常见的生态现象，应采取措施预防生物入侵。

（五）密度效应

在一定时间内，当种群的个体数目增加时，就必定会出现邻接个体之间的相互影响，称为密度效应或邻接效应。种群的密度效应是由两个作用决定的，即出生与死亡，迁入与迁出动态变化。凡影响某物种出生率、死亡率和迁移的各种生物、物理和化学因子都对此物种种群密度起作用，种群的密度效应是种群适应这些因素综合作用的表现。

密度效应在植物种群中表现往往更加突出，两个规律最为常见，即最后产量衡值法则和–3/2自疏法则。

1. 最后产量衡值法则

在一定范围内，当条件相同时，不管一个种群密度如何，最后生物产量总是基本一样的，即单位面积生物产量Y为一个常数，可用下式表示：

$$Y=W\times d=K_i \qquad (3\text{–}1)$$

式中：Y——单位面积生物产量；

W——植物个体平均重量；

d——密度；

K_i——常数。

2. –3/2自疏法则

如果播种密度进一步提高，种群内对资源的竞争不仅影响到植株生长发育的速度，而且影响到植株的存活率，在高密度的样本中，有些植株死亡，出现“自疏现象”。自疏导致密度与生物个体大小之间的关系在双对数图上呈典型的–3/2斜率，这种关系叫做–3/2自疏法则，可用下式表示：

$$W=Cd^{-3/2} \qquad (3\text{–}2)$$

式中：W——植物个体平均质量；

C——常数；

d——密度。

公路建设期对区域生态环境影响表现为，植被清除导致生物量和初级生产力的损失，从而降低区域绿地的环境服务能力。努力增加和强化初级生产力是公路生态恢复和建设的重要内容，但是密度效应提示我们，在生态修复过程中应科学地设计种植密度和空间组合方式，降低经济成本。

（六）化感作用原理

化感作用是指生物向环境中释放某些化学物质，影响周围其他生物的生理生化代谢及生长过程的现象，若化感物质直接来源于植物的分泌或分解物，其产生的化感作用称为真化感；若化感物质是通过微生物降解植株残体而来的，其作用称为功能性化感。化感作用包括促进和抑制作用，化感物质常具选择性，影响某些特定的物种而不影响其他的物种，一般包括植物与微生物、植物间、植物与草食性动物间的化感作用。这种作用是种间和种内关系的一部分，也是生存竞争的一种特殊形式。

化感作用原理要求我们在公路路域生态系统重建和临时用地恢复中，选择和组合绿化物种时应注意化感效应，这种效应直接影响物种的存活和生态修复的效果；另外，外来入侵种的化感作用是当地生物多样性降低和物种受到威胁的重要原因，该原理也可为防治公路生物入侵提供理论指导。

（七）生态位理论与生物的种间种内关系

生态位是指生物在生物群落或生态系统中的作用和地位，以及与栖息地、食物、天敌等多种环境因子的关系。生态位既是群落种间关系的结果，又是群落特性的发生与发展、种间竞争和协同进化的动力和原因。

生态位重叠和分异是生物资源共享、同一领地共存的基础。通过竞争压缩有些生物的实际生态位，是生物多样性产生的基本条件。共存理论包括生态位竞争、生态位重叠、生态位分异、生态位压缩和释放等几个方面。不同物种生物可以共享同一生态位或利用同一资源，但生态位相同物种或完全竞争者不能在同一地区内长期共存。生态位重叠理论涉及资源分享的数量，研究两个物种的生态学特性相似到多大程度仍然可以共同生活或相互竞争。一般情况下，竞争种的数目增加时，最大容许生态位重叠会降低。物种通过生态位的分异，避免完全竞争排斥，为单位空间中容纳更多的生物种类提供了可能，从而可以最充分利用空间和营养资源，生产更多的生物资源，对保护生物多样性也具有特殊意义。外来竞争物种的入侵常常会压缩本地物种生态位，主要体现为生境压缩，从而对本地物种保护和区域生物多样性构成威胁。农业生产中间作、套种等，就是模拟天然群落中生态位分化的成功例子。生态位理论已在种间关系、物种多样性、群落结构、群落演替以及环境梯度分析中得到广泛应用。

根据物种之间的生态位特点可以确立物种之间的关系，这就是种间关系。种间关系是指不同物种种群之间的相互作用所形成的关系，同一物种种群内部个体之间的关系为种内关系。物种之间的关系深层次上是物种间生态位的关系。动物种群和植物种群在种内关系方面的表现有很大的区别，动物种群主要表现为等级制、领域性、集群和分散等行为上，而植物主要表现为个体间的密度效应。物种间相互关系见表3–4。

生物种间相互关系基本类型　　表 3–4

种间关系类型		物种		主要特征
		1	2	
中性	中性	0	0	彼此互不影响
正相互作用	偏利	+	0	种群1有利，种群2无影响
	互利共生	+	+	互相依赖、相互共存、双方获利
	原始协作	+	+	相互作用，双方获利，协作松散
负相互作用	竞争	–	–	相互有害
	偏害	–	0	种群1受害，种群2无影响
	捕食	+	–	种群1（捕食者），种群2无受害
	寄生	+	–	种群1（寄生者），种群2无受害

注：“+”表示有利，“–”表示有害，“0”表示既无利也无害。

种间、种内关系与生态位理论对路域生态系统重建物种选择和组合具有重要的指导作用。一般而言，所选择工程绿化物种在重建生物群落中必须有合理生态位，新建群落中避免有生态位完全重叠的物种，这样才能构建和谐种间和种内关系，发挥更大生态服务功能，取得更好恢复效果。在人工促进或自然恢复区域，重视和谐种间、种内关系的重建和恢复，从而增加系统稳定，促进群落进展演替。

（八）生活史对策原理

生物在进化过程中逐渐形成了针对不同环境的各种特有生态对策：r对

策、K对策和r–K对策。K对策者采用发育慢、竞争力高、生殖开始迟，体型大、数量稳定和寿命长的策略。K对策种群恢复能力低，一旦遭到破坏，易灭绝。r对策者采用出生率高、寿命短、个体小和不保护后代的策略。r对策种群具有繁殖快速、扩散迁移能力强等特点，小区域个别种群容易灭绝，但物种整体上富有恢复力。从极端的r对策者到极端的K对策者之间有一个连续的谱，称为r–K对策连续体。r对策和K对策的有关特征见表3–5。

种群的生态适应对策　　表 3–5

特　征	r 对 策	K 对 策
栖息地气候条件	多变的，不确定的	稳定的，较为确定的
死亡率	灾变的，非密度的	密度制约
种群密度	多变的，低于K值	在K值附近
种内竞争	不紧张	激烈的
优点	1.发育快速； 2.高于内禀增长率； 3.提早生育； 4.体型小	1.发育缓慢； 2.高竞争力； 3.延迟发育； 4.体型较大
寿命	短	长

生活史对策原理在公路路域生态学中应用是多方面的，主要包括：

（1）保护生物多样性，特别是为珍稀、濒危和特有物种的保护和管理提供理论指导。珍稀、濒危和特有物种多为K对策。某些K对策物种尽管暂时尚未定为法定保护物种，但是由于其种群易受到威胁导致物种灭绝，必须予以足够关注，要特别重视对K对策生境的保护和恢复。

（2）为外来入侵种识别提供方法和依据，同时为控制和防止生物入侵提供理论指导。外来入侵种一般为r对策者，根据其生活史对策特点，制订切实有效的防治公路生物入侵的防控措施。

（3）为公路环评中评价工程建设对物种保护的影响提供理论依据和方法。一般来说，工程建设对K对策者生存繁衍影响最大、r–K对策次之，r对策最小，应针对不同生存策略的物种采取不同的保护措施。

三、个体及生理生态学原理

（一）最小因子原理与耐受性法则

1. 最小因子原理

19世纪德国化学家B.J.Liebig研究发现，农作物的产量并非经常受到大量需要的营养物质如CO_2和H_2O的限制（它们在自然界中通常是丰富的），而是受到生境中的一些微量元素如硼、镁、铁等的限制。他提出："植物生长取决于那些处于最少量状态的营养成分"，也就是说，如果环境中缺乏其中的某一种营养成分，植物就会发育不良，如果这种物质处于最少量状态，植物的生长量就最少，人们将这一发现称之为最小因子原理，而影响植物生长发育的这个最小因子，就是限制因子。当Liebig研究并提出最低量法则时，着重针对的是有关营养物质对植物生长和繁殖影响的问题，此后经过多年的继续研究，人们发现，这一法则对多种生态因子都是合适的。延伸到系统论中就是"水桶的短板原理"。

2. 耐受性法则

1913年，美国生态学家V.E.Shelford提出了耐受性法则。他指出，一种生物能不能生存与繁殖，依赖于一种综合环境的全部因子，只要其中一项因子的量或质不足或超过了某种生物的耐受限度，该物种就不能生存，甚至灭绝。

与最小因子原理不同的是，在这一法则中把因子最小量和最大量并提，把任何接近或超过耐受性下限或上限的因子都称为限制因子。这样，每一种生物对每一生态因子都有一个耐受范围，即有一个最低耐受值和一个最高耐受值（或称耐受下限和耐受上限），它们之间的范围，就称为生态幅或生态价。生态幅中存在一个适宜生存范围，在这个范围内生物生理状态最佳，生育率最高，种群数量最多；在环境梯度过高或过低的两个生理受抑区，种群数量变低；而环境梯度达到生理不能耐受区，则种群消失不见。生态学家Shelford的耐受性法则可以形象地用一条钟形曲线来表示，如图3-2a）所示。生物长期适应环境使其形成了较为稳定的生态幅，在该生态幅之间的环境区域就是生物的分布区。

围绕耐受性法则，开展了大量的研究，有关论点概括为以下几点：

（1）每一种生物对每一个生态因子都有一个耐受范围，在各种生态因子耐受范围都有很多生物，它们的分布一般也很广；反之亦然。另外，生物对某一生态因子的耐性范围很广，而对另一个生态因子的耐受范围有可能很窄。如火炬松从美洲引入我国，比较耐干旱、贫瘠，但不耐阴。

对同一生态因子，不同种类的生物耐受范围是不同的。根据生物对某一生态因子的耐受范围的宽窄将生物分为广生态型和狭生态型，如图

3-2b）所示。如对于温度来讲，有的生物能耐受很广的温度范围，称为广温性生物，有的只能耐受较窄的温度范围，称为窄温性生物。同样，以湿度划分可分为广湿性生物和狭湿性生物；以耐盐性可划分为广盐性生物和狭盐性生物等。

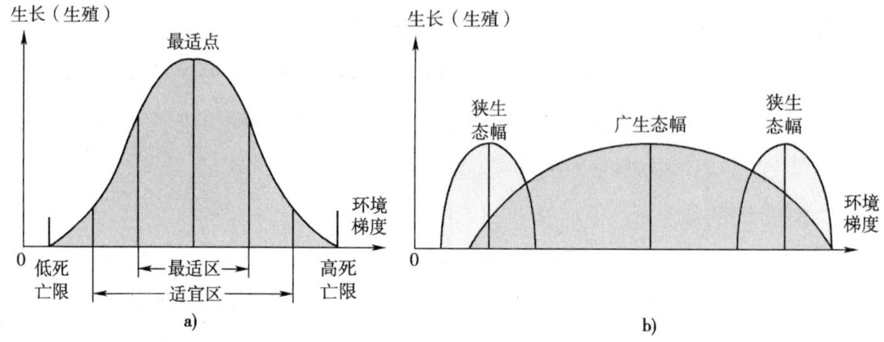

图 3-2　生物适应曲线

（2）生物在个体发育过程中，耐受范围有所变化。环境因子对繁殖期生物的限制作用更为明显，繁殖期的个体、种子、果实、卵、胚胎、种苗和幼体等的耐受限度一般都比非繁殖期成体的耐受限度低，致使其在繁殖期的生态幅变小。

（3）生物对某一生态因子的耐受性往往取决于该因子与其他因子的关系。当生物不在某一生态因子的最适合范围内时，对另一些生态因子的耐性限度往往下降，这时其他生态因子就显得特别重要。如当土壤中氮肥含量较少时，生长在该类土壤上的草类对干旱的抵抗力就会相应下降。

（4）耐受性是生物的一种特性，受遗传、进化规律所制约，生物的耐受性是经过长期的历史进化过程形成的，并以遗传的形式最终保存下来。生物对某一生态因子的耐受性是相对稳定的，但在一定范围内，生物对生态因子的耐受性可以随环境的变化而变化，并具有一定的调节适应能力，甚至能够逐渐适应极端环境。例如，高山上的雪莲、温泉中的细菌等。但这种适应性是以减弱对其他环境因子的适应能力为代价的，一些窄生态幅生物，对范围狭窄的极端环境条件具有极强的适应能力，但却丧失了在其他环境下生存的能力。相反，广生态幅的生物对某一极端环境的适应能力则很低。

耐受性法则对公路生态恢复与重建实践工作具有重要的指导意义，如在公路边坡生态防护和生态恢复中，需要研究实地条件，分析影响植物生存发育的限制因子，尽可能选择生态幅广的生物作为先锋植物。

（二）生态因子的综合作用与主导作用

每个生态因子的性质各不相同，对生物的作用也不一样。生态因子永远是综合作用于生物，不存在孤立的某一个生态因子单独作用，这种生态因子对生物作用的基本特点称之为生态因子的综合作用。各个生态因子之间，在综合作用中的相互关系错综复杂，对生物发育所起的作用也是多种多样，例如直接、间接、主导、从属、伴随、突然、调剂、消失、辅助、破坏以及支配、制约等，这些复杂的相互关系都具有一定的规律性，需要通过实例具体分析。

生态因子对生物是综合起作用的，其至少包含有这样两方面的含义：一方面是生态因子之间不是孤立存在的，而是彼此联系、互相促进、互相制约、综合地对生物起作用；另一方面生态因子之间是不可替代的，只有各因子之间恰当配合，才能对生物发挥更大的作用，个别因素的作用是在综合效应下的表现。最普通的种子发芽试验便可清楚地说明这个问题：在一定的温度条件下，把成熟的种子放在干燥的杯子里，种子并不会发芽，因为缺少水分；反之，把种子淹没在水中，大多数植物的种子也不会发芽，因为缺少空气；只有在恰当的温度下，在恰当的水分和空气条件下，种子才会发芽。试验说明，温度、水分、空气对种子的发芽是综合起作用的，而且各因子之间是不可替代的。

在生态因子的综合作用中，常常会有一个因子起主导作用，称为主导因子。主导因子的作用包含两个方面：从因子本身来说，当所有的因子的质和量处于相对平衡时，主导因子的较大改变能引起环境的综合性质发生变化；就生物来说，由于某一个因子的主导作用而会影响生物生态适应的方式及途径。一般说来，植物生活所必需的条件——光照、温度、水分、土壤等，常常会在一定条件下成为主导因子。

在道路生态恢复重建过程中，应该注意生态因子的综合性，在光、温、水、气等多个方面都应该进行通盘考虑，与此同时，还要主动探寻影响植物恢复的主导因子。在公路建设中影响植物生长的主导因子是水分和土壤，在道路绿化时往往遇到的环境是土壤干旱贫瘠、固体废弃物较多、土壤压实度高、通透性差，在这种情况下，生态恢复的第一步是控制水土流失、翻松土壤、清理垃圾、提高土壤肥力。

（三）生态因子的不可替代性和补偿作用

生态因子中生物生活所必需的条件（生活条件），对生物的作用虽不是等价的，但都是同等重要和不可缺少的。如果缺少其中任何一种，生物生长就会受到阻碍，甚至死亡。因此，生活条件中任何一个因子，都不能代替另一个因子，这就是生物生态因子的不可替代性和同等重要性定律。

但是，在一定条件下，某一因子在量上的不足，可以由相关因子的增强而得到部分补偿，最终有可能获得相近的生态效果。例如，在道路边坡的植物恢复中，水土条件往往较差，可以增加二氧化碳的浓度，补偿由于水土条件不好引起的光合强度的降低。生态因子的补偿作用只能在一定范围内作部分补偿，而不能以一个因子代替另一个因子，其因子之间的补偿作用，也不是经常和普遍的。

（四）生态因子作用的阶段性和联动性

每一个生态因子，或彼此有关联的因子结合，在同一植物的各个不同发育阶段所起的生态作用是不同的。这是因为，生物生长发育不同阶段对生态因子的需求不同，因此，生态因子对生物的作用也具阶段性，这种阶段性是由生态环境的规律性变化造成的。同时，生态因子一旦对植物产生影响，其作用就不可逆转。如，低温在某些作物春化阶段是必不可少的条件，但在以后的生长时期，低温对植物则是有害的。另外，有些鱼类不是终生都定居在某一环境中，在其生活史的各个不同阶段，对生存条件有不同要求。例如，鱼类的洄游，大马哈鱼生活在海洋中，生殖季节就成群结队洄游到淡水河流中产卵，而鳗鲡则在淡水中生活，洄游到海洋中去生殖。

每一生态因子的作用不是孤立、单独的，而是彼此联系、相互促进、相互制约的。环境中任何一个生态因子的变化，必将引起其他因子发生一系列不同程度的变化，这些变化又引起相应的其他变化，即所谓的生态因子作用的联动性。例如光照强度的变化会引起温度的改变；进而影响空气的温度和湿度，同时也会导致土壤的温度、湿度、蒸发量等发生变化。再如，在陆地上（除高海拔地区）大气中氧的含量达21%，一般情况下不会有缺氧的感觉；但是，在水生环境中温度的变化对水中溶解氧的含量将产生巨大的影响。水中溶解氧的含量会随温度的上升而不断减少，见表3-6。

水体中温度与溶解氧的关系 表3-6

温度（℃）	淡水（mL/L）	海水（mL/L）
0	10.29	7.97
10	8.02	6.35
15	7.22	5.79
20	6.57	5.31
30	5.57	4.46

生态因子所发生的作用虽然有直接和间接、主要和次要、重要和不重要之分，但随着时间、地点等各种条件的变化，因子的重要性及其作用方式也可能发生相应的改变，这也是生态因子作用联动性的表现之一。例如，鸟卵在孵化期间，环境当中的温度、湿度、氧气等生态因子都影响其胚胎发育，其中温度和湿度起着决定性作用，是主要生态因子；但是，到了胚胎破壳的时候，充足的氧气就特别重要，因为此时胚胎的呼吸已经由胚膜呼吸转变为肺呼吸。

公路建设对生态环境的扰动是多方面的，生态因子的变化也是多重的、复杂的，受影响的生物种类也多种多样。一般应尽可能减少扰动，同时对产生的扰动进行细致分析，研究整体对生物干扰的程度和某方面对生物影响的强度，从而主动从保护、管理、修复生态环境方面采取措施。

（五）生物的适应与物候节律

生物和环境之间的关系是相互的、辨证的。生态因子能够影响生物的生长、发育、生殖、行为和分布，但是，生物对自然环境的反应并不是消极被动的，生物能够主动适应自然环境。所谓适应是指生物在生长发育和系统进化过程中，为了应对所面临的环境条件，在形态结构、生理机制、遗传特性等生物学特征上出现的能动响应和积极调整。因此，不同生态环境将会导致生物产生不同的适应性变异，这种适应性变异表现在形态、生理、发育或行为等各个方面。衡量生物适应性的终极标准是保持生命延续的能力大小，体现在两个方面：在正常环境中，适应性往往强调竞争力、生活力、生长势，获取的资源越多，则能够保持繁殖性能、维持生命延续的机会就越多；在不利环境中往往强调抵抗性以及对极端环境的忍耐极限。任何生物的生态适应都要同时具备在正常环境中保持较好生长势头、在恶劣环境中维持生命延续的两种基本能力。

生物物候节律的形成是对温度等生态因子适应的结果。温度的季节变化形成相对稳定的年周期性变化，生物长期适应于这种节律性变化，形成相应的生长发育节律谓之物候。如大多数植物在春季温度开始上升时发芽，随着温度上升，风和日丽百花盛开，待到秋高气爽时，枝头果实累累，秋去冬来，枝枯叶落，进而开始休眠，年复一年地完成其生命轮回。研究生物的季节性节律变化与环境季节变化关系的科学叫做物候学。发芽、生长、开花、果实成熟、落叶、休眠等生长发育阶段称为物候阶段或物候期。植物休眠主要是指种子休眠，种子休眠对温带、寒带等季节变化明显地区的植物有巨大意义。温带木本植物的冬眠是更为常见的一类植物休眠现象，休眠中的植物可以顺利度过冬季的低温。

动物也对不同季节的温度、水分、气体参数和食物结构的变化形成适应性，导致生活方式与行为的节律性变化。例如，某些动物的活动期与休眠期、繁殖期与性腺静止期、定居与迁移、换毛（或换羽）等生理变化及行为特征，与环境温度的季节变化有密切关系，是动物对不同季节食物条件的变化以及对热能、水分和气体代谢的适应，而导致的生活方式与行为的周期性生理变化。例如大黄鱼、小黄鱼、带鱼等我国主要海产经济鱼类的共同洄游规律是：当春季水温上升时，由远洋越冬场自南向北洄游，在近海繁殖，然后分散觅食；当秋季近海水温逐渐下降时，又集群向南和向远洋的越冬场洄游，并在较温暖的深水水域中越冬。再如动物的休眠，其生物学意义是很明显的，休眠能使动物最大限度地减少能量消耗，度过极端温度（过低或过高温度）时期。

生物的这种周期性现象以复杂的生理机制为基础，这些节律性是生物对周期性变化的外部生态因子信息的适应性反应，也是生物在自然节律下长期进化的结果。物候节律研究对确定不同植物的适宜区域及指导植物引种工作、了解群落的动态等具有重要价值。在公路建设中，为了把对生物的影响降低到最小程度，需要掌握公路沿线重要生物的适应特点和物候规律。大多数生物在幼小、繁育阶段对外界环境比较敏感，对干扰和扰动的抵抗和恢复能力最小，为此在施工安排时应该注意这方面的因素。

第三节　现代工程学的基本原理

公路建设涉及的工程内容十分广泛和复杂，公路建设工程学的著述也十分丰富，本书将不再对这些工程学原理进行赘述，主要从现代工程学的角度提炼一些解决由于公路建设引起的生态环境问题的思路和基本原则。

现代工程学不仅仅只是基于传统的力学、动力学、热力学基础上解决具体操作层面上的问题，更强调的是系统、整体、全过程、人本地探寻最优的工程方案。公路建设引起的公路路域生态问题，是一个集生态、经济、社会于一体的非线性的复杂难题，在解决这种问题时更需要强调整体性、源头性、全程性。

一、整体性和协调性

公路建设是一个系统工程，系统工程就要按照系统学的原理进行总体设计，并对全过程进行规划。系统工程学涉及很多原理，在这里主要强调两个方面，即整体性和协调性。

整体性原理是系统科学方法论的根本性原则，也是首要原则。系统理论认为：系统是由两个或两个以上相互联系、相互依赖、相互制约、相互作用的要素所组成的具有特定功能的有机整体。作为一个稳定的系统，其基本特性就是集合性，表现在系统各组分间相互联系、依赖、作用、制约，成为一个不可分割的整体；整体作用和效应比部分之和要大。

协调性原理主要包含以下要点：

（1）明确协调目的：协调的目的在于使标准系统的整体功能达到最佳，并产生实际效果；

（2）确定协调对象：协调的对象是系统内相关因素的关系以及系统与外部相关因素的关系；

（3）建立协调基本关系：相关因素之间需要建立相互一致关系（连接尺寸），相互适应关系（供需交接条件），相互平衡关系（技术经济招标平衡，有关各方利益矛盾的平衡），为此必须确立条件；

（4）采用有效协调方式：有关各方面的协商一致，多因素的综合效果最优化，多因素矛盾的综合平衡等。

按照特定的目标，在一定的限制条件下，对标准系统的构成因素及其关系进行选择、设计或调整，使之达到最理想的效果，称为最优化原理。

采用系统工程的整体性和协调性原则是化解道路建设生态环境问题的重要理念。保护环境是公路建设追求的目标之一，但该目标的实现需要整体协调各方面关系。高速公路在建设期、运行期必然会影响周边环境，但不同的路线方案对环境的影响是完全不同的，甚至某些环境破坏因素是完全可以避免的。为此，在规划布局阶段，力求保持拟建道路与区域运输网和经济中心间的密切联系，同时尽量避免与现有运输干线和城市规划的矛盾，在规划设计阶段，重点从优化路线方案入手，通过工程、经济、环保等各方面的综合分析，确立最佳的路线方案。

二、安全性

安全性是人类任何行为活动的基本出发点，也是现代工程学的基本要求。公路是实现客货“位移”的基础设施，运动是实现其服务功能的方式，公路工程只有给人以安全的感觉，才能发挥其最大效益，才能体现“以人为本”的原则。

安全在公路建设中存在狭义和广义之分。狭义的安全主要是指主体工程的安全、车辆和人身在公路行驶中的安全，广义的安全不仅仅包含上述两个方面的安全，而且还包括生态环境安全。

（一）主体工程的安全

作为大型的土木工程，公路工程建设人员最关注工程本身的安全。公路的主体工程包含路线、路基路面、桥涵、隧道、路线交叉、交通工程及沿线设施等，它们的安全性是公路建设的灵魂和生命。我国的公路工程建设者经过多年实践，在工程安全方面已经积累了许多成功的经验，也有一系列的法律、制度和技术规范予以保障。

（二）运行安全

公路运行安全的前提是公路勘察设计科学合理。公路工程勘察设计不应当强迫驾驶员用改变行车状态的方法来适应道路缺陷，相反，道路设计应当减轻驾驶员的工作，帮助驾驶员选择适当的运行路线与状态，从公路路线线形、技术标准、道路轮廓、指示标志、视野景观、景观色差等入手，在为驾驶员提供连续、顺适、舒畅的行车视线和舒适环境的同时，充分重视潜在的不良效应，避免给行车安全造成负面影响。

为了保证道路的运行安全，公路沿线居民的公众参与是必要的，通过与沿线居民不断沟通，可加强居民对项目的认同感和拥护感，减少公众对项目的抵触情绪，改善公路设计，提高环境影响评价与决策的水平。

（三）生态环境安全

公路的生态环境安全近年来越来越受重视。将减轻公路建设和运行期间对自然界的影响贯通在公路产生和发挥作用的全过程，并把景观开发和生态保护融合在工程整体设计和施工管理的源头及始末，是确保生态安全的根本。在公路建设过程中应尊重自然，充分利用自然环境中的地形地貌、山水草木等因素，使公路与特定地区的生态环境相协调。建设期间破坏得越小越少，维护的成本和代价就越低。

国外在维护生态安全方面有一些做法值得我们借鉴。美国在公路设计中，尽量避免高填深挖，减少对原地形、地貌的影响，公路排水设计非常注重环境保护。瑞典政府规定新建的交通运输设施必须与周围环境相适应，其设计也须与当地的生态、文化与价值观相协调，他们在规划和设计阶段实施避免、代替和减缓等环保措施；在施工过程中实施防治性、恢复性和补偿性等环保措施；在运行和养护阶段实施噪声防治、空气污染防治以及水资源环保等措施来加强对环境的保护。加拿大的公路建设部门采取了很多简单的或高成本的环保措施，如在野生动物经常经过的路段建设野生动物通道，对于已经给生态环境造成影响的地段，尽量进行补偿或替换，将损害降低到最低限度。

国外发达国家早期先污染后治理、先破坏后恢复的教训是惨重的，以至先前很多公路建成后对生态环境的破坏达到了不可修复和无法挽回的地步。我国的生态环境总体来说比较脆弱，特别是西部地区，自然条件恶劣，生态环境极为脆弱。我国公路建设应探索一条可持续发展的道路，在确保区域生态安全的基础上构筑道路体系，强化生态设计的理念，最大限度地减少对原有生态的破坏，对不可避免的破坏要进行修复和补偿，以减少公路对生态环境的影响。

三、灵活性思想和动态设计

公路设计和建设是在多种法律制度、工程标准、技术规范、实施规则指导下的一种工程实践，在这些“刚性”指标的约束下，如何实现多目标、多重变化环境中要求的灵活性，是现代公路建设越来越重视的一个问题。“公路设计灵活性”的新理念并不是试图去创建一个新的标准，实际上，在遵循现有的规范、标准、规章制度和法律规定基础上和不降低安全性的前提下，可以通过灵活设计实现公路沿线的可持续发展。

美国联邦公路管理局为此编写了“公路设计的灵活性”著作，专门介绍公路设计的灵活性。其中的灵活性主要包括：允许各个州标准的取值范围具有灵活性；当受环境条件严格约束时，可以有特殊设计；对规划阶段的决策进行再评估；需要时允许降低设计车速；维持现有道路的平、纵、横断面，只做重新罩面、修复和更换标志工作；认真考虑可选择的指标，特别是注重检查景观道路中的设计参数和指标在安全和运行中的效果。所有这些方法的目的是让设计者创造性地灵活运用他们的专业知识与判断能力设计公路。这种灵活性不仅能有效发挥公路功能、保证运行安全，还可使公路与自然和人文环境相协调。

中国交通运输部充分认识到“在保护甚至是加强建设环境、自然风景、人文历史及社会资源的同时，为公众提供安全、高效的交通运输服务”是他们面临的一个巨大的挑战，并提出了公路设计灵活性的思想。我国西（安）汉（中）高速公路在建设中为了减轻工程建设对地形、植被的破坏，减小对自然水系水质的影响，运用灵活设计的思想，采用适宜指标，应用灵活的路线布设方法，充分顺应地形、地貌，以整体式与分离式路基相结合，使路线与环境融为一体，在灵活性思想应用和动态设计方面进行了创新性探索。

四、技术经济选线、地质选线和环保选线兼顾

在公路建设中，传统上考虑最多的是以最小投入规划和设计道路的线位，随着经济社会的发展，不能仅从经济角度考量道路线位，还要考虑环境和安全等问题。

公路的线位直接决定公路对环境影响的大小，地形和地质条件是决定路线的主要因素。在我国山区高速公路建设的初期，由于对地质灾害的严重性缺乏充分认识，对建设项目中存在的、可能发生的地质病害，未能进行深入细致的调查、勘察、研究和预测，导致不少工程项目在建设时遭遇尴尬，被迫对发生的地质病害逐个进行治理。在接受被动处治的教训后，公路勘测设计部门在工作中，主动引进“地质选线”，在了解区域地质条件，明确病害

的可知性、可治性的基础上，通过综合比较论证，最终合理选择路线位置和工程方案。

在我国西汉高速公路的勘察设计中，由于地貌及地质构造极其复杂，大型断裂及滑坡等地质灾害发育，应用常规方法在短期进行方案比选十分困难，甚至难以完成。设计者引进卫星遥感技术，运用地质生态选线技术，对全线进行遥感解译和遥感图像综合分析，很快查清了区域地质构造特征，使土门关、铁锁关等5座长隧道避开了大型断裂带，并提出积极的秦岭隧道群方案，用3座5~6km的较短隧道群代替穿越秦岭的17km特长隧道，这一方案既减少了开挖量，还降低了建设和运行管理费用。同时，采用生态选线确定路线方案，避开或远离主要珍稀动物（大熊猫、金丝猴、朱鹮、羚羊等）保护区，从根本上减轻项目建设对重点保护区珍稀动物的影响。

生态环境保护越来越成为公路设计、施工、运行中重点考虑的问题。美国从20世纪30、40年代就意识到了保护生态平衡的重要性，并开始在公路边坡进行草皮种植试验。20世纪50年代后，开始制定法律，要求新建公路必须做好环境保护和绿化工作，1969年制定了“国家环境政策法案”，对公路建设中的规划、设计、施工与运行各阶段的环保要求都做了明确规定。目前，在公路网规划初期就同步开展战略性的环境影响评价，再通过项目环境影响评价、环境恢复与治理，体现“环保优先”的原则，形成了一整套的公路环境保护和综合治理模式。各州交通厅下属的环境机构拥有环境管理和监督职能，在环境管理上基本不受其他部门的干扰，直接负责项目规划和实施过程中的资源环境保护问题（包括物理环境、生态环境、社会环境和生活环境等），从而能够有效地保证“环保优先”。

20世纪50～70年代，我国公路建设的任务是以通为主，建设投资少，建设技术和工艺水平相对落后，建设标准多为三、四级公路。这个阶段的设计理念是“设计的公路应该是经济的公路”。传统的以“经济为主”的建设指导思想在特定的历史条件下为公路建设做出了突出的贡献，但随着经济社会的发展和科学技术的进步，尤其是随着高速公路建设向山区的发展，公路建设中存在的生态环境问题更加突出地呈现在人们面前。改革开放后至20世纪90年代中期，公路建设由以前的“以通为主”向“提高公路的通行能力”转变，主要任务是提高公路的等级、质量和通行能力，设计理念是“快速、安全、经济、舒适”。具体表现为追求高标准，强调线形的舒展平顺，平纵组合协调合理，同时达到行车舒适、视觉良好的效果。

在高速公路进入山区初期，由于对环境危害认识不足，公路建设对生态环境的不利影响便逐渐显现：高填、深挖常常诱发地质病害，防护加固、地基处理反而加大了工程费用，被破坏的原有植被与水系，又进一步造成水土流失……

当然，受经济社会条件的制约，我国目前在工程设计中，很难达到不为经济所主导的“环保优先”要求，且工程造价中环保费用较少，与国外10%以上的比例还有很大的差距，但提高环保选线的考量程度是未来高速公路建设的重要导向。

五、资源节约原则

在构建资源节约型、环境友好型社会的今天，如何在公路建设中切实保护和合理利用各种资源，提高资源利用效率，以尽可能少的资源消耗获得最大的经济效益和社会效益，是公路交通建设面临的一个重要课题。

高速公路工程越大、投入越多，节约的空间也就越大。因此要着重把握以下内容：一是在施工技术上要积极吸收和采纳国内外先进的建设经验，尤其是在桥梁建设上要构思巧妙，多采用结构简单、能耗低的桥型，强制淘汰高消耗的落后技术、工艺和产品；二是在线形选择上要尽量避免穿越城镇乡村（近村不进村），尽量少占用农田，条件允许的情况下多考虑隧道和桥梁；三是在建筑材料的选用上，推广新型建材，尽量使用可重复利用的材料，减少污染，避免浪费；四是不搞政绩工程、形象工程，高速公路原则上不搞雕塑景观，取消不必要的隧道内装饰，尽量减少高速公路不必要的附加设施；五是按照节约的原则，选择工程造价低、实用性强的生态防护和绿化方案，尽量采用本地草种和树种。

公路工程是一项系统工程，要统筹考虑规划、建设、养护、运行的全过程，运用项目全寿命周期成本的观念，进行技术方案比选，合理确定项目的功能，实现技术与经济的有机结合。既要注意建设成本、维修成本、养护成本的控制，还要注意环境成本和社会成本的控制，运用科学的方法合理评价技术方案，在确保安全和功能的前提条件下，通过提高技术含量，采用合理、灵活的设计措施，确保勘察设计工作质量，达到最佳技术效益与经济效益。

第四节　路域生态学相关的经济学原理

本节简单介绍公路路域生态学相关的经济学原理。

一、生态经济平衡原理

人类社会经济活动的正常进行，需要经济与生态的有机统一，这就是生态经济系统。该系统的正常运行需要建立在生态平衡和经济平衡的基础上，这就是生态经济平衡。

经济平衡与生态平衡是对立统一的关系。其统一性表现在生态平衡是经济平衡的基础，经济平衡又反过来影响生态平衡的实现。经济平衡与生态平衡之间的矛盾，主要表现为经济增长对资源需求的无限性与自然生产力的供给（生态系统的供给能力）的有限性之间的矛盾。在这个矛盾运动的过程中，随着经济系统的平衡发展，有用资源不断转化为废弃物，当资源的损耗和废物的积累超过了生态系统允许的阈值时，就破坏了生态平衡。这种矛盾如不能妥善处理，很容易形成生态经济恶性循环。

生态经济系统的运动发展所要求实现的经济平衡与生态平衡的对立统一关系是一种客观规律，可称为生态经济平衡规律。

生态经济平衡的基本要求，就是在实践中要把经济平衡与生态平衡不断地协调统一起来，使生态系统的动态平衡与经济系统的持续稳定发展同时得以实现。生态平衡与经济平衡各自都有不同的形式和水平，两者又相互制约。所以生态平衡与经济平衡耦合而成的生态经济平衡会有无数种方式。人类的目标既不是任意一种形式和水平的生态平衡与经济平衡的统一，也不是单纯从最优的经济目标出发或单纯从最优的生态目标出发的生态平衡与经济平衡的统一，而是特定自然环境与社会条件下的经济平衡与生态平衡有机联系的最佳组合，即寻求使经济平衡与生态平衡都达到满意的生态经济平衡最适度。

二、可持续发展原理

1972年在斯德哥尔摩举行的联合国人类环境大会上首次提出可持续发展思想。可持续发展指的是既满足当代人的需求，又不对后代人满足其需求的能力构成危害的发展。这个概念强调两个方面，既要达到发展当前经济、促进社会繁荣的目的，又要保护好人类赖以生存的大气、淡水、海洋、土地和森林等自然资源和环境，使子孙后代能够永续发展，安居乐业。

1992年6月，在巴西里约热内卢联合国环境与发展大会通过了《里约热内卢宣言》和《21世纪议程》两个纲领性文件，大会为人类高举可持续发展旗帜，走可持续发展道路作了总动员，使人类更进一步地迈向了新的文明时代。人类文明经历了采猎文明、农业文明、工业文明三个阶段，目前正由工业文明向生态文明跨越。

可持续发展与环境保护既有联系，又不等同，环境保护是可持续发展的重要方面。可持续发展的核心是发展，但要求在严格控制人口数量、提高人口素质和保护环境、资源永续利用的前提下实现经济和社会的发展。可持续发展的前提是发展，人是可持续发展的中心体，可持续、长久的发展才是真正的发展。

（一）可持续发展的基本思想

（1）可持续发展鼓励经济增长。经济增长一般定义为人均国民生产总值的提高（或人均实际消费水平的提高）。发展除了生产数量的增加，还包括社会状况的改善和政治体制的进步，不仅有量的增长，还有质的提高。可持续发展不仅追求经济增长的数量，更重视经济增长的质量。

（2）可持续发展的标志是资源的永续利用和良好的生态环境。经济和社会发展不能超过资源和环境的承载能力，可持续发展强调发展应该限制在地球的承载能力之内。

（3）可持续发展的目标是谋求社会的全面进步。经济发展是基础，保护生态环境是条件，社会进步是目的。可持续发展的目标是以人为本的生态环境—经济—社会复合系统的持续、稳定、健康发展。

（二）可持续发展的基本原则

1. 可持续性原则

可持续性原则包括三个方面：

（1）生态可持续性。指保持生态系统的完整性，维持地球基本的生态过程和生命支撑系统；保护生物多样性，可持续利用生物资源。

（2）经济可持续性。指经济系统运行良好且持续长久。要保证经济发展的持续性，就必须优化资源配置，节约能源，降低消耗，提高效率，改变传统的生产消费模式，建立与资源、环境、人口、社会相协调的、可持续的发展模式。

（3）社会可持续性。指在不对后代的生存基础和发展能力构成威胁的前提下，逐步提高全民的生活质量、生活水准，在人口、文化、教育、卫生等社会事业方面得到全面发展。

2. 平等性原则

平等性原则包括两个方面：

（1）代内平等。代内平等强调任何国家任何地区的发展不能以损害其他的国家或地区的发展为代价，特别要注意维护后发展地区和国家的需求。

（2）代际平等。包括两方面的含义：当代人为后代人提供至少和从前人那里继承的一样甚至更多的财富，包括自然资本、人造资本、人力资本、社会资本等；当代人在为后代人创造发展条件方面负有不可推卸的责任。

3. 协调性原则

协调性原则包括两个方面：

（1）系统协调。发展是一个极其复杂的巨系统，要求巨系统内部各子系统、各要素之间必须协调。

（2）区域协调。可持续发展应该落实到特定的区域，由于各区域的相对独立性和区域内部自然条件、社会条件的差异，区域间的发展必然会出现不均衡，因此应该在区域系统之间进行协调，以发挥区域系统各自的优势，取长补短，发挥系统的整合功能。

可持续发展原理既是全人类处理经济发展与环境保护关系时所遵循的一个基本原则，也是任何一个部门和一个领域维持自身健康发展的通则。公路建设是人类社会重要的基础性产业，公路工作者必须认真学习可持续发展原理，使公路建设能够自觉地维护人类长远利益和根本利益。

三、循环经济原理

“循环经济”是与传统单向线性经济模式相对应的一种经济发展理念和实现可持续发展的途径。国外对循环经济的研究起始于20世纪70年代，1990年以后，开始形成比较完整的循环经济战略思想，跨入21世纪以来，循环经济研究进一步蓬勃展开。

循环经济是按照“资源—生产—消费—废弃物—再生资源”的循环过程运行的，通过对一个封闭的经济循环体系的管理，促进经济体系和生态系统的和谐发展。在一个理想的循环经济体系中，所有物质和能量在一个封闭的环路中都能得到充分有效的利用，因此将经济发展对生态系统的影响降到了最低点。从经济学的观点看，循环经济是指产品消费之后资源再循环再利用的经济。换句话说，它经历了“消费—废弃物—消费”的反馈式循环过程，与传统的“资源—消费—废弃物”的单向式直线过程不同。

循环经济是可持续的生产和消费范式，其运行应遵循“3R原则”：即“减量化、再利用、再循环”的基本原则。

“减量化”原则指以资源投入最小化为目标，以提高资源利用率为核心，产品生产和服务过程中尽可能减少资源的消耗和废弃物、污染物的产生，采用替代性可再生资源。生产者应通过减少产品原料投入和优化制造工艺来节约资源和减少排放；消费群体应优先选购包装简易、结实耐用的产品。

“再利用”原则是指产品多次使用或修复、翻新后继续使用，以延长产品的使用周期，防止产品过早成为垃圾，从而节约生产这些产品所需要的各种资源投入。要求消费群体改变产品使用方式，有效延长产品的寿命和产品的服务效能，如纸板箱、玻璃瓶、塑料袋的包装材料的再利用，有时甚至可以多达数十次循环。

“再循环”原则是指使废弃物最大限度地变成资源，变废为宝，化害为利。通过对产业链的输出端——废弃物的多次回收和再利用，促进废物多级资源化和资源的闭合式良性循环，降低废弃物对环境的污染。针对整个经济运行系统，通过对产业和产品结构的调整、重组、升级和转型，实现社会—经济—自然复合系统的生态化耦合，从而减少资源消耗和环境污染，提高经济效益和质量。

“十一五”和未来一段时期，将是我国经济发展的又一个关键时期，届时资源能否满足经济发展的要求仍是一个值得关注的问题，以循环经济为指导原则来发展经济应当成为新时期的重要特征。加强能源资源节约和生态环境保护，增强可持续发展能力关系到人民群众的切身利益和中华民族的生存发展。在交通基础设施建设领域，一方面要大力研究路基填筑技术，包括钢渣、粉煤灰及工业废弃物等原料的再生利用，节约投资，保护环境，同时缩小取弃土范围，减少占地。另一方面加强旧路改造过程中的材料再生利用，推广使用再生沥青混凝土等，加强废旧轮胎车船等回收利用和废旧轮胎翻新利用力度等；另外，加强国土资源的综合开发力度，充分利用旧路资源，尽量在原有道路基础上加宽改造，避免原材料、投资的浪费和对生态环境的二次破坏。

第五节　路域生态学相关的社会学原理

本节简单介绍公路路域生态学相关的社会学原理，以期为社会生态学家开展路域社会学的研究抛砖引玉。

一、社会生态平衡与非平衡

社会生态系统也具有生态平衡的状态特征和动态规律：在一定时期，一个社会生态系统的物质、能量和信息的输入与输出大体保持均衡状态，由此而维持该系统结构与功能的相对稳定和动态平衡，这个社会生态系统也就达到了生态平衡的状态亦即社会生态平衡。然而，当物资、能源和信息的供应所制造的产品超过了社会生态系统的需求时，该系统即进入投资过旺状态；而当物资、能源和信息的供应所制造的产品，满足不了社会生态系统的需求时，该系统便进入投资不足状态，由此便出现了社会生态系统非平衡的两种基本状态。

事实上，任何一个社会要素（如生产者、管理者或败坏者群体），或者任何一个环境要素（如无机、有机或社会环境）都会引发社会生态系统的变异，由此影响、破坏社会生态系统的平衡状态。所以，为了保持社会生态平衡的总体目标，人类必须约束自己的行为，必须节制自己的欲望，必须严格按社会生态规律办事，只有这样，才能够通过社会生态系统负反馈控制机制和系统自调节功能的共同作用，不断校正与维持该社会生态系统在其生态阈限范围内的平衡状态，或者经过较长时期的调控之后进入到一种新的系统平衡状态。公路作为人与货物空间运移的通道，首先必须保证运输的高效与安全功能，在此基础上才是环保、景观、美学、历史等其他功能，生态平衡与非平衡原理要求我们必须自觉维护公路的畅通与安全，保证交通设施的基本社会通行功能得到体现，且不破坏生态环境，维持沿线美学资源的质量、历史文化遗产的完整性和沿线风俗习惯的原始性，最大限度尊重公路沿线城镇居民的意愿，达到社会生态平衡目标。

二、协同进化的社会生态

首先，消灭贫穷，提高整个民族的生态道德意识和观念是世界各国面临的大问题。这里说的消灭贫穷，是基于人与自然协同进化的生态伦理而提出的，指的是消灭“绝对贫穷”。贫穷是环境的大敌，人们只有解决了衣、食、住、行等这些生存层次的问题，才能为人与自然伦理关系的转变创造条件。

其次，正确认识野性和野生生物共同保护，是不可回避的大问题，任何野生动物也都是野性的自然及野生生物共同体生态关系的产物。我们把野生动物适应野生生物共同体生态关系的性质称为动物的“野性”。人为地使野生动物脱离野生生物共同体，野生动物的习性就不适于野生生物共同体的选择，这就是所谓家养动物或野生动物园中的动物，这类人工饲养、照顾下的野生动物没有野性。野性是野生动物生存的本性，也是野生动物世界持守生存法则的技能和习性，是大自然的荒野造化，每一个野生动物都是荒野的公民，本能地履行着整个荒野系统信息和环境信息的指令，相生相克，可持续地生存和繁衍。

越来越多的野生动物在所谓“被保护”的关怀下，遭到驯化，失去了动物野性，一旦失去了野性，野生动物也就成了供人利用的工具。反过来，要使动物野性化则太难了，还很少有成功的经验。野生是自然物种在生态群落、系统和环境相互依存、相互作用的信息调控下，野生生物获得的一种生存方式。但是，人类与其他野生生物不同，人从小到大要接受上百名教师的指教并步入社会，接受社会竞争信息的激励，形成内心的本底文化。由此看来，人有人的生活方式，非人类有它自己特有的野性方式，都是自然生态不可或缺的组成部分。

人类不干预其实就是最好的保护。按照野生生物的野性实施保护才是真正的保护。实际上，人类要发展就得干预自然，但是应当尽量避免改造和破坏野性自然，不得已时，也要将对荒野的影响降到最低限度。这是任何国家走人与自然协同进化的发展道路都必须认真考虑的问题。

社会的发展，离不开公路基础设施的建设，公路具有大跨度、长线形等特征，公路延伸到野生生物保护区等就必然要与荒野自然相冲突，怎样在荒野自然的生态限度内开展人类活动，是一个值得研究的问题。

“要想富，先修路”是我国公路建设的源头动力，而消灭贫穷与保护荒野及其野性，不仅仅是人类生存问题，也关系到自然生存问题。要解决这些问题，首先就要纠正“经济增长就是社会进步”的传统观念，将社会的发展转移到人与自然协同进化的指导思想上来。

三、生态伦理

生态环境问题已经成为全球关注的社会性问题，由此，生态伦理作为一种新的道德观念走入现实生活，生态伦理学（亦称环境伦理学）作为一门专门的学科也应运而生。

生态伦理学是伦理学研究的新领域，是现代生态科学和社会伦理学的交叉学科，是关于人和自然的道德学说，西方学术界又称其为“环境哲学”或“环境伦理学”。它是人与生物群落之间如何对待生态价值、如何调节人与环境之间关系的伦理学说。生态伦理学的核心思想是尊重生命和自然界，它所要处理的是人对与自己的生存密切相关的自然界和其他物种抱什么态度的问题，也就是说，它在理论上的要求是，确立关于自然界的价值和权利的理论；在实践上要求按照生态伦理学的道德标准和规范约束人的行为，以保护地球上的生命和生态系统。

生态伦理学的最主要特点是，把道德研究从人与人关系的领域扩大到人与自然关系的领域，研究人对地球上的生物和自然界行为的道德态度和行为规范。随着生态伦理学的兴起，人们逐渐意识到，生态危机的深层次根源在于人类文明所奉行的错误价值观，即人类中心主义，这种价值观忽视了人对自然的义务和责任。

生态伦理学主张尊重生命和自然界，核心是扩大道德对象的领域，规定人类行为中生态道德的基本原则和行为规范。依据人和自然界有机统一体的观点，只有人与自然和谐发展、共同进步才是符合客观规律的，人与自然关系中，无论谁统治谁都不可能取得最后胜利。

人类在利用和管理自然资源方面要遵循四个原则：

（1）树立可持续发展的资源利用观。在现实资源管理中要有长远目光与打算，比如对于一些低品位矿藏，在现有条件下开采利用率很低，留待以后技术进步了再使用也许更合理。

（2）发展对自然界的新责任感。生态伦理学一方面承认人类的利益，用全人类道德原则处理人与人之间的关系；另一方面也承认地球上其他生命的权利，尊重生命和自然界，与自然协调而不是征服自然，即人类是自然界不可分割的一部分。

（3）保护生物多样性。缺少经济价值不仅是许多物种的特征，而且是许多群落（如草地、湿地等）的特征，但它们却具有其他方面的价值即生态价值。如果以单一经济利益为目标，任意毁掉那些没有商业价值的物种和群落，就毁掉了大地系统的完整性。

（4）确立世世代代可持续发展的思想。可持续发展是指当代人的发展不应当危害后代人的发展，当代人对自然资源的利用也应以不危害后代人的需求为限，否则就应主动采取财富转移政策。总之当代人既要留给后代一个健全的生态环境，又应为后代积累足够他们发展的自然资源财富。

生态伦理学的实践意义在于它的研究既不是纯粹理论研究，也不是纯粹理性研究，而是将生态学的理论知识和解决生态环境的现实需要相结合，制定价值标准和行为规范，并依据这些标准和规范进行价值评判，是一种价值角度取向，具有实践意义。

生态伦理学对公路建设中生态环境保护具有很强的指导作用，公路建设者的建设理念已经从过去“人定胜天”转变为现在的“人与自然和谐相处”与“环境友好”等。在实际的公路建设全过程（规划、设计、施工、运行与维护）中也充分尊重自然、保护自然，如公路选线避绕自然保护区，为保护一棵古树而调整线路，为野生动物迁徙设置专门的动物通道等。在生态伦理学指导下，公路建设项目要争取最佳社会经济效益和生态效益，充分发挥生态战略对经济发展的制衡作用，从而使经济建设和生态环境处于相互适应、相互协调的平衡状态中。

第四章
公路路域生态系统分析

公路建设及运行不仅会影响生态系统的组成（包括生物和非生物环境），还会对生态系统的结构和功能产生影响，导致生物多样性、生物地球化学循环的变化，并对生态系统叠加后形成的景观产生显著的影响。因此，公路对生态系统的影响具有多要素、时间和空间动态综合变化的特点。

第一节　路域自然环境

公路路域自然环境主要包括水环境、土壤环境、大气环境、地质环境等。公路建设及运行对自然环境产生了不同程度的影响；反之，自然环境也对公路产生干扰，如制约公路的选线和设计，影响公路施工进度和运行安全等。所以深入了解公路路域自然环境与公路建设及运行之间的相互关系，意义十分重大，公路工程管理人员尤其需要了解、掌握这些知识。

一、路域自然环境的变化

（一）路域水土流失

我国是世界上水土流失较严重的国家，全国水土流失面积已达360万km^2，其中西部约占80%。

公路工程建设中，由于路基的开挖与填筑、桥涵及各类防护与排水工程的建设、取土采石、弃土弃渣等活动，使原地貌、土壤、植被及附属的水土保持设施遭到破坏，原地貌水文网络改变，公路再塑地貌裸露，原有水土保持功能大大降低，造成公路沿线水土流失加剧，流入河流、水库的泥沙增加，影响生态环境的平衡，图4-1为侵蚀严重的高速公路边坡。

公路建设造成的水土流失形式主要为水蚀。施工中路基及其边坡、取土场、便道等受水流侵蚀形成细沟，冲沟带走泥沙，同时诱发路堤及路堑边坡的侵蚀，造成滑坡或崩塌。另外，强风会剥蚀施工区域地表土壤，形成扬尘。公路建成运行后，由于公路主体工程设施完善到位，一般水土流失大为减轻，但未采取防护措施或防护措施不完全到位的工程，如临时施工场地、取弃土场、未加固的边坡等仍存在着水土流失的隐患。

图4-1　侵蚀严重的高速公路边坡

（二）路域水资源

公路建设及运行对水资源的影响主要包括水系水文结构改变和水质变化两个方面。公路建设不仅改变地表径流的自然状态，还会改变地下水文格局。当公路挖方路段位于地下水位以下时，会导致山坡渗水，地下水位下降；填方路段路基使上游地下水位抬高，下游水位降低，导致地表植被生存环境变化。

河流系统连通性至少包括三个方面：上⟷下游、泛滥平原⟷河流、地表水⟷地下水，这种连通性对于河流生态系统非常重要，而公路建设对这三个方面都产生影响。如图4-2所示，a）图为公路建设之前的河流系统状态，b）图为公路建设之后的河流系统状态。显然，河流系统连通性的三个方面都受到了公路的干扰。

公路建设及运行对水质的影响主要包括公路工程施工期水土流失；施工废水、生活污水对水质的影响；公路运行期路面径流对沿线水质的影响；公路运行期沿线设施污水对水质的影响等。

（三）路域土地资源

1. 占地

公路建设首先要占用一定的土地，这部分土地被永久性地改变了使用方式。高速公路占地面积相对较大，一般路基宽26m以上，路界范围内永久

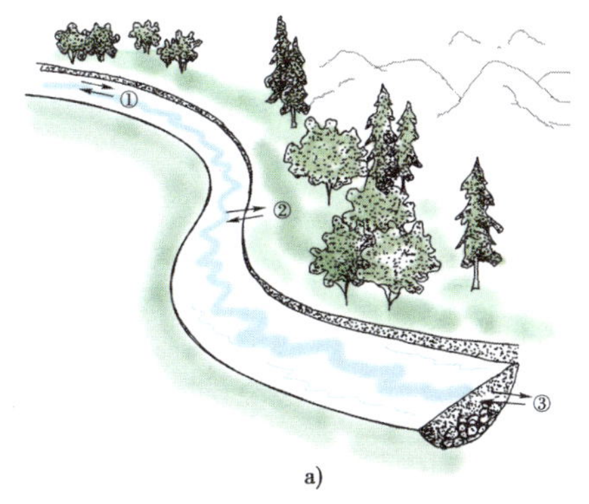

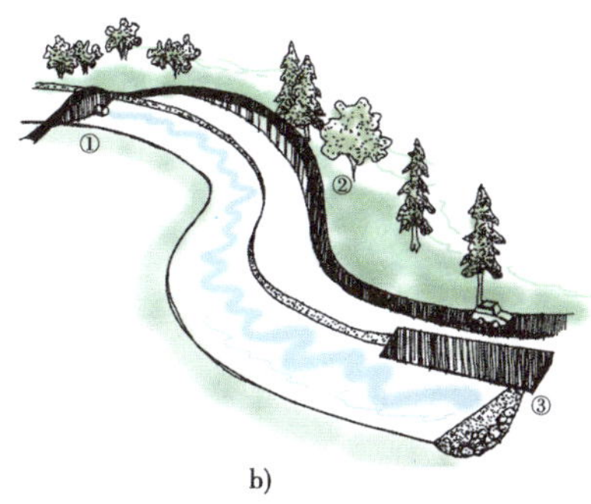

图4-2 公路影响河流连通性的三个方面

a）公路建设之前的河流系统状态；b）公路建设之后的河流系统状态
①上←→下游；②泛滥平原←→河流；③地表水←→地下水

占地40~60m宽。高速公路和一级公路每公里占地约0.5km^2。我国人均耕地仅占世界平均水平的1/4，高产良田尤其稀少宝贵，所以在公路建设中要遵循少占耕地，保护良田的原则。

2. 土壤环境的影响

公路建设会导致沿线土壤性质发生物理性、营养性和生物性退化。土壤物理性退化表现为土壤紧实化、粗骨化或黏重化；营养性退化表现为有机质和氮素明显下降，土壤养分贫化；土壤物理性、营养性退化的同时伴随着生物性退化，土壤微生物和酶活性、微生物量碳氮不同程度减少，且与土壤肥力指标的有机质、全氮等呈显著正相关，这些都加大了植被恢复的难度。此外，在公路运行期，汽车排放的化学物质（重金属、盐、有机物等）渗入土层会改变土壤理化生化性质，污染了水体，一定程度上降低动植物生存的环境质量。

近年来，研究者越来越关注公路交通运输产生的废气、悬浮颗粒物等携带的重金属对道路两侧土壤及植被的影响。由于土壤与植被受重金属污染，导致食物链被污染，进而对人类健康和生态环境产生威胁。如研究者对地处岩溶地区国道的多个路段展开试验，在距离公路不同距离处采集土壤样品，测定土壤中Cu、Pb、Cd等重金属元素的含量。结果表明，岩溶地区公路两侧土壤中的Pb、Zn、Cd等重金属元素含量在公路运行之后显著增加，其中土壤受Cd元素的污染最严重，轻度污染的元素为Pb、Zn，基本上未受Cu的污染影响。土壤对重金属元素的吸附及污染程度排序为：Cd>Pb>

Zn>Cu，重金属污染影响范围一般距公路80~100m。可见，公路交通运输中汽车排放的废气对环境的污染是比较严重的，因此，只有严格控制汽车尾气排放并强制执行汽车排放标准，才能降低公路交通运输因汽车尾气排放带来的污染。

（四）路域地形地貌

公路建设产生的一个最显著的视觉影响是改变当地地形地貌，由此引发一系列环境问题，如裸露的水泥混凝土表面热容量小，反射率大；沥青表面升温快，形成一条热浪带，使局部地区小气候相应恶化；土石方及构造物施工造成地表裸露，引发地质灾害与水土流失等，如图4-3所示。

（五）路域小气候

公路建设会导致路域小气候的改变。从时间上来看，白天和夜晚、夏季和冬季，公路路域小气候显著不同；从空间上来看，森林、湿地、荒漠、草原，热带和温带，沿海和内陆，公路路域小气候也显著不同；从小尺度上看，公路边坡朝向不同、路域植被茂密程度不同，也会造成小气候显著不同；从公路组成上来看，沥青路面、混凝土路面或土路面等，也会导致小气候有显著差异。

图4-3　土石裸露的公路路堤边坡

实际上，在狭窄的公路廊道，小气候特征体现得最集中，这也有助于创造多样的植物和动物的栖息地。

（六）路域地质灾害

地质灾害是由自然因素或者人为活动引发的与地质作用有关的危害人民生命和财产安全的灾害，如崩塌、滑坡、泥石流和地面塌陷等。地质灾害主要受地质条件、地形、地貌影响，由特殊气候条件、人类活动及地震等因素诱发。崩塌主要分布在山区交通沿线的陡坡、矿山边坡和自然斜坡的陡崖地段；滑坡主要分布在第四季松散堆积物组成的中低山高陡斜坡区；泥石流主要分布在沿中低山河谷、沟谷地区；地面塌陷分布在低山丘陵矿业分布区。

建设山区道路不可避免要进行边坡开挖、路堤填筑、隧道开凿等活动，由于地质条件复杂，设计与施工不当易导致各种地质灾害的产生。如在发生泥石流的区域内修筑道路，如施工不当，或没有实施相应的防灾工程，会造成边坡不稳，而将废弃的土石块体弃入沟道，这些大量松散的固体物质便成为泥石流形成的物源，遇到合适的水源条件将会形成泥石流。

（七）交通污染对路域自然环境的影响

公路交通污染主要有水污染、大气污染、噪声污染与固体废弃物污染。

公路运行中汽车与路面摩擦产生的粉尘、施工阶段的扬尘都随径流进入河流湖泊，造成水质浑浊，对人畜产生危害。此外，服务区、收费站等处也产生大量生活污水。目前研究人员正在应用生态、经济的小型生物工程措施来缓解、净化和重新利用这些污水，达到变废为宝的目的。

大气污染主要来源于运输车辆，机动车废气中的一氧化碳（CO）、二氧化氮（NO_2）、可吸入颗粒物（IP）和铅（Pb）等对人体健康有危害作用。据报道，通过对我国不同地区的空气污染物监测，发现空气中65%～80%的一氧化碳，50%～60%的二氧化氮，80%～90%的铅是由汽车排放的。随着我国车辆保有量的增加，上述各项污染物的排放量亦将呈上升趋势，这说明公路交通运输中汽车排放的废气造成的污染已相当严重，所以，控制汽车排放，才能降低公路交通运输因汽车排放废气带来的污染。另外，施工机械所排放的废气和产生的扬尘，碎石加工、沥青混合产生的粉尘以及沥青混合料加工散发出来的气味，也会形成短时间的大气污染，应该引起高度重视。

公路施工期和运行期噪声可能会对自然保护区野生动物活动产生一定程度干扰，施工期噪声影响是暂时的，而运行期噪声影响是长期存在的，关于后者对野生动物活动的影响在我国尚未开展过系统研究。

公路施工中的固体废弃物主要是施工垃圾和生活垃圾。

（八）路域自然环境要素对公路建设及交通运行的影响

地形、地貌和地质结构是公路规划设计中需要考虑的首要因素。在公路规划选线阶段，山区和平原区公路规模、指标的选择有很大差异。山区岭谷相间、河川纵横，公路桥隧比很高，而平原地区隧道很少，只需在跨越地表水域处架设桥梁。公路设计上对各种地质灾害点的避绕已经形成了共识，尤其在山区，泥石流、滑坡、崩塌、水毁等病害广泛分布地区，对公路选线的制约作用更加明显。

河流、山体的走向、小地形的坡度、坡向也经常成为公路走向与设计考虑的因素。出于环保与工程量的考虑，路线遵循河流自然曲线、沿着等高线布线、对地形地貌的最小化干扰等原则已经成了公路选线和设计中重要的考虑因素。

自然地理条件对公路施工技术选择具有很大的影响。在公路设计阶段就应尽可能减少自然地理条件对公路建设的影响，进入施工阶段后，往往也需要根据具体的自然地理条件应用技术经济手段。公路穿越饮用水源地时，施工中必须采取有效的措施保证路域水质的安全，在我国，目前多采用沉淀池、人工湿地来净化和提高路域水质。为了防止施工中的水土流失，在雨季到来之前生态恢复工程要求基本施工完毕，这样雨季到来时植物也刚好生长，基本覆盖边坡，能有效防止坡面水土流失。

二、路域自然环境的保护

（一）水土资源的保护

公路水土流失是水土流失一种表现形式。在我国公路环保发展的30多年间，各级公路建设、管理、科研部门积累了一定的水土流失防治经验，下面简要介绍一些水土流失防治原则和应用实例 。

（1）山区、丘陵区公路建设应尽可能与原有地形、地貌相配合，减少开挖面、开挖量，注意挖填平衡，做好桥梁与填方、挖方与隧道的比选。如西部某高速公路穿越山岭重丘区，沿线地形、地貌起伏较大，沟壑纵横，路线穿越黄土梁峁、基岩山地、河谷阶地三大地貌区，公路共跨越冲沟、河谷96处，为了不压缩河道，保证行洪畅通，防止水土流失，线路全部采用架桥通过，全线共设计大桥96座、16 724延米，在公路挤占河道处做了改河设计并予以加固，改河7段，计1 705m。

（2）尽量减少取弃土场数量，并进行专项设计。如上述公路还利用荒沟、低洼地设置弃土场，对全线弃土集中处理，弃土场设计了干砌片石防护18 332m^3，覆盖有机质含量丰富的表层土壤60cm厚，为当地村民造地，变废为宝。取土场靠山边设置，并尽量选择荒地，减少了占用耕地和林地的面积，取土后整平还耕。

（3）做好公路综合排水设计，充分利用地形和天然水系将路界范围内地表径流引入自然沟中。各种排水沟渠的水流不应直接排放到水源、农田、园林等地，如在公路全线挖方路段设计边沟、急流槽、截水沟、排水沟等以构建综合排水体系。四川省川九公路全线根据地形特点大致分为三种地形段落：高原台地、高山峡谷和乡镇农田区。在设计时根据各段特点设置相应的综合排水系统，地形平坦路段以低填方路基为主，纵坡平缓路段设置浅碟式土质边沟（图4–4）或放缓边坡分散水流，引导地表径流流入自然沟中。

图4–4　浅碟式土质边沟

（4）综合采用生物防护和工程防护措施，做好水土保持工作。应注重高速公路绿化设计，选用适合当地生长的花草、灌木、乔木等植物，林地用地设施也要进行绿化，防止水土流失。如某公路对全线填土高度大于5m的高路堤边坡采用拱窗式护坡加固，窗内植草，保护边坡稳定，防止水土流失；在全线黄土边坡植草317 367m^2，完善了立交区绿化；弃土场设计文件均经过了地方水保部门的审查，经地方签字盖章同意后安排实施。坝体压实度要求达到90%以上，坝面下边坡采用浆砌片石防护，上边坡植草，坝后弃土层碾压，最上层覆土造地，沿沟两侧设2m宽排洪渠。我国云南大保高速公路边坡采用了生物防护与工程防护结合的措施，水土保持效果较好，见图4–5。

图4–5　生物防护与工程防护结合的路堑边坡

我国公路水土保持事业随着公路建设不断发展，取得了巨大的进步。研究内容上，从边坡扩展到公路路域中央分隔带、互通立交、服务区、取弃土场及隔离栅等处；指导思想上，从过去完全的工程防护发展到今天的工程防护与生物防护相结合，且以植物防护为主的理念。2008年出版的《公路水土保持》对公路水土保持研究与实践的成果进行了系统的总结。

但是，我们对公路路域土壤侵蚀过程和侵蚀规律缺乏系统性研究，导致高速公路水土保持措施存在一定的经验性；对环境敏感区和在水土流失方面有典型性和代表性的已建高速公路缺乏水土流失和水土保持措施的长期监测，导致无法为同类地区（高速）公路、城镇建设、水利水电工程等开发建设项目的水土流失预测提供准确的基本参数等。所以，我国公路水土保持研究工作，还有很多研究空间。

（二）水资源的保护

我国是一个严重干旱缺水的国家。虽然我国的淡水资源总量占全球水资源的6%，名列世界第四位，但是我国的人均水资源量仅为世界平均水平的1/4，是全球人均水资源最贫乏的国家之一。我们对公路建设及运行过程中的水资源保护虽然没有进行过系统深入的研究，但是在相关实践中也积累了一定的经验。下面简单介绍一些水资源保护原则和应用实例。

（1）公路路线设计要尽量遵循自然排水曲线，通过各种措施保障水系格局的完整性与连通性。我国的通常做法是尽量利用桥梁、涵洞通过水体（图4-6），在路基设计时综合考虑设计完善的排水系统。如东北扎龙国家级自然保护区湿地边缘的公路，沼泽、苇塘连片，扩建时设计者提高了保护区内4座桥梁的设计标准，增加9道涵洞和1座17.5m的小桥，既满足了生物通道要求，又解决了公路阻水问题。类似的做法很多，我国在桥梁涵洞对水流、水生生物影响方面研究甚少，在公路设计与水系格局、水体污染等方面的研究也很少。

图4-6　高速公路以桥梁形式通过湿地

（2）公路设计、施工与运行阶段要采取工程、生态与管理措施，避免各种水体污染。我国交通部门在这方面做了许多工作，尤其在路线靠近饮用水源地时，积极采取各种措施防止公路建设与运行对水体的污染，如沥青混凝土拌和站均设置在远离村庄的地方，安装除尘设备，人工挖孔施工桥梁桩基础，定时对便道洒水，设置沉沙池等。

（3）公路施工与运行阶段要综合采用工程与生物措施，沉淀水体中颗粒物，稀释分解化学物质，净化水质，实现水资源的循环利用。2002年以前，我国对不容易收集的分散型污水的处理没有引起重视，2002年以后，沿海地区一些高速公路运营管理公司已开始关注附属区的污水处理，并着手采用一体式设备进行处理，但由于所引用设备造价高、维护费用高、技术管理水平高，需专业技术人员管理操作，所以闲置率较高。2005年，我国沿海地区引进生态处理技术对高速公路附属区产生的生活污水进行处理和循环利用，之后该技术在我国西部地区多条高速公路上进行试验和示范，并经过不断改良，最终形成了一套完整的技术，即生态填料土地处理系统，同时根据高速公路附属区的不同特点，采用多种技术集成进行污水处理和循环利用，既达到了高速公路的环保要求，又保护和节约了水资源，取得了良好的效果，如图4-7所示。

图4-7　高速公路服务区污水生态处理及循环利用示范工程

公路沿线站点主要包括服务区、管理处、收费站、隧道管理所等，其站点大多位于高速公路旁，主要功能是供工作人员、过往行人和车辆休息使用。工作人员日常用水、餐饮、冲洗车辆、厕所及绿化等方面都离不开水，同时因为其远离市区，地点相对独立，水资源紧张，污水不能通过城市排水管网处理，只能直接排放到周边的河流、农田中，如果不进行处理，结果不仅使环境受到污染，而且因无循环利用系统造成水资源的浪费。高速公路沿线站点排放的特点主要是直接性、随意性、分散性、无规律性。针对这些特点，公路部门设计使用了三种新工艺，分别是生态填料土地处理系统工艺、除磷脱氮地埋一体式净化设备、厌氧—跌水接触氧化—水生蔬菜型生物生态系统，这三种工艺在不同的现场条件下使用。通过试验工程的实践和公路沿线站点污水处理工程的实施，可以减轻各站点对周边环境的污染，有效控制与减少排入环境的污染负荷，同时还可缓解部分站点绿化浇灌用水紧张的局面，做到水资源节约和循环利用，促进沿线生态环境逐步实现良性循环，实现沿线社会经济可持续发展。

我国公路管理、设计、施工单位已经积累了较多的保护路域水资源的成功经验，主要体现在地表径流的控制，如边坡排水系统的设计和施工等，此外，在服务区和收费站的污水处理方面，我国也大力引入先进设备。

总体来看，我国在公路路域水资源保护研究方面与发达国家有一定差距，如公路建设对地下水系水文结构、水质的影响以及对地表水质的影响方面研究很少，这方面研究可以分为三部分：公路沿线附属设施污水的影响、路面径流的影响和隧道施工对水系水资源的影响，其中公路沿线附属设施污水影响的研究已取得初步成果，后面两者的研究基本处于起步阶段。由于研究的不足，导致在实际工程中缺乏详细的规范来指导施工。

（三）土地资源的保护

土地是民生之本，人多地少是我国的基本国情，保护土地资源是关系中华民族生存与发展、关系广大人民群众根本利益的大事，它需要社会各行各业的参与和支持。近年来，党中央、国务院按照科学发展观的要求，站在推动资源环境与经济社会全面、协调、可持续发展的全局高度，部署了一系列推进优化土地资源配置、节约与集约用地的战略。交通行业认真贯彻中央的各项政策，全面严格落实耕地保护制度，在土地节约与集约利用方面做了大量工作，取得了很好的成绩，但也存在着一定的问题。

1.土地资源的保护与恢复原则

（1）规划阶段：应从土地、环境、资金、地区社会经济发展等方面综合考虑并合理规划。

（2）可行性研究阶段：选择合理的建设方案，实现满足公路功能要求与减少建设用地的合理统一。

（3）工程设计阶段：从线形、路基、沿线附属设施、构造物设计等方面入手，大力开展新技术、新工艺开发研究。

（4）施工阶段：从表土资源利用、临时用地控制、土地复垦等方面，节约集约利用土地。

2.应用实例

1）规划阶段

在公路规划阶段，综合考虑土地、环境、资金等技术经济条件，根据地区社会和经济发展的需要、现有路网状况和未来交通需求，确定项目是否应该立项建设，要避免重复建设，浪费土地资源。

湖北省高度重视公路建设规划工作，委托交通运输部规划研究院完成了《湖北省公路水路交通发展战略规划》、《湖北省内架公路网规划》，通过扎实的调查研究和科学的分析论证，综合各方面条件和交通需求，确定了哪些项目应该纳入规划，哪些项目不应纳入规划，从而最大限度地避免了重复建设，节约了土地资源。经专家反复论证后，省政府批复了这两个规划。

2）可行性研究阶段

在可行性研究阶段，应将土地占用情况作为路线走廊方案选择的重要指标，尽量少占用耕地，避让基本农田和经济作物区。选择合理的建设标准和规模，达到满足公路功能与减少建设用地要求的合理统一。

如某省在建设林区旅游公路时，经过反复论证，多方征求意见，建设标准从高速公路降为二级公路，投资从20亿元降为3.84亿元，新征用地按交通运输部山岭重丘区高速公路用地估算办法测算，从4 130亩减少为620亩。

3）工程设计阶段

（1）认真开展路桥、桥隧方案的比选，把土地指标作为选用的重要标准。经统计，2005年和2006年上报国家审批土地的高速公路项目桥隧长度占总路线长度的比例平均已达到47%，为国家节约了大量宝贵的土地资源。我国东部平原区耕地分布广阔，部分省份尝试采用低桥穿过耕地，最大限度保护耕地，如图4-8所示。思小高速公路建设，在满足工程指标前提下，适当提高桥隧比，不仅避免了工程建设对林地的破坏，也使得公路融入周围自然环境，如图4-9所示。我国东部地区某高速公路部分区段沿线均为良田，为保护这一区域宝贵的土地资源，在前

图4-8　低桥穿过耕地

期工作中，放弃了开辟新线建设高速公路的方案，而是直接采用在已有的省道路基上架设12.5km的高架桥方案，这一方案虽然增加工程投资约1.2亿元，但减少征用土地约1 500亩。

图4-9　桥隧相连的山区高速公路

（2）在节地理念指导下大力探索各种节地措施。近期各省纷纷采取降低路堤高度、用挡墙替代边坡、取弃土与水利工程结合、取土坑与蓄水及灌溉发展水产结合、合理设置附属设施、及时复耕老路、缩减中央分隔带等节地措施，在实践中取得了明显的效果。

降低路堤高度。我国中部地区的一条高速公路通过三次变更路基设计，将路基填土高度从3.61m降低到2.6m，永久占地减少1 152亩，取土占地减少8 802亩，总投资降低4.4亿元。为了节约土地资源，河南省质量技术监督局于2005年出台地方标准《高速公路设计技术要求》，将“路基平均填土高度控制在2.8m以内”作为设计审查的强制性内容。

用挡墙替代边坡。某绕城公路扩建工程，为了减少征地拆迁，房屋密集处以直立式钢筋混凝土挡墙替代边坡。据统计，该工程共有5km路段以挡墙取代了边坡，最长的一段约1.5km。以边坡1:1.5计，采用挡墙方案少占用土地约70亩，此外还节约取土用地近10亩。直立式挡墙还使沿线机关、单位和及农户免受了拆迁之苦。

取弃土与水利工程设施结合。江苏徐宿高速公路睢宁段长58.6km，需用土500万m^3，占用农田6 300亩。睢宁县境内主要有徐洪河与废黄河两条河流，间距30km左右，两河之间6个镇的几十万亩农田旱时无水灌，涝时排不出，该县早就想开挖一条新河以解除灌溉之难。据测算，开挖这样一条河需投资1.2亿元，面对巨额资金缺口，属贫困县的睢宁县只能“望河兴叹”，何况挖河弃土还要占用大量农田。徐州市高速公路建设指挥部通过调查，结合睢宁县水利工程规划，设计公路取土坑，实行“带状取土，形成河道”的方案，公路路基完成，河道雏形也形成了，随后县水利部门组织整理河道边坡及其他后续工作，这样一条长38km、宽50~75m、平均深4.5m的睢北河建成了，既节约了挖河经费，又可排灌农田18.7万亩，最后，水利挖了一条河，公路修了一条路。

取土坑与蓄水及灌溉发展水产结合。修建合肥至南京高速公路时，公路沿线取土坑成了蓄水池塘，当年安徽大旱，合宁高速公路沿线农田受益，保证了农业丰收，成为佳话，见图4-10。

图4-10　高速公路沿线的蓄水池塘

合理设置附属设施。收费站采用一站多点式，一站带2~3个点，甚至是4~5个点，点上只有简单的收费设施，生活等设施集中在站上，1个收费点比收费站可节省土地4.5亩以上，同时还可节省基础设施建设费用和管理费用。

（3）积极探索节地新技术、新工艺、新材料。使用符合技术标准的工业废料、建筑废渣填筑路基，减少路基填筑取土用地和临时用地，提高土地利用效率等。

煤矿废料煤矸石不但占用土地，而且污染环境。利用煤矸石废料代替公路填土，既节省了取土用地，又可使煤矸石废物再利用。例如，在一条高速公路的建设中，应用煤矸石58万吨筑路，为煤矸石厂增加收入600万元，减少占地300亩，公路节约取土占地770亩，解决了公路取土难，煤矸石占用土地，环境污染等问题，可谓一举多得，变废为宝。

在沙漠地区建设公路，利用风积沙代替公路填土，用水泥稳定风积沙做基层，因地制宜，可以取得明显的效益。如建设某条沙漠区高速公路时，其中51.6km用风积沙填筑路基，53km用水泥稳定碎石风积沙作基层，两项工程路基填筑采用风积沙89万m^3，节约工程造价600万元，见图4-11。

4）施工阶段

采用弃土、弃渣造田，或者将取土与造田结合起来，造福当地。将表层

图4-11　高速公路风积沙路基正在施工

种植土层取出，单独堆放、保管，工程上不得使用，进行复垦时将种植土回填，力求保持土壤肥力。浙江省黄衢南高速公路衢南段工程由于沿线取土场开挖，造成遗留山体不稳定，最后由施工单位出资将不稳定山体炸平，改造成新农村建设用地，目前已在沿线乡镇造田合计约590亩，受到当地群众的赞扬，见图4-12。

我国交通部门在土地资源保护方面做了大量卓有成效的工作，1999年交通部与国土资源部联合组织制定了《公路建设项目用地指标》，2004年交通部出台《关于在公路建设中实行最严格的耕地保护制度的若干意见》等一系列文件，部分省区也出台制定了各自公路建设中的土地保护规范和指南以指导工程建设。各级公路建设单位严格执行《国务院关于深化改革严格土地管理的决定》等补偿政策，切实保护耕地、保障土地所有者的合法权益。

图4-12　某高速公路沿线小荒山取土与造地工程

贯彻执行相关文件和积极推动保护土地资源，可从以下两个方面开展工作：

（1）研究制定交通基础设施建设节约、集约利用土地补偿和奖励政策，对交通基础设施建设中，为少占耕地而采取的各种措施予以补偿和奖励，一方面补偿工程施工单位由于节约土地、保护耕地而额外承担的工程费用；另一方面鼓励公路建设单位发挥主观能动性，提出更多更好的节地措施。

（2）加强基础科研工作。依靠科技创新，采取能够减少土地占用的新技术、新工艺、新材料、新理念，如使用符合技术标准的工业废料、建筑废渣填筑路基，减少路基填筑取土用地，提高土地利用率；开展全国不同区域低路堤的可行性研究，桥隧与路基方案比选研究，立交区、服务区和收费站等公路附属设施设计的关键参数研究等，并尽快总结研究成果，以形成各省区公路设计技术要求，指导全国各区域的节地实践。目前我国有一些省已开展了公路建设全过程的节地对策研究，取得了很好的经验，有些省出台了《高速公路设计技术要求》，指导公路建设实践。下一步的工作就是全面总结与提炼这些成功经验，在全国范围内进行推广。

第二节　路域生物

公路建设及运行对生物资源的影响包括三个方面内容：植物、动物与微生物。当前，对微生物的影响几乎没有报道，暂不纳入本书的范围。国内外研究多为对植物与动物的影响及保护，而国内的研究又偏重于植物方面，对于动物的研究才刚刚起步，本节主要阐述公路建设及运行对动植物的影响及保护。

一、路域植物的变化

（一）直接影响

公路建设对植物的影响主要表现为直接干扰植物生存环境，包括两个方面内容。一是公路工程永久性占用土地造成路域内植物消失，包括工程线路、沿线设施区等破坏地表植被，造成植物损失。如一条仅8km的乡村公路占去林地5.9公顷，毁坏树木3.9万株，使森林资源遭到破坏。二是临时性用地破坏了土层，使得表土资源受损，区域地表裸露增加，对风力、水力作用的敏感性增强，生态环境恶化，稳定性下降，如图4-13所示。

（二）间接影响

1. 公路建设及公路交通运行会影响植物的生理生态特征

如道路扬尘附着在叶片表面影响光合作用、呼吸作用和蒸腾作用，因此导致植物体疾病和生产力的下降；车辆运输过程中排出大量的尾气，其主要成分是NO_x，它会导致叶片失绿，严重时还会导致细胞破裂，抑制其生长发育；重金属和有机化合物常常被吸附在灰尘、黏土和沙子表面，随水流进入土壤内部，被植物所吸收，影响水生生态系统。

图4-13　公路建设对植物生存环境的破坏

2. 公路可能成为外来物种入侵的通道

“生物入侵”是指某种生物从外地自然传入或人为引种后成为野生状态，并对本地生态系统造成一定程度的危害。由于公路建设占用土地，会造成大量本土生物因丧失生存环境而消失，而外来生物可能因公路建设和公路交通的发展顺势侵入，因此公路建设可为外来物种创造有利的入侵条件。其中，被国家环保总局列为我国外来入侵物种之首的紫茎泽兰在我国西南大部分地区均有分布，严重破坏入侵地森林、草地、农田等生态系统和生物多样性，成为限制生态环境健康发展的重要瓶颈，如图4-14所示。紫茎泽兰不仅枝叶带有毒性，而且还能分泌克生物质，抑制周围其他植物生长，凡是有紫茎泽兰生长的地方，其他农作物都只能“退避三舍”。

图4-14　西南某高速公路路域随处可见的紫茎泽兰

3. 公路建设及公路交通运行改变路域植物群落的空间分布格局

公路建设一方面改变了地方物种与外来物种的空间分布格局，另一方面往往形成边缘生境，使得植被的空间形态发生变化。

目前关于公路建设影响路域地方物种与外来物种空间分布格局的研究正处于起步阶段，我国这方面的研究文献资料尚不多见，不同的路域环境研究的结论也不尽相同，现就国外的相关研究资料简介如下。

新西兰一项研究表明：从路肩、边沟、边沟外部坡面到路域外部，总体上外来物种多样性没有明显差异，每个区域约有100~110种物种,如图4-15

所示，稀有的非地方物种大约占1/4，并且在整个路域变化不大，而在路域外部却有更多的地方物种，因此，路肩的外来物种比例相对较高。Radley Z. Watkins等人研究了林区公路对阔叶林下层植被的影响，发现公路对路域植物多样性和数量的影响只是限于路缘附近，他们对距公路边缘不同距离（0m、5m、10m、15m、20m、30m、45m、60m、90m、120m和150 m）地段进行随机抽样调查，分别统计植物的覆盖度、丰富度等指标。研究结果表明：植物多样性、乡土物种和外来物种数量与公路边缘距离密切相关，15m范围内外来物种普遍存在，在公路边缘乡土植物种类和数量较少，但从距离路缘5m开始很快恢复到自然植被群落状态。

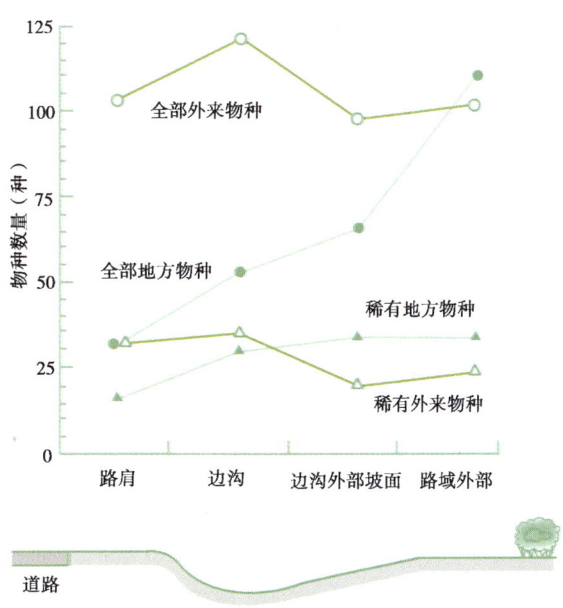

图4-15　新西兰某公路路域外来物种和地方物种的空间分布

在路域边沟之外的挖填方坡面上，植被分布差异很明显。这是由局部小气候、土壤条件、水文条件等因素决定的。例如，陡峭石质坡面和平缓土质坡面的植被恢复难易程度不同、植被种类分布也不相同，前者恢复时只能选择以草本为主、灌木为辅的物种，而乔木就不大适宜；而后者可以灌木为主，乔木为辅，并且周围植被自然入侵也容易，群落组合更易与周围自然植被相融合。

（三）路域植物对公路建设及交通运行的影响

珍稀濒危植物、珍贵树木的空间分布格局等因素，已经成为现代公路设计必须重视的重点。如何在公路规划设计阶段对未来公路可能产生的影响进行前瞻性的预测并采取规避措施，已成为路域生态学进行生态环境保护的重要对策。国内外经验证明，在选线和初步设计阶段，选择沿老路的方案虽然会增加较多的投资,加大施工难度，但是可以减少公路建设对周围生态系统的干扰和破坏。

路域植物，尤其是珍稀濒危植物对于施工的要求很高，应采取避绕或者移栽的方案，保护古树名木。在施工清场时尽量缩小范围，不得已时进行断顶截枝；施工过程中严格控制对桥梁下部、隧道边仰坡及路基边线附近树木、植被的采伐；桥墩与路基处的树木，移植他处；尽量保护好每一棵珍稀植物。

路域植物具有安全、舒适、景观、环保的综合功能，对公路交通运行作用巨大。安全是指视线诱导、防止发生事故等功能；舒适是指为人提供绿荫休息的功能；景观是指景观调整与景观再造等功能；环保是指生物防护和环境协调等功能。

二、路域植物的保护

公路建设中，植物资源保护是我国公路环境保护研究与实践一直以来都十分关注的领域，尤其在边坡生态恢复方面我国做了大量的研究。

（一）原则

（1）选线时尽量避绕珍稀和茂密植被保护区。

（2）设计上遵循“公路设计灵活性”理念，从路线、路基排水防护、沿线设施等方面保护本地植物资源。

（3）严格控制在红线范围内施工，做好红线内表土资源的保护、乔灌木移植工作；使施工便道与地方农村公路建设相衔接，减少对植物资源的破坏。

（4）生态恢复时以地方乡土物种为主，外来物种为辅，采用各种生态工程技术，设计与恢复生态、视觉功能俱佳的植被生态系统。

（二）应用实例

（1）选线阶段尽量避免将珍稀和茂密植被区分隔开，这一点已经成为当今公路环境保护工作者的共识。公路布线无法避让珍稀和茂密植被保护区时，适当提高桥隧比就成了首选的做法。山区高速公路提高桥隧比不仅能满足高等级公路的工程指标要求，同时也可最大限度地避免公路挖填方给地形带来的扰动，创伤面积小，对原生植被的干扰也最小。目前很多山区公路在设计中提高了桥隧比，有效保护了植被资源，见图4–16、图4–17。

图4–16　桥梁工程保护了热带地区植物资源

图4–17　隧道工程保护了热带地区植物资源

（2）遵循“新理念公路设计指南”，从路线、路基排水防护、沿线设施等方面保护本地植物资源。“新理念公路设计”就是要激发人们的创新性，树立为公众服务、具有前瞻性的交通设施设计新理念。它以目前的法律、法规为依据，在保证安全的前提下，从维护公众的利益出发，灵活运用现有标准、规范，寻求符合社会利益及公路沿线可持续发展需要的公路设计新思想、新方法，在为出行者提供安全有效的交通服务的同时，改善与我们生活息息相关的环境与景观条件。

为了保护国家二级保护植物绵竹种群区，高速公路在选线设计时，采取了路线绕行、建设高架桥等措施，尽量减少对该区域原生生态系统的破坏，如图4–18所示。

在路基设计方面，根据沿线自然地理环境特征灵活确定边坡坡率，在有条件的情况下尽量放缓边坡，缓边坡有利于植被恢复，易与自然协调；公路边坡坡面尽量粗糙化，种植多种地方自然植被，堆积路域表土、森林乱木、小树枝、树桩、枯树叶等营造自然环境，提高生物多样性，便于生态恢复；尽可能设计低路堤，减少占地，减小对植物资源的破坏，如图4–19所示。

图4–18　路线绕行，避免对保护植物的影响

在排水设计方面，部分低等级公路采用浅碟式草皮排水沟不仅能提高路域绿化区域面积，节省造价，容易与周围自然环境相协调，增加路侧净区宽度，提高行车安全性，而且草

皮能过滤地表径流，净化水质，对下游水体水质保护起到了积极作用。草皮排水沟适用于地表径流不大的区域；对于有些高速公路来说，草皮边沟使用受限，采用埋入式暗沟与草皮边沟组合设计，草皮边沟用于排泄地表水，埋入式暗沟兼具排泄地表水与山区地下层间水的双重功效，排水暗沟构造如图4–20所示。

图4–19　低路堤最大限度保护路域植物资源完整性

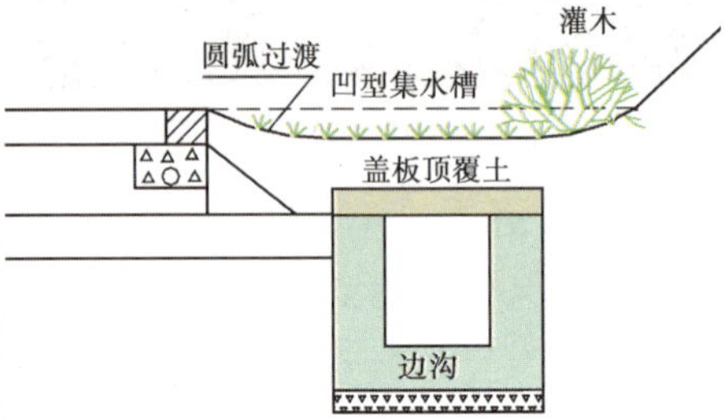

圆弧过渡
凹型集水槽
灌木
盖板顶覆土
边沟

图4–20　排水暗沟构造示意

（3）严格控制在红线范围内施工，做好红线内表土资源的保护、乔灌木移植工作。

我国的公路部门在施工中严格控制施工红线，不破坏红线外一草一木，路基开挖前将开挖线内的树苗移栽到指定苗圃假植（图4–21），并将腐质土清理堆放到指定位置，待路基土建工程完工后立即将树苗移回，并重新铺设腐质土，既节约投资，也很好地保护了植物资源。而高速公路隧道洞口“零开挖”做法也值得借鉴（图4–22），零开挖贯彻隧道施工“早进洞，晚出洞”的原则，甚至增加一些明洞以保证隧道洞口的安全，大大减少开挖，有效地保护了隧道洞口原生植被的完整性。在桥梁施工中，建设者们对桥下地面植被能保留的也尽量保留，除桥墩占用的林木需砍伐外，其余均不允许砍伐。桥墩处的树木，属于保护的物种移植他处，对于与桥梁基础位置不存在冲突的高大树木，采取断顶、截枝的办法保护（图4–23）。

施工便道与地方农村公路建设衔接，减少对植物资源的破坏。高速公路施工便道选择与沿线新农村公路建设相配合，不仅集约利用了沿线土地，也减少了公路施工对植被资源的占用。

（4）采用各种先进的生态工程技术进行生态恢复，以地方乡土物种为主，外来物种为辅。

边坡生态恢复起到了稳定边坡、防治水土流失的作用，如图4-24所示，中央分隔带种植的树木具有防眩功能可代替防眩板，不仅满足安全的需要，降低了投资成本，而且具有生态和景观功能。

图4-21　施工人员正在移植施工红线内苗木

图4-22　隧道洞口无仰坡开挖

图4-23　桥梁施工尽量保护桥下林木

图4-24　边坡生态恢复稳定边坡、防治水土流失

在生态工程技术方面，我国近年来主要是研究不同技术的集成与应用，尤其是客土喷播与湿法喷播技术的基质配方研究，如云南省科技厅项目“岩石边坡生态恢复及环境治理关键技术研究”，研制出一种岩石边坡植物生长基质，并申请了国家专利。

在乡土物种的选择方面，很多公路环保科研单位对比开展了研究，有效地指导了植被生态恢复实践。乡土物种具有适应地方生态环境能力强、容易与自然协调、投资小、后期维护少、有效防止外来物种入侵等优点，如图4-25所示。

图4-25　当地木本植物建植的植被群落

当前，在很多区域外来物种入

侵当地生态群落，导致地方植物消失，生态系统失衡。而有效防止外来物种的入侵是个国际性难题，尤其在公路路域，如何有效缓解这个问题成了许多国家研究的重点。如黄石公园为了保护本地植物，严格禁止外来植物的进入，尽管如此，公园内还是出现了170多种外来植物物种。于是，1998年管理人员花费了19万美元，在1 300英亩（7 800亩）的土地上喷洒了允许使用的除草剂，在500英亩的土地上采用了综合治理措施，在200英亩（1 200亩）的土地上采用了焚烧的办法，以控制33种外来植物物种的蔓延。

图4-26 工程与生态的和谐

因此，一方面大力选择地方物种，另一方面有选择性地引入一些外来物种，两者结合起来，合理选择生态工程技术，设计与恢复生态、视觉功能俱佳的植被生态系统是未来路域生态恢复的重要研究内容，如图4-26所示。

在隔离栅处种植绿篱，能起到较好的生态防护效果。初期绿篱矮小，主要依靠工程措施发挥隔离功能（如刺铁丝和水泥柱），等到绿篱生长茂密后可完全起到隔离的作用。由于绿篱远远小于工程措施的投资，加上其又有生态环保和景观的功能，因此很受公路建设者的青睐，如图4-27所示。

图4-27 高等级公路路域生长茂密的刺篱

从植物资源保护的时限与内容来看，我国正在由过去的公路建设后期的被动恢复转变为前期的主动保护，包括公路建设中植被系统的综合保护，如绕避敏感区，精心设计、限定扰动范围，控制影响因子，保留植物资源等。

从公路路域植物恢复研究与认识的发展趋势看，主要体现在四个方面：

（1）生态恢复的物种由外来物种向乡土物种转变，以保持原有生态系统的稳定，并有望建立全国各区域的乡土物种数据库。

（2）物种搭配由简单草种混合向模拟自然群落过渡，构建与自然生态系统协调一致的草、灌、乔复合植被已成为当今研究热点。

（3）植被恢复技术由简单向复合转变，从单纯施工技术向以目标群落的建植为导向的综合技术转化。

（4）对路域植被恢复的认识已从简单化、短期化向尊重自然的系统化、长期化迈进。

虽然我国公路建设中的植物资源保护研究与实践取得了可喜的进展，但仍有诸多问题应该引起重视。

一是我国在公路建设对植物资源影响方面研究不够深入。如人工植被演替的定量与长期的规律、公路建设对沿线植被系统生物量的影响、地方物种与外来物种分布特征、外来物种对沿线生态系统影响程度等方面研究还较少。乡土植物开发利用技术的复杂性与多维性，也需要进行大量研究攻关才能解决。

二是包括客土喷播等生态工程技术在内的喷播关键材料研发尚有待加强，迄今缺乏适合我国不同区域的、经济实用环保的喷播材料。

三是制约路域植被恢复成效的一些基础性研究尚有待加强。如尚未有成熟、适用的方法评价路域植被生态恢复效果；此外，在植被恢复与小气候、景观美学、土壤侵蚀、动物多样性等方面的基础研究也较欠缺。

三、路域动物的变化

（一）直接影响

1. 公路交通威胁野生动物的生存安全

20世纪70年代，在高速公路最发达的美国，环保组织经过长期观测后，得出了惊人的数据：平均每天有超过100万只野生动物在公路上被车辆压死。车祸是导致美洲豹、灰熊等珍稀濒危动物数量急剧下降的罪魁祸首。美国佛罗里达州运输厅认为公路致死是该州黑豹、黑熊、鹿、美国鳄鱼和秃鹰的最大死因。在欧洲，荷兰每年15.9万只兽类和65.3万只鸟类死于公路交通事故，澳大利亚每年548万只蛙类和爬行类动物死于公路交通事故。

在我国，虽然没有对公路动物致死数量进行过系统的统计，但在报纸杂志上也能经常看到相关报道。2007年8月到9月间，新疆野马繁殖研究中心放养的野马（国家一级保护动物）先后有4只被撞死在横穿卡拉麦里野生动物自然保护区的216国道上。2007年5月开始，WWF物种项目就公路对若尔盖湿地两栖动物的影响进行了调查，结果显示，在死亡密度最高的省道209线一条高原林蛙栖息地附近的观测样线路上，100m范围内竟然有56只高原林蛙被车压死。

美国“景观生态学之父”Forman教授预言：道路致死已经取代狩猎，成为野生动物的最大死因。

2. 公路交通干扰野生动物的迁徙路线

公路的阻隔效应对野生动物影响显著，尤其公路两侧的隔离栅对其影响很大，对于小型无脊椎动物来说，公路本身就是个栅栏。对阻隔效应最敏感的物种有：

（1）小规模的地方种群和需要广阔生活范围的稀有物种，如大型食肉动物。

（2）需要每天或季节性迁移或迁徙的物种，尤其是栖息地和繁殖地被公路切开的物种，其迁移或迁徙之路因公路交通运行受到阻挡，如我国青藏高原的藏羚羊。

（3）需要长距离进行季节性迁徙的物种，如驼鹿和驯鹿。

阻隔效应与交通量相关，随着交通量的增加，动物穿越公路的可能性越来越小。交通量少于1 000辆/天的公路可以被多数物种穿越，然而一条繁忙的高速公路实际上对于所有物种来说是不可穿越的，如表4-1所示。

交通量与野生动物穿越公路之间的关系　　表 4-1

交通量（辆/天）	穿　越　性
<1 000	多数物种可穿越
1 000～4 000	一些物种可穿越，更多敏感物种会回避
4 000～10 000	阻隔效应强烈，噪声和交通流阻隔许多物种，道路致死显著
>10 000	多数物种不可穿越

公路作为景观中的廊道对动物具有屏障或过滤作用，从而改变动物的移动格局。如公路影响了野象的穿行，野象路线受到阻隔；蛇为避免横穿道路而被迫沿着路旁植被移动。公路障碍造成种群隔离，阻碍基因交流，最终导致物种发生遗传学变异。

3. 公路交通导致动物回避

公路交通产生很多生态干扰因子（视觉干扰、噪声干扰、污染物排放等），其中交通噪声影响最显著，它可能损伤动物听觉、诱导荷尔蒙产生、干扰喂食过程的交流等。由于物种的差别，公路回避带宽度从几十米到几百米不等，如Forman教授等估算美国麻省一条高速公路的公路回避带平均宽度为600m，并呈不对称分布，回避带内物种的密度和品种下降；我国动物保护专家对扭角羚（国家一级保护动物）生境研究后指出：横贯该自然保护区境内的公路对保护区内的扭角羚种群分布起着至关重要的作用，保护区内的扭角羚种群一般以公路为界，两侧的扭角羚从不互相跨过该分界线。公路引起动物回避的生态影响既超过了公路致死，也超过了公路引起的生境损失。

（二）间接影响

1. 公路交通导致动物栖息地丧失、割裂和破碎化

单条公路对栖息地的影响如图4–28所示：

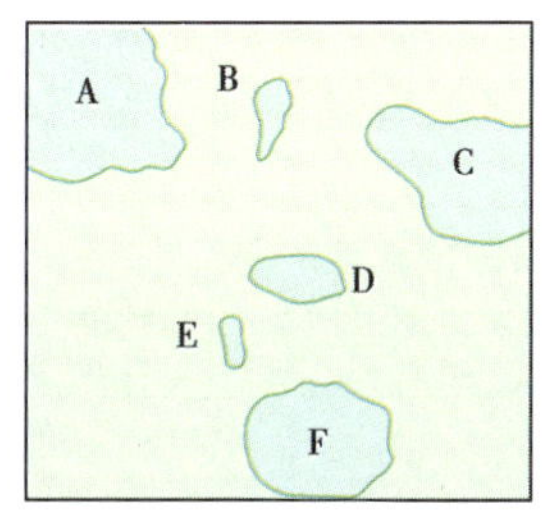

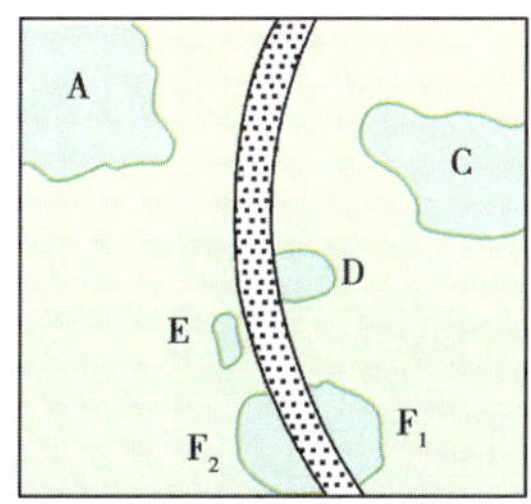

图4–28　线形基础设施对栖息地斑块的典型影响

（1）增加了斑块的隔绝程度，如由于缺少了B这个过渡带，A和C之间更加隔离。

（2）栖息地斑块面积减小，如B彻底消失。

（3）斑块变小，如D比之前更小。

（4）增加了斑块与外部的接触范围，这是由于两个原因：斑块数量增加，如F_1与F_2的周长之和与其面积之和的比值高于原先F的周长与面积之比；出现了新的干扰要素，如斑块E靠近道路，但却没有缓冲区来缓冲外部干扰。

公路网络横跨于景观之上，导致的生境损失和阻隔效应进一步限制物种之间的交流，形成孤立生境。在局部和区域尺度上造成的生境损失对于

生物多样性的发展是一个严重的问题，生境损失直接威胁到当地与相邻区域的种群数量。美国大约有1%的野生动植物生境消失于公路及公路两旁，而在人口密集的欧洲国家，这一数字达到了2%~3%。在亚马逊河区巴西森林中，公路成为鸟类领域的边界，连续的大种群被分隔为相互隔离的小种群，小种群数量波动大、灭绝率高，重新繁殖又受到公路阻碍，严重影响种群的自然消长规律，使种群数量下降，甚至局部灭绝。

2. 公路交通影响动物栖息地

根据国外研究的结论，公路交通对动物栖息地的影响既可能是负面的，也可能是正面的；我国在这方面的研究还未见诸报刊。

（1）负面影响。公路引起的边缘效应可能导致的生境退化范围超过公路表面面积的10倍左右。生境的退化可能是公路交通对周围生态系统非生物成分（如小气候、水环境、空气、噪声、土壤）的干扰而引起的。公路产生的沉积物、污染物（如尘埃、化学物质、重金属或盐）以及营养物（如N、P）也可能降低公路路域生态系统的生态质量。公路边缘这些非生物影响可能进一步改变群落动态和生态系统的水平过程。公路建设对路域栖息地会产生各种影响，不同因子的影响距离也不同，见表4–2。

公路影响渗透进入周围栖息地的距离 表 4–2

公路影响情况	距离	出　处
公路路域土壤中高浓度重金属分布	48m	1987年，美国，弗吉尼亚州
公路路域植被中高浓度金属分布	40m	英国
鸟类群落中边缘种增加	100m	1979年，美国;缅因州
融雪剂对植被的损害	120m	1986年，美国
麋鹿数量减少	125~500m	1985年, 美国，俄勒冈州
北美驯鹿行为变化	300~600m	1987年，美国，阿拉斯加州
一些鸟类物种数量发生变化	400m	1979年; 美国，缅因州

公路影响各种生态过程，其影响范围形成“公路影响域”，其范围可作为影响程度的测度指数。公路影响域比公路实际宽度宽很多倍，两侧极不对称，边界形状非常复杂。

（2）正面影响。公路廊道可能成为一些野生动物的栖息地。一项调查显示，在美国25个州的211个公路结构物中发现24种共425万只蝙蝠生存，多数物种栖息于混凝土裂缝中，裂缝的特征是至少15~30cm深，1.3~3.2cm宽，位置高于地面3m且交通量不大；英国南部路域进行了细致的蝴蝶和蛾类的研究，在夏季，研究人员调查了12条公路的路域边缘和中央分隔带，发现27种蝴蝶（英国蝴蝶种类的47%）在此栖息。

在一些国家，公路边缘甚至成了爬行类等特定物种有价值的栖息地。爬行类动物调节体温的方式能够解释它们为何喜欢生活在路域。爬行类是冷血动物，从环境中吸收热量（而不是依靠自身新陈代谢）来保持身体正常活动的体温，一些小型爬行类动物依靠从阴影下移动到阳光下，再移动到阴影下来调节体温。沿着公路边缘，在植被和裸地之间有着显著的过渡带。这些地带的小气候使得它们可以在裸地上晒太阳，也可以回到阴影之下乘凉，另外植被还可以提供隐蔽的场所。

动物由于多种原因如栖息地（筑巢、生活空间）移动便利、食物来源丰富等被吸引到公路路域。路域可增加鸟类栖息场所，提高鸟类栖息地质量，因为鸟类可使用很多路域的结构物筑巢，例如，鸽子利用桥梁栖息和筑巢。一项研究显示猛禽更喜欢使用路域而不是附近栖息地，因为路域不仅有更多捕食食物，而且有更多停留的地方和更宽阔的活动范围。

（三）路域动物对公路建设及公路交通运行的影响

在公路规划设计阶段，应对珍稀濒危动物的分布格局、大型野生动物栖息地和迁移路线等因素对未来公路可能产生的影响进行前瞻性的预测，并采取规避措施。

自然保护区是保护动物及其栖息地的重要区域，在动物迁徙繁殖季节，穿越或邻接自然保护区的公路施工应尽可能减少对动物的干扰，必要时还应停工为动物穿越施工区提供条件；施工过程中应尽可能避免填埋湿地、洼地，保持其自然属性；接近有重要保护生物种类的敏感水域时，应集中收集和堆放施工中产生的污染物，并进行无害化处理。

路域野生动物会对公路运行产生一定的负面影响，某些情况下影响可能较严重。国外的观察研究报道，在1981—1991年间，美国佛蒙特州车辆与鹿相撞导致的财产损失占到所有车辆财产损失的94%。加拿大纽芬兰岛研究显示，1988—1994年间，发生了5 422起驼鹿与车辆相撞事故，导致14人死亡，每起事故的死亡率为0.25%；在1997年，80多头熊拥挤在Banff国家公园公路上，导致了交通阻塞并引发人们围观。

四、路域动物的保护

我国公路建设中野生动物的保护研究与实践，近些年越来越受到政府和公众的关注。总体看来，目前我国在该领域的研究较少，综合国际范围的经验，我们提炼出相关的保护原则与应用实例。

（1）路线绕避野生生物保护区，迫不得已时尽量通过保护区的试验区边缘，并尽量采取成熟的技术措施（如尽可能提高桥隧比）进行保护。美国黄石公园被誉为“世界上最著名的野生动物庇护所”，境内栖息的野生动物种类众多，为防止因修建公路而分割动物的栖息地或阻隔动物的迁徙之路，在公路选线时，所选路线绝对不进入动物栖息地的核心区，并尽可能避开栖息地缓冲区。

（2）在详细调查野生动物迁徙（移）、栖息地等基础数据的基础上，评价公路对野生动物生存及栖息地的影响，结合公路土建工程设置动物通道，并进行长期观测，以科学合理地评估通道的效果，并不断优化设计。

加拿大和欧美一些国家在野生动物致死率等基础数据搜集方面做得很好，如加拿大采用动物事故报道系统来更新每年车辆与动物相撞事故的统计数据，国家公园也建立了数据库来统计包括Banff和Jasper国家公园的数据，后者统计数据可回溯到1951年；美国部分州对鹿的致死有系统的记录，用于估测全国鹿的致死数量。

国外一般在道路致死率高、野生动物迁徙路线与公路交通量发生冲突、景观连接度最佳的地方设置动物通道，且根据目标物种的习性来设置不同类型的通道。如佛罗里达州在为濒危物种黑豹种群设置通道之前，每年有5只黑豹因道路致死（黑豹总数是50多只），在黑豹致死处设置了下穿式通道之后，通过10年的观测，发现黑豹已经完全适应了通道，黑豹道路致死率显著下降，如图4-29所示。

图4-29 美国南佛罗里达州下穿式动物通道

我国西南某自然保护区进行公路建设时，经过初步沿线走访调查，并向专家咨询发现：公路沿线三个段落内野生动物分布较多，第一个段落内主要路域动物为斑羚；第二个段落内主要路域动物为扭角羚、苏门铃、斑羚和水鹿；第三个段落内主要路域动物为扭角羚、水鹿、斑羚和毛冠鹿。其后结合地形和物种生活习性沿线拟设置通道5处。

（3）动物通道设计是系统工程，除桥梁、隧道和涵洞等主体工程外，还包括栅栏、通道内部和入口处景观设计、交通工程配套设计、交通管理措施、通道附近栖息地创建等工程措施。

合理设置标志牌（图4-30）、禁鸣标志、限速标志以配合动物通道，可提高野生动物保护的效果。

图4-30　各种动物标志牌

我国青藏公路、铁路穿越了可可西里自然保护区边缘，分割了其与楚玛尔河自然保护区与索加野生动物保护区等之间的联系，公路、铁路南侧的藏羚羊在每年6~7月要穿越公路、铁路进入可可西里保护区繁殖，8~9月带着幼仔从原路返回。我国野生动物保护志愿者在藏羚羊上迁与回迁时期采用信号指示灯和人工拦车等方式来保护藏羚羊顺利迁徙，志愿者拉着“藏羚羊过公路，你能等一会吗？藏羚羊祝你一路平安。”的横幅为藏羚羊通过青藏公路保驾护航，如图4-31所示。

图4-31　志愿者以人工拦车和信号指示灯为藏羚羊通过青藏公路保驾护航

部分科研机构、民间环保组织对自然保护区内，公路建设对野生动物生存的影响做了初步的定量化研究，为我国公路动物保护事业的发展开了好头，他们的研究成果已经产生了一定的社会影响。如中科院成都生物研究所戴强研究团队在世界自然基金会（WWF）的资助下，对穿越四川省若尔盖湿地的公路进行了调查，他们的研究成果被《科学时报》等多家媒体转载；我国第一家由民间组织成立的保护站——可可西里自然保护区的“索南达杰自然保护站”，从2001年开始对青藏公路沿线野生动物的致死与出现频率进行了详细的调查，这些数据为后来青藏铁路的野生动物通道建设和青藏公路野生动物（以藏羚羊为主）保护相关研究提供了宝贵的基础数据。

尽管我国公路动物保护工作已经开始，而且取得了初步的成绩，但仍有许多工作需要加强。首先，我们缺乏动物致死数据国家记录系统，如野生动物迁徙（移）的路线、动物致死、时间等相关数据；其次，应在总结、研究的基础上尽快形成我国动物通道设计指南；第三，在公路沿线创建野生生物栖息地，且必须与野生动物通道协调设置才最有效，通过野生生物栖息地的创造与动物通道的设置，可最大限度地减少公路建设对栖息地的干扰，并可尽快恢复栖息地面积，提高公路两侧野生生物栖息地的连通性；第四，建立公路动物通道的监测统计机制，以评估公路对动物的长期影响和动物通道的设置效果，同时优化通道设计。

第三节　路域生态系统

自然生态系统主要有四大类：森林生态系统（图4–32）、荒漠生态系统（图4–33）、草原生态系统（图4–34）、湿地生态系统（图4–35）。

本节以这四类生态系统为例，阐述公路路域生物多样性、生物地球化学循环的变化特征，并提出保护对策。本书对人工生态系统不做介绍。

图4–32　吉林长白山森林生态系统

图4–33　甘肃荒漠生态系统

图4-34　内蒙古草原生态系统

图4-35　湿地生态系统

一、路域生物多样性的变化

公路建设对路域生态系统的生物多样性会产生较大影响，除了路基工程的直接占用对植被、土壤的影响外，路基工程的切割分化也将导致群落的萎缩和退化。公路交通运行会导致外来物种入侵甚至一些疾病的传播扩散（如疫源扩散），对整个路域生态系统产生较大的危害。随着公路沿线常住人口及流动人口的增加，对沿线生态系统及其生物多样性的干扰也将明显增强。但是不同的生态系统物种抵抗干扰的能力也不同。

（一）森林公路路域生物多样性的变化

森林生态系统虽然物种繁多，但是如果生态系统中的某种或某几种重要的动物或植物受到很大的影响，将直接影响到整个生态系统生物链和食物网的安全。

灌木层遭到破坏，甚至消失，造成林地群落层次缺乏，使林地群落的垂直结构发生较大的改变。同时，各种乔木层由于缺乏下木及灌木的保护和促进作用，对环境的抵抗能力下降，易感染病害和遭受风折，使整个林地生态系统对环境的适应能力和调节能力降低，群落的稳定性下降，并可能导致群落演替停止甚至逆行演替，而砍伐森林将使森林群落直接退化成灌丛或裸地。

永久占地内的林地植被完全被破坏，可能产生“边缘效应”。

目前临时占地可能产生“林窗效应”，在生态学上“林窗效应”主要是指森林群落中老龄树死亡或因偶然因素（如干旱、台风、火灾、人为破坏等）导致成熟阶段优势树种的死亡,从而在林冠层造成空隙的现象。由于林冠层的树木死亡,导致林窗内的光环境、微地形、温湿度和土壤理化性质等发生变化,从而形成不同于非林窗的小气候环境。公路建设也有可能产生

“林窗效应”，比如施工场地、取土场、弃渣场等将对林地群落及植被产生直接破坏作用，降低群落生物多样性。部分处于林内的施工用地需要较大空地时还将砍伐一些乔木，形成林地内部的“林窗效应”，同样会改变林地群落的生境，大量的喜光树种会趁机进入，而部分常绿树种则从林内消失，使群落的演替发生改变。

此外，公路隔离动物不同的生境，使得各个生境之间的交流很少甚至没有，对动物的迁徙和求偶造成一定的困难，如果生境片断太碎的话，有可能导致孤岛效应（详见第三章生态学基本原理），部分物种甚至有可能灭绝。

（二）荒漠公路路域生物多样性的变化

荒漠生态系统比较脆弱，生物生产力低，处于十分不稳定状态；受水分制约严重，受风力作用强烈，易破坏，难恢复；这些地带可供植物生长的土层非常薄，而且经过成千上万年的沉淀才形成这样富含各种营养、结构疏松、保水性能好的土壤结构，一旦遭到破坏几乎不可能恢复；它们抵御外来干扰的能力和自我恢复能力非常弱，但它蕴藏着丰富的物种资源，是重要的基因库，如不妥善加以保护，物种资源有逐年下降的严峻趋势。

荒漠生态系统生物多样性不高，栖息着与其相适应的动物，温带荒漠的动物以啮齿类、爬行类和蹄类居多，两栖类很少，鸟类中多猛禽。高寒荒漠中的动物较为单调，但许多为特有物种，荒漠中动物区系比较贫乏，但脊椎动物、无脊椎动物均有。而且荒漠生态系统由于承载力有限，每一个物种种群的数量也不多，更要特别注意保护，它们的存在对维持脆弱的生态平衡起着至关重要的作用。

公路建设中填方和挖方的量非常大，除了公路本身占用的土地外，取弃土占用的土地面积也很大，另外在施工过程中，土壤遭碾压，结构变得硬实，透水透气性下降。公路施工以及施工后未完全恢复阶段，裸露的地表将受到风蚀的破坏。荒漠生态系统非常脆弱，干扰后不易恢复，尤其是蒸发量大，降雨量少，更加剧了植被恢复的难度，甚至永远不可能恢复。

此外，公路建成以后，由于人类活动的加剧，对区域内原始植被也造成了一定的威胁。公路建设会增加外来物种引入的概率，车辆运输过程中携带的一些外来物种引入群落中后，如果外来物种适应能力强，在这些群落中定居后，与原物种争夺有限的资源，假如外来物种与原物种处于相同的生态位，原物种可能由于竞争力弱，会从此在群落中消失。

（三）草原公路路域生物多样性的变化

草原生态系统分布在干旱地区，年降雨量较少，在不同的季节或年份，降雨量很不均匀。与森林生态系统相比，草原生态系统的动植物种类要少得多，群落结构也不如前者复杂，但种群密度和群落的结构常常发生剧烈变化。草原上的植物以草本植物为主，也有少量的灌丛。由于降雨稀少，乔木植物以及两栖类和水生动物也非常少见。

草原上的动物为适应环境大都具有挖洞或快速奔跑的行为特点。草原上啮齿目动物特别多，它们几乎都过着地下穴居的生活。昆虫中也有很多种类有挖洞的习性。不会挖洞的动物（如爬行动物、鸟类等），则常常占用啮齿目动物的洞穴。

研究人员对甘肃甘南藏族自治区某公路路域的生物多样性调查研究后发现，靠近公路样地物种多样性指数最高。

由于草原生态系统基本是由草原植物构成，因此必须防止外来物种的入侵，特别是毒草入侵而引起草场的变化、退化。研究者对西部某局部改建公路进行研究发现，公路建设一旦分割了局部的生态系统，使局部草甸出现了斑状，嵌块边缘光照和干燥作用增强，地表热容量改变，温度可变性增高，可能导致边缘到嵌块中心数百米范围内不适应这种变化的本地种群减少，喜欢这种环境的外来毒杂草增加，并与本地物种竞争养分和栖息地。毒杂草入侵不仅会增加生态环境的破碎化程度，而且可能导致群落优势种群乃至整个景观的基质发生变化，使该草场的优势建群种明显减少，草场种群被迫独立、扩散，草场质量退化。

在青藏高原腹地可可西里及其周边的草原生态系统区域，平均海拔超过4 500m，是青藏高原人口最稀少的地区，同时也是青藏高原降水量最少的地区，年平均降水量只有400m，年平均温度在零度以下。青藏高原隆起较晚，土壤成熟度差，海拔高,气候寒冷，植被相对稀疏，生态环境脆弱，一旦遭到破坏，很难自然恢复。可可西里地广人稀，是野生动物的避难所，也是中国大型兽类动物分布种群数量最多的地区之一，包括国家一级保护动物野牦牛、藏羚羊、藏野驴和雪豹等。公路建设对周围植被的干扰较大，过多的公路建设使得草原不断被切割，变得更加破碎化，野生动物活动面积也不断缩小。公路建设对这一区域可能产生的负面影响，要引起高度重视。

（四）湿地公路路域生物多样性的变化

广阔众多的湿地具有多种生态功能，孕育着丰富的自然资源，被人们称为“地球之肾”、物种储存库、气候调节器。在保护生态环境、保持生物多样性以及促进经济社会发展方面，具有不可替代的重要作用。

湿地面积减少，特别是天然湿地面积锐减是当今湿地资源保护面临的重大问题。湿地面积的减少直接对湿地生态系统产生毁灭性的影响。造成湿地面积锐减的主要原因是随着人口的增多和经济的发展，人为的各种开发活动对湿地的干扰和侵占。研究者对嫩江下游1986—2000年间湿地面积变化的研究结果表明，沼泽湿地减少的面积与主要公路的最短距离成幂指数关系，说明公路的存在对于沼泽湿地的减少具有很大的影响。

公路的分割使景观破碎，将自然生境切割成孤立的块状，即生境岛屿化。而分布地域的连续性是生态系统存在和长久维持的重要条件，现代研究表明，岛屿生态系统是不稳定或脆弱的生态系统。由于岛屿受到阻隔，与外界缺乏物质和遗传信息的交流，因而对干扰的抗性低，受影响后恢复能力差。由于公路分割了湿地生物的活动领地，影响生物的生存环境，造成种群数量减少、物种退化。公路施工以及运行中产生的噪声会破坏湿地中野生动物的正常栖息、繁殖，使栖息地环境恶化。公路修建导致人为干扰强度和格局的变化，进而影响到湿地生态系统的结构和功能的变化。公路的永久性占地使湿地景观破碎化加重，并影响了保护区内野生动物的栖息环境，分割了湿地生物的活动领地，缩小了野生动物的活动区域，造成湿地生物量减少。由于公路的永久性阻隔，造成地表水及地下水径流方向改变，对沿线湿地生态系统结构及生物多样性产生不利影响。

公路的开通使沿线地区的人流和物流强度增加，速度加快，同时也扩大了人类活动范围，使许多原先难以到达或难以进入的地区变得可达、易于进入，这对湿地珍稀资源的保护构成巨大的威胁。裸露的公路沥青路面热容量大，而水泥路面热容量小，反射率大，蒸发耗热几乎为零；公路下垫面温度高，升温快；粉尘和二氧化碳含量高，形成一条热浪带，恶化局部小气候，这对于湿地动植物的生存极为不利。

公路建设点多线长，而湿地资源分布广泛，因此公路建设与湿地资源保护的冲突在所难免。从可持续发展战略的高度出发，公路建设必须采取各种有效的措施，减少公路修建给湿地生态系统带来的危害。

二、路域生物地球化学循环

生态系统的物质循环又称为生物地球化学循环，是指地球上的各种化学元素，从周围的环境到生物体，再从生物体回到周围环境的周期性循环（详见第三章公路路域生态学的基本原理）。对生态系统来说，还有一种在系统内部土壤、空气和生物之间进行的元素周期性循环，称生物循环。与生物循环不同的是，生物地球化学循环是一种开放的循环，其时间跨度较大。在公路建设和运行的几十年甚至几百年内，生物地球化学循环可以说是单向的物质传输，一种元素只要离开了路域生态系统几乎不可能再回来。C、N、P、K等营养元素的流失使得土壤肥力下降，土地退化，土壤结构变差，不利于植物的生长，进而影响动物的取食和繁殖，降低整个路域生态系统的稳定性。

（一）森林公路路域生物地球化学循环

公路建设中对动物、植物的影响都能对食物链和食物网产生间接影响，废弃物的排放甚至影响到微生物种群的分布，改变生态系统中生产者、消费者和分解者种群，影响其功能的发挥。

公路工程施工需要动用比较大的土石方，使得生物地球化学元素偏离原来的循环路线，改变其循环速率。公路运行中的车辆废弃物排放、生活污水排放也改变了C、N、P、S及有机物等的原生态丰度。除此之外，山体岩石中的重金属元素，在山体开挖后，经雨水冲刷进入附近的水域可能引起水体污染，大量有机物的带入，有可能使得水体富营养化。

施工中表层土堆层也容易引起水土流失，施工前地表层土被剥离，施工后未能及时地把该表层土用于造地复耕或生态绿化工程，使得生态系统生物地球化学循环中断，必须在长时间自我恢复后才能达到新的平衡。

此外，大量砍伐树木，植被被严重破坏，使得森林生态系统的面积减少，森林涵养水源的功能减弱，而公路建设可能破坏原来的水循环系统，严重时会使得部分地区水位下降乃至断流无水。

（二）荒漠公路路域生物地球化学循环

公路建设造成路域土壤理化性状劣变和风蚀，公路硬化路面下土壤元素基本上不能被利用，特别是公路要在施工中大量挖土、弃土和填土，自然土壤结构受到破坏，抵抗侵蚀能力减弱。公路路域内供进行植被恢复的土壤变得不含营养或营养很少、没有团粒结构，只有极个别的耐贫瘠植物可以在其上生长。富含养分的表层被破坏之后，土壤C、N、P等元素含量极低，短时间内几乎不可能恢复。

公路永久占地及取弃土场等临时占地的开挖，使所经沙丘、沙陇地区的植被遭到破坏，沙土裸露，风蚀加重。据类比调查资料，当风力大于3m/s时，沙粒可在地面滚动；当风力大于5m/s时沙粒即可在近地面移动；当风力大于10m/s时即可飞扬，使得植被受到的破坏增大。在这些地区施工，沙丘、沙陇区植被破坏、沙土裸露，即可造成沙土飞扬，引起沙丘流动，局部沙漠化严重，使其附近土壤的物理性质变差，土壤养分降低，从而影响牧草、农作物的生长和发育。若大风持续时间长，可能引起整个沙丘移动，掩埋周围土地，造成更大的损失。

公路施工开挖戈壁石砾层，破坏植被，将使戈壁长期风化形成的固定保护层遭到破坏，引起沙丘活化，加速局部风蚀、沙化。另外，戈壁上集中取土，有可能破坏地下水径流平衡，使荒漠地区宝贵的水资源分配不均衡，从而造成局部戈壁植物多样性减少，土地沙漠化加剧。

（三）草原公路路域生物地球化学循环

公路的自身特点决定了建设项目永久占用大量的草地，被占用的土地将丧失草原特有的生产能力。施工期大量动用土方填筑路堤及取弃土场均产生了裸露地表，损坏植被等水保工程，使土地丧失了水土保持能力，引起土壤侵蚀。虽然草原生态系统比荒漠生态系统的抗干扰性和稳定性要强一些，但是比森林生态系统要差很多，所以，浮尘、生产生活废料、生产生活污水、沥青、油料化学物品等均可能对河流和地下水造成污染。草原河流和地下水是保持草原生态系统稳定的基本条件，公路建设开挖引起的阻断、破坏作用，即使是局部范围的破坏，对草原生态系统而言，在短期内恢复其生态功能都十分困难。

草原区域大部分属于干旱半干旱地区，年降雨量小，但是很集中，夏季的降雨量占一年中降雨总量的绝大部分，所以经常容易造成水土流失。公路建设施工时期下雨，如果施工完成后没有及时恢复植被、做好防护措施，大量表层的肥沃土壤被冲走，将使水土流失更严重。又由于公路形成的“堤坝”作用，改变了集水区域和径流方向，原有土壤中的水分和C、N、P等元素的汇集和再吸收将面临重新分配。

对草地的破坏不仅直接对草原植被的再生造成危害，同时还因为植被状况的改变而间接影响了土壤颗粒组成、土壤盐分和地下水资源分布的变化。在西北某公路建设中，公路边10m以内人为影响的砾石地表几乎无植物生长；30~50m宽的推土带地表为砾质粉沙土，板结明显；用采样对比土壤性状，采自推土带路边2m处的表层土与路边100m之外未受干扰的表土层（厚20cm）对比，结果显示推土带路边2m处的表层土出现了2mm的粗粒部分，0.05~2mm颗粒成分也明显增加，反映了土壤的粗化。同时，土壤的化学性质也有变化，推土带有机质和N含量明显减少，土壤盐分也显著降低。

（四）湿地公路路域生物地球化学循环

公路路基对湿地生态系统整体格局的影响尤为明显，其影响主要表现为部分穿越湿地公路将会阻隔湿地水文、破坏湿地水文结构。由于公路修建改变湿地区域及流域水分空间格局，进而改变植物群落格局，对湿地生态系统造成潜在和长期影响。公路一定程度上起着水坝的作用，会进一步抬高上坡面水位，同时降低下坡面水位，从而造成下坡面湿地的退化。在公路建设中，路基采用铺设碎石、增加过水涵洞等方法，可减弱公路的水坝效应。

公路建设中会产生弃土、弃渣、生活污水、生活垃圾等污染，施工机械运行、清洗、漏油等排放的废弃物排入湿地也会造成污染。公路投入运行以后，加油站的燃油污水、服务区的生活污水和洗车污水等排入湿地都会造成污染。当降水形成路面径流时，就挟带着这些有害物质排入湿地；而且这种面源污染比固定的点源污染危害更大，范围更广。

道路的融雪剂——氯化钠对湿地的影响很大。有研究表明，在相对封闭的湿地系统（包括湖泊和水塘等）每年大量应用融雪剂会使得水体的含盐量逐年上升，如果这个趋势得不到较好控制的话，将会对湿地生态系统产生巨大的影响。在New Hampshire 的冰川山脉，1969—1971年建设了通过分水岭东部的州际93号公路，Mirror Lake湖泊的氯化钠浓度一直在上升，如图4-36所示。公路切割了湖泊东部分水岭的底层溪流排水系统，因此干扰了正常的水流。为了防止道路地表径流直接进入湖泊，在公路与湖泊之间的溪流入口设置了土堆。然而，道路建设之后的数据显示湖泊中氯化钠的浓度仍一直在上升，地下水受影响的深度达到了123m。

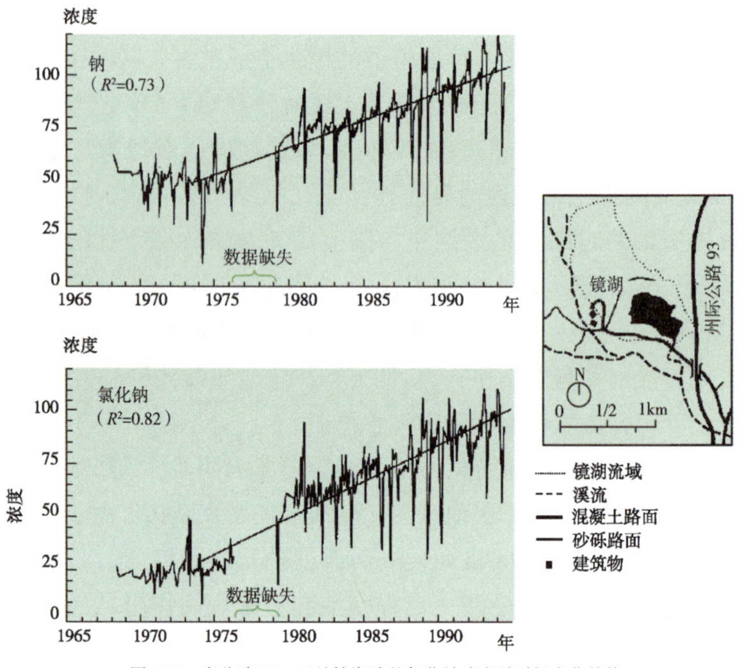

图4-36　离公路150m远处镜湖泊的氯化钠浓度随时间变化趋势

三、路域生态系统的保护

地球森林面积锐减，草原退化，湿地消失，而荒漠化面积在不断扩大。这是制约当今社会发展的难题，也是我们生态文明建设面对的严酷现实，所以，在公路建设中认真研究并采取切实可行的措施，保护公路路域生态系统，并开展公路路域生态学的学科建设，是十分必要和刻不容缓的大事。

（一）森林公路路域生态系统的保护

公路建设对生态环境的影响是多方面的，所以要从多方面保护森林生态系统，尽可能减少公路建设对森林生态系统的影响。

公路建设部门完成植被恢复工程时，要选用与当地植被相同或相似的植物物种，同时在公路施工过程中，应把表土剥离，公路通车后将表土覆盖到边坡或其他需要进行植被恢复的地区，尽量减轻对生态系统的干扰；对于干扰严重的地段，当地植物难于生长，需要引进一些适应能力强的外来植物物种才能恢复植被时，必须进行危险性分析，并严格控制区域范围，采取各种促进措施，使它们逐渐被当地物种取代，形成与当地环境相同的生态系统，逐步恢复物种多样性。恢复比较好的公路绿化带还能成为动植物生境间相互来往的“廊道”，促进各个种群间的基因交流，利于保持物种的基因多样性。

森林生态系统一般都处于自然环境相对较好的地区，所以一般在公路建设初期注意保护，就能够很快恢复。在设计阶段重点注意地质条件、水文环境、土壤的结构稳定性，防止山体滑坡。施工阶段做好防止水土流失的防护措施，尤其是南方，如在春夏，雨水多的季节施工，防止水土流失是一项特别要注意的任务，土石方施工尽量避开雨水多的季节。

（二）荒漠公路路域生态系统的保护

荒漠生态系统的植物分布稀疏，几乎全为旱生种类。一般来说，植物与植物间的联系不如植物与其自然环境的联系密切。荒漠的单位面积生物生产量极低，土壤中有机物质积累极少；荒漠地区降雨量少，蒸发量大，生物多样性较差，生态系统非常脆弱，一旦遭受破坏难以及时恢复。施工过程中的水土流失临时防护措施，往往不被重视，但其造成的水土流失，占公路建设水土流失总量的80%，因此，必须做好施工过程中的临时防护措施。

（1）施工时要注意保护路侧原有固定沙地的植被，不得随意破坏，当因施工需要必须破坏时，要及时加以防护，以免沙化漫延。施工期最好安排在夏秋两季，尽量避免在多风季节施工。

（2）严格划定取土料场范围，在选择料场时，避开生长较好的荒漠植被区，限定施工机械行驶路线，严禁破坏周围植被。弃方路段应选择好料场，尽可能将弃方回填取土坑。施工结束后，应立即根据具体情况，对取土料场和取土坑加以平整处理，使其尽可能恢复为耕地或林地。

（3）荒漠生态系统遭到破坏后的自我恢复能力极低，所以在公路建设中更要注意人工恢复。生态恢复的绿化措施有：流沙地区采用草方格沙障固定流沙，在沙障内布设灌木防护林。树种可选择耐旱的灌木，如花棒、梭梭等。戈壁区绿化带宽度可适当缩小，路基边坡以工程措施为主。树种可选择耐旱的适应当地气候灌木、半灌木品种。

（三）草原公路路域生态系统的保护

草原生态系统与荒漠生态系统类似，年降雨量不大，但是每年都有几次较大的“暴雨”。

公路的建设对沿线植被和水土流失的影响较严重，这种因人为影响地形、土壤和植被等造成的水土流失，在降水、地形、土壤因子等难以控制的情况下，主要依赖于植被和人的补救，植被在公路运行期可得到较好恢复。

对施工阶段产生的植被破坏，应平整恢复为草地，选择耐寒、耐瘠薄的草种和抗寒、抗旱、耐瘠薄、根系发达、固土能力强的树种营造乔灌混交林或种植优质牧草。植被恢复措施有：一是保护和利用植毡层。如高寒草甸往往具有特殊的草皮结构，其地表20~30cm之间形成紧密的植毡层，在取弃土、路基工程、便道等施工活动中，应重视高寒草甸植毡层的切割、保存、移植和栽培；二是注意保存表层土壤。对于无法移植表层草皮的地区，特别是上层为草甸土、下层为基岩的地段，草甸表层土壤的保存是植被恢复成功的重要因素。

沙性较强的路基和边坡很容易被暴雨冲坏，所以在设计时同样要注意排水设施的建设，在公路运行阶段更要注意维护排水设施。

（四）湿地公路路域生态系统的保护

1. 减少对湿地的占用

减少公路建设对湿地资源的占用应从设计阶段和施工阶段分别采取措施。公路建设在线位选择时就应绕避有重要生态价值的天然湿地，不穿越并尽量远离水禽保护地、珍稀动植物保护地等，防止因分割湿地而造成水流阻隔、干枯，使原生物消失或物种数量逐渐减少；也应绕避关系国计民生的人工湿地，如优质水田、菜地、水源地、水产品养殖场、水库等；如必须通过湿地，应采取必要措施收缩填方路基的边坡，或在路线纵坡许可的条件下，尽量降低路基填方高度，以减少筑路对湿地面积的占用；对于一些重要的湿地资源，为避免影响湿地水文状态，可以架设桥梁跨越；对于一些可以恢复的人工湿地，可以采取异地补偿的办法，即公路建设占用多少湿地的面积，就在附近补偿同样或大于所占面积的湿地，使湿地的生态功能少受影响。

2. 减轻对湿地的污染

经常检查施工机械，以防漏油漏水；将施工淤泥抛弃到指定地点；污水应处理排放，公路径流水可能污染湿地时，应对排水系统做专门的设计，不得直接流入湿地；公路施工人员产生的生活污水和垃圾应作处理以后排放。优化施工方法，防止桥梁施工污染河水，以及施工垃圾等掉入河水，造成污染。

有的研究者认为公路路面径流水质变化很大，污染强度较高，主要污染物为SS（悬浮物质）和COD（化学需氧量），其平均浓度超过污水排放限值，在对水质有较高要求的水域路段，应通过综合实施非工程措施和工程措施来控制污染。非工程措施主要包括加强公路运输管理、路面清扫，限制融雪剂的使用等；工程措施包括植被控制，应用湿式滞留池、渗滤系统及人工湿地系统等，在实际工程应用中，可将几种方法组合使用。植被控制可用于径流流动的各个环节，作为径流的收集和输送系统，可单独使用，也可与其他系统结合使用。湿地只能与植被控制或滞留系统相结合，不可与渗滤系统结合，因为累积在湿地中的沉积物和植物的腐败产物在春天时常会随水冲出，堵塞渗滤系统。如果湿地有出水口，采用植被控制（或滞留池）与湿地的组合方式较为理想。

3. 保护湿地生物多样性的措施

规范过往车辆、行人的活动，在野生动物经常出没路段减速慢行，禁止鸣笛，禁止狩猎，减少对野生动物资源的人为干扰。对于建桥水域中有水生保护动物或鱼类时，在大桥下部结构水下作业时，尽可能不采用爆破作业，以免伤害水生生物。应尽量避免在有濒危物种生存的价值较高的野生动植物栖息地建设公路。当公路必须经过时应首先考虑选择对野生动植物影响最小的路线方案，再考虑采用桥梁、隧道方案，一般路段应满足动物穿行的需求设置必要的通道、涵洞等构造物；自然生长的树木或灌木丛可以对野生动物栖息地起到至关重要的视觉屏障作用。

公路建设和湿地保护工作都是功在当代、利在千秋的事业，通过科学的方法和手段，既可以大力加快经济发展，又能保护好环境，为子孙后代留下一片净土。在建设公路的同时，必须合理开发湿地资源，以保证对湿地资源的永续可持续利用。总之，只要加强管理，措施到位，公路建设和湿地生态环境保护，是可以协调一致的。

第四节　路 域 景 观

本节主要从两个角度来论述公路建设及运行对景观的影响，一是景观生态学，二是景观美学，前者主要是指公路对景观的切割、破碎化的影响，尤其是公路成网后的景观破碎化影响；后者包括两个方面的内容，一是公路进入原先风景优美的地区，如何保护沿线的景观美学资源，公路建设如何与周围美学资源相互协调；二是周围景观一般，然而通过公路建设可提高地方的景观效果，如桥梁、服务区、绿化景观等已经成为一些地方美丽的景观。

一、路域景观的变化

（一）公路建设对景观破碎化的影响

景观破碎化主要是由人类活动对景观干扰引起的；景观破碎化包括地理破碎化和结构破碎化两种过程，破碎程度可由景观破碎化指数表示。

Forman教授曾经形象地把公路比喻为一张巨大的人工网络，将大地紧紧捆绑起来，把自然生态系统分割开来，为人类主宰世界提供空间便利。截至2002年，就影响面积而言，我国国土面积的18.37%都不同程度地受到公路网络的影响，公路切割生态系统及其生境之后，斑块数目增加了119.3倍，足见引起的破碎化程度之严重。当大规模的公路网形成之后，廊道网络比线状公路对周边生态环境的影响更大。公路廊道改变景观空间格局和过程，阻断景观中等尺度的自然发展过程，深入斑块内部，损害内部物种和稀有物种，最终导致生物多样性减少，破坏生态景观格局。重新连接生境是解决该问题的主要方法，通过生境走廊或生物通道，可将各生境之间相连，从而有效保护生境的连续性和完整性。

公路网络化之后，产生的各种生态学影响会比单条公路大很多，这主要是积累效应与滞后效应的后果，其后果有两个方面：其一是生物栖息地破碎化，而某些物种存在道路密度的阈值，高于这个阈值物种就会灭绝。其二是某些生态学影响距离广阔，公路网络化之后，如公路灰尘和水文过程等影响会遍布网络内部，导致所有区域都受到公路生态学的影响。

网络效应由几个指数共同决定：公路网密度、公路网空间结构、交通量和景观中生态系统的分布等。公路密度是指单位景观单元中公路的总长度，是最重要的一个指数，很多生态学影响与公路密度呈负相关关系；公路网络空间结构是指公路网的空间布局，有很多几何形式，从简单的矩形网格到树枝状网络和高度不规则格局，公路网络空间结构与地形、边缘效应、野生动物种群数量大小等密切相关；交通量是指单位时间内通过公路某一断面的车辆数，与公路产生的各种污染（水、气、声、固体废弃物、视觉影响等）及野生动物影响密切相关。

（二）公路建设对景观的再造

从道路使用者角度出发，公路延伸到景色优美的区域，给道路使用者带来了视觉的美学享受；从公路沿线居民和旅行者角度来说，公路，尤其是一些高等级公路、大型桥梁或绿化景观已经成为当地一个醒目的景点。

从研究角度来看，路域出现较高价值景观美学的原因有：

（1）路域自然植被多样化，植被盖度高，植被群落组合丰富（乔灌草花）；

（2）路域自然景观保持较高的完整性；

（3）路域水体质量高；

（4）路域的人工建筑具有地方特色，人工建筑的色彩在中远景视域中不突出，与周围自然背景协调，公路自身的人工化痕迹不明显；

（5）路域景观视野具有较高的开阔度，如图4-37和图4-38所示，路域出现大片水面、有地方特色的民居和云雾缭绕的天象景观，都具有很高的美学价值，对于道路使用者和沿线居民来说是一种美的享受。

图4-37　路域水体增加路域美学价值

图4-38　地方特色民居和云雾缭绕的景观

一些高等级公路的跨线桥由于设计精巧也成为道路使用者眼中美丽的风景线，如图4-39所示。

二、路域景观的保护与开发

随着国民经济的发展和人民生活水平的提高，人们对风景区的公路景观建设提出了新的要求，于是路域景观美学资源的保护与开发成为公路建设者和公众关注的热点问

图4-39　高速公路设计轻巧的跨线桥

题；同时，加密的公路网延伸到生态敏感区域也对路域生态环境保护提出了新的课题，防止与缓解景观破碎化成为国际研究的前沿领域。

（一）景观破碎化的防止与缓解

1. 原则

路网规划应遵循如下原则：

（1）维持大面积无道路区域，在各个大面积无道路区域之间实现生态廊道的连通；

（2）减少道路与溪流及其他水体的交叉；

（3）如果道路必须建设，拓宽现存道路优于新建；

（4）积极贯彻公路缓解和补偿措施，包括野生动物上跨式和下穿式通道，路基和路面的优化，路域的生态恢复和其他措施等。

2. 措施

（1）维护整体景观格局的连续性。任何一条公路，或依山、或傍水、或兼得山水，形成整体环境一部分。公路是区域山水斑块下的一个廊道。公路之于区域自然山水格局，犹如枝干之于树木。公路建设过程中，维护区域山水格局和大地机体的连续性和完整性，是维护公路生态安全的一大关键。中国古代的地理学家们甚至把整个华夏大地的山水格局，都作为有机的连续体来认知和保护。如果说古代中国人对山水格局连续性的吉凶观是基于经验和潜意识的话，那么，现代生态学的研究则为我们维护这种整体景观基质的完整性和连续性提供了强有力的科学依据。近年来，随着交通需求的增加，公路的大规模建设造成自然景观基质的破碎化，山脉被无情切割，河流被迫截断，照此下去，大量物种将不再持续生存，自然生境也将不可持续。因此，破坏山水格局的连续性，切断自然生态的平衡，阻挡风、水、物种、营养等的流动，必然会使所在区域发育不良，失去活力。所以在公路建设中，维护路域大地景观格局和自然过程的连续性，是公路路域生态环境保护及景观规划的重要前提。

（2）维护路域景观生境的多样性。公路路域景观是一个生命系统，是一个由多种生物构成的嵌合体，其生命力就在于丰富多样性，哪怕是一种无名小草，对生态系统及人类未来的意义可能都不亚于珍稀树种。那些独具特色却被视为荒滩野地的乡土植物生境和生物的栖息地，往往具有重要的生态价值。在推土机未能进入之前，这些自然生境是生态景观中难得的异质斑块，保留这些景观的异质性和多样性，对维护路域生态健康和平衡具有重要意义。生境破碎化是对路域景观生境多样性最主要的威胁之一，由于大规模的公路建设造成大量生境被破坏，对生物多样性构成了很大的威胁，因此，在公路建设中，维护生物多样性最重要的一个内容就是保护生境的完整性。

（3）维护生态景观格局的系统性。公路系统是一个由多层次、多变量组成的时间和空间相协调的系统，是一个与环境、资源相联系的开放系统。生物学家尤金·奥德姆指出:“任何一个层面的发现，都有助于另一个层面的研究，但绝不能完全解释那一层面发生的现象。但是，要理解一棵树，就必须研究树所构成的树林和构成树的细胞和组织”。这一论点可以看成是一种典型的系统论或整体论观点。很多持整体论思想的生态学家都认为：必须整体地看待生物圈中生态系统相互依赖的关系。路域生态思维的一个很重要的特点就是强调公路路域系统性和整体性研究的重要性和必要性，这与尤金对生态系统的定义不谋而合。公路构筑于自然系统之中，本身受到自然条件的制约，但同时公路建设又极大地改变着自然，当两种系统产生冲突时，谋求一种平衡发展是路域生态学最终要达到的目的。我们应将公路系统同自然生态系统统一起来，将其置于整个路域生态系统之中，而不是将它看作自然生态系统的对立面，在公路建设的同时，尽量减少对自然生态环境的破坏和扰动，实现整个路域生态景观环境的健康可持续发展。

3. 启示

（1）交通运输部提出了“到2010年，公路水路运输紧张状况得到总体缓解，对国民经济的制约状况得到总体改善；到2020年，基本适应经济增长、社会进步、国家安全的需要”的新的跨越式发展目标。因此，我国公路建设将继续维持高增长态势。Forman教授基于美国的路网水平（1985年数据），认为美国道路和路域虽然只占到国土面积的1%，但是至少1/5国土受到道路系统直接的生态影响，随着时间的流逝，这个数字将持续上升。Forman教授还预测，如果其他发展中国家在道路基础设施兴建过程中不注重预先的生态环境保护，那么最后的生态破坏和影响也将像美国一样，无法挽回，并将影响到整个社会的可持续发展。我国目前公路里程大约是美国的一半，因此在路网规划阶段考虑生态学影响以及提出前瞻性的保护措施具有重大战略意义。实际上，我国东部、中部与西部地区公路发展程度极不均衡，东部地区基本实现网络化，而西部地区是未来建设的重点，考虑到公路生态影响的整体性、滞后性与空间性特征，东部地区对公路路域生态的影响范围可能已经很大，目前仅仅是提出一些缓解措施；而西部地区目前对公路路域生态影响的范围可能还比较小，因此预先从路网规划、设计方面提出保护性战略及对策至关重要，可大大缓解后期被动恢复的难度。

（2）有些学者认为，“国内绝大多数公路并未将对野生动物的保护和安全影响纳入规划设计，随着国内经济的发展，道路网络必将日趋密化，公路等级亦会上升，道路对生态系统的压力必然日益紧张，因此，野生动物安全通道必将成为中国公路建设不容回避的问题”。在西部地区公路网还远没有形成的情况下，我们必须高度重视野生生物区公路建设对野生动物的影响。

（3）为了有效防止公路网络效应的负面影响，我们重点需要从以下两个方面入手：

① 在公路网络规划阶段认真做好环境影响评价工作。在规划阶段，识别出公路网规划存在的不足，预测和评价公路网规划实施后可能造成的重大环境影响，并提出预防、减缓和补救措施与建议。这是一种促进可持续发展的早期预防措施。

② 广泛借鉴世界各国的成功经验，吸取他们的失败教训。

（二）路域景观美学资源的保护与开发

1. 景观美学资源保护应遵循的原则

（1）在景色优美、文化资源丰富的区域布线，尽量把这些风景展现在路侧，使公路起到景点之间“纽带”的作用；

（2）公路设计上要以“人与自然和谐”为宗旨，以指导路线、路基、排水、防护、交通工程、沿线附属设施的设计；

（3）公路施工同样要以“人与自然和谐”为宗旨，文明施工、清洁施工，不出现二次破坏。

2. 景观资源保护的分析

（1）美国已经有了国家层面的法案，如1995年FHWA正式发布“国家风景公路计划”，该计划基于“风景、历史、娱乐、文化、考古学和自然”六个方面的标准来评判国家风景公路或全美公路，候选公路不必具备所有特征，但是至少一个方面要非常有特色。例如，具备历史特征但是没有优美的特征，仍然可被指定为风景公路。评价计划应用“难忘的、有特色的、连续的和统一的”指标来评价候选公路的路域质量，计划中暗含的风景美的含义已经超越了单纯视觉美的概念。

我国重点旅游地区的公路规划应体现以赏景、旅游寻美、娱乐功能为主要思想，如四川省川九公路尽可能连接一些具有特色的自然和人文景观，展现于道路使用者视域范围之内，如图4-40所示。

图4-40　路侧浓郁藏族风情的村寨尽收眼底

（2）在设计路线、路基、排水、防护、交通工程、结构物和沿线设施时，应以“人与自然和谐”为宗旨。

① 路线设计。对于部分处于地形复杂地区的高等级公路来说，在布设线路时，不片面追求线形的高指标，而是充分利用地形，既要达到设计指标，又要减少对环境的破坏，使高速公路真正融入到周围自然环境中，实现与环境的和谐，如图4-41所示。

图4-41　山区高速公路布线随弯就势

设计典型旅游区公路，线形走向要与山川、河流的地势相吻合，如图4-42所示，设计应考虑河流、小溪及自然排水系统，充分结合边界、树木形成的线条，与远处的山、河、湖、海及地平线自然和谐统一，如图4-43所示。

线形设计最重要的美学原则是连续性；选择、利用、创造景观需要用连续的手法，这种连续可以通过形态、质地或色彩的渐进来完成，如图4-44所示。

② 路基、排水、防护设计。设计路基时，采用低路堤不仅容易与周围自然环境协调，而且还能增加路侧净空区和提高行车的安全性。以前主要因

图4-42 公路路线与地形地貌配合

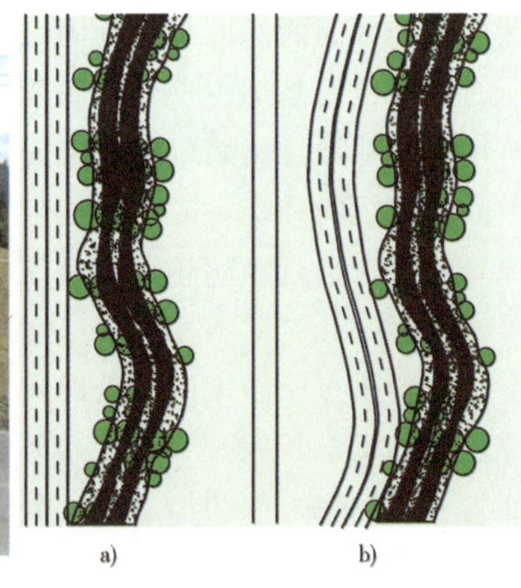

图4-43 道路布线与自然河流曲线对应的比较图
a）道路布线与自然河流曲线不对应；b）道路布线与自然河流曲线对应

图4-44 通过色彩与线形创造了连续性的景观

为沿线百姓横穿公路及排水的缘故，我国高速公路一般采用高路堤。目前为了降低路线对土地的占用，在部分地区开始设置低路堤，并探索推广的可行性，如图4-45所示。填方路基边坡，采取缓坡坡率，坡脚设置2~3m宽的反压护道，其上植树木，不仅降低填方高度，还增大了路侧净空区，增强了驾驶员的安全感。

路基设计中边坡的处理非常重要，包括坡度、坡顶坡脚、坡边缘的处理。坡度一般应当因地制宜，顺势而为，在条件允许的情况下应尽量将边坡放缓，与原地貌融为一体，如图4-46所示；坡顶和坡脚尽量圆弧化，同时在道路使用者视线范围内不要切割天际线，如图4-47所示；坡边缘要悄悄隐藏在植被后面，使其看起来不生硬，如图4-48所示；使公路与原有地形自然渐变过渡，人工与自然似浑然一体，和谐统一，如图4-49所示 。

图 4-45　低路堤减少公路占地面积

图4-46　有条件的情况下尽量放缓边坡

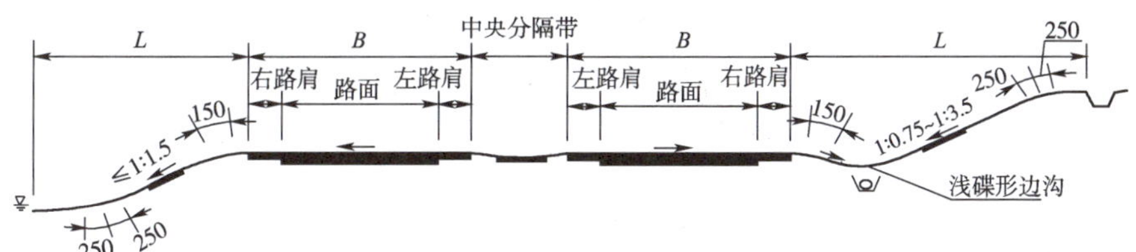

图 4-47　路基横断面设计成圆弧过渡（尺寸单位：cm）

图4-48　景观效果好的边坡边缘的巧妙处理

图4-49　融入自然的边坡设计与生态恢复

一些高等级公路建设者将高速公路两侧设置的明排水边沟（浆砌片石盖板边沟），改设为埋入式暗沟或矩形加盖板边沟，并在暗沟上设置浅碟式草皮边沟，或根据地形情况设置自由漫流的缓边坡。路域外雨水通过设置在边坡上的急流槽等排入暗沟，路域内雨水通过纵向间隔50m左右的雨水井排入暗沟内。挖方边沟采用暗埋式边沟，工程量增加很少，但易于自然协调，且有效增大了路侧净空区，提高了安全性，见图4-50。

图4-50 挖方路段的暗埋式边沟

防护工程在山岭区是常见的工程结构物，在自然环境中这类人工构造物格外显眼。结构物的美学处理综合运用了各种设计艺术，如图4-51所示，包括尺度、比例、形状、线形、质地、色彩、艺术与建筑原则、功能原则等。图4-52是川九公路具有藏式民族特色的挡墙，让过往的道路使用者体验到当地浓郁的文化特色。

图4-51 适当变化挡墙高度增加景观效果

图4-52 具有藏族特色的挡墙

③ 交通工程设计。交通工程首先要满足服务于交通安全的功能，其次要兼顾景观美学。交通工程设计主要包括交通标志、标线、视线诱导标及必需的隔离栅、防护网、护栏等，交通工程设计美学与景观处理在我国正逐渐引起重视。图4-53为适合旅游风景区的个性化指示标志牌。

④ 结构物和沿线设施设计。结构物和沿线设施，在满足功能、安全要求的前提下，要尽量结合地方文化特色来协同设计，如图4-54所示。再如，“生态型噪声墙”，墙体的主体采用砌块材料，表面使用麻面材料装饰，增加噪声的漫反射，立柱与植物种植槽相结合，可以栽植花草，隔音墙脚设置花池栽植攀缘植物等，达到形式与功能的统一，并与周围古朴、自然的环境相协调，如图4-55所示。

目前，我国公路景观资源保护研究引起了交通行业和社会公众的广泛重视。自从2003年交通部示范工程川九公路成功建设以来，为了推广川九公路建设中环保景观设计施工的成功经验，2004年，交通部选择了江西省景婺黄高速公路等12个项目，作为勘察设计典型示范工程，同年9月，交通部召开全国公路勘察设计工作会议，会议在总结川九路示范经验的基础上，提出勘察设计工作必须做到“六个坚持，六个树立”。2005年，交通部为了在全国范围更好地推广川九路在环保景观方面的成功经验，尤其是“公路建设新理念”，组织专家编写了《新理念指导下的公路设计指南》。2006年，又组织专家编写了《特殊条件下的公路设计指南》，以探索在全国各区域不同条件下公路设计应遵循的原则和方法。

图4-53 适合旅游风景区的个性化指示标志牌

图4-54 藏族风格的桥梁栏杆

图4-55 采用了与环境相和谐材质的噪声墙

（3）借鉴国外的成功经验，我国公路景观研究与实践应注意以下几点：

① 我国公路景观缺乏规范与指南。目前我国只有一本全国通用的《新理念指导下的公路设计指南》，对特殊区域指导性不够。反观发达国家，从国家、各省（州）、地方不同层面都有相应的指南或规范，如美国在国家层面有“国家风景道路程序”、“公路工程影响的视觉评价”等，许多州如佛罗里达州、得克萨斯州、迈阿密州等都有各自的景观设计手册。

② 研究内容偏少。我国景观设计偏重于路界范围内部分，即景观设计人员所能控制范围，包括边坡、取弃土场、中央分隔带、互通立交区、隔离栅、观景台、服务区等处。我国一般仅对这些区域进行景观绿化设计，对构造物进行美化设计。实际上，公路景观应当包括线形景观、沿线设施景观、绿化景观以及各种景观的综合运用等，而目前我国对公路线形景观研究很少，缺乏美学设计与生态设计的结合，缺乏定量化与长时间序列的深入研究，缺乏道路使用者与沿线居民的参与。而发达国家把公路景观放到大区域环境中来设计和研究，认为公路景观是整体景观的有机组成部分，大区域自然或人文景观为公路景观提供了背景，公路景观设计可以提高、融合或降低周围景观价值，大区域自然或人文景观与公路景观是一种互相借鉴、互相促进、互相补充的关系，公路为沿线区域带来了旅游者和投资者，沿线区域为公路使用者带来了美丽的自然风景与特色的人文景观，吸引旅游者和投资者。

③ 研究方法单调。我国公路景观研究多使用传统的调查法、试验法、统计分析方法，很少应用3S技术，尤其很少从景观生态学角度分析公路的廊道效应，包括对不同类型景观的切割、破碎化、连接作用等。我国存在极少数的公路景观美学研究案例，如研究者对云南省公路景观使用“心理物理学法”进行美学评价，从公路使用者角度找出了美学感知规律，其研究结果可供景观设计人员参考。

第五节　绿　　道

从公路路域生态系统保护角度来看，路域自然环境、路域生物、路域生态系统与路域景观的保护即是公路路域生态学研究的主要内容。而近期在西方发达国家日益兴起的绿道思想为路域生态学的发展提供了充满希望的空间，路域生态学研究的最终目标是在不降低公路交通安全与运输效率的前提下，维护自然界的生物多样性与人类的和谐共生。而绿道为这个最终目标增加了经济发展与社会和谐等路域环境建设内容，这正是路域系统科学发展的最终目标。因此，除了路域生态学还有待于进一步深入研究之外，未来要在路域生态学研究的基础上，探索路域经济学、路域社会学等学科的研究。

一、绿道的发展

20世纪90年代以来，在西方掀起了一股绿道建设热潮，绿道随即成为保护生物学、景观生态学、城市规划和景观设计等多个学科交叉的研究热点。绿道规划设计的指导思想被许多国家应用到公路生态环境建设、区域生态网络建设之中，也为路域生态学的发展注入了新的活力。

西方国家绿道思想开始于16世纪，然而在中国却可以追溯到公元前1 000多年的周代。中国自秦代开始（公元前221年）至明代正德年间（1518年），在川西古蜀道上先后开展了8次大规模的行道树种植与维护工程，形成了现今随着古栈道、驿道延伸，林木茂盛的林荫古道，即举世闻名的剑门蜀道“翠云廊”，这是迄今为止世界上最古老、保存最完好的古代绿道。中世纪以来，随着西方国家经济的发展，绿道研究已从古老的中国转向西方。19世纪中期，奥姆斯特德（F.Olmsted）等在美国波士顿地区规划了一条呈带状分布的城市公园系统，即通过林荫大道将城市公园联系起来，就像一条祖母绿翡翠项链环绕在城市周围。这是西方国家公认的第一条真正意义上的绿道（比我国的翠云廊大约晚近2 000年）。

20世纪80年代以来，人们更关心绿道的综合功能，力求解决城市自然和文化公园较少考虑野生动植物物种生存需要的状况。研究表明，现代绿道具有保护野生动植物、控制洪水、保护水质的新功能，作为城市的绿色基础设施，绿道还能满足人们娱乐和心理需求等。

20世纪90年代初，绿道研究还仅局限于西方少数几个国家。但近年来，绿道规划已在世界各地广泛展开。现今，绿道运动蓬勃发展，世界上有数千个国际、国家和区域层次的绿道项目。有关绿道的国际学术会议分别在美国马萨诸塞州（1992年）、意大利（1998年）、法国（2000年）、葡萄牙（2001年）、新加坡（2001年）、匈牙利（2002年）等召开。国际著名景观生态学期刊《景观和城市规划》已经先后以绿道为专题出版了三期特辑。

二、绿道的定义及功能

绿道一般被定义为为了多种用途（包括与可持续土地利用相协调的生态、休闲、文化、美学和其他用途）而规划、设计和管理的由线性要素组成的土地网络。该定义强调了五点：绿道的空间结构是线性的；连接性是绿道的最主要特征；绿道是多功能的，包括生态、文化、社会和审美功能；绿道是可持续的，是自然保护和经济发展的平衡；绿道是一个完整线性系统的特定空间战略。可见，绿道的主要功能涉及生态、娱乐、美学、文化与历史、经济发展等。

三、绿道对公路路域生态学的意义

公路是由线性要素组成的网络，因此是典型的绿道，公路及公路网景观（环保）规划可在绿道思想指导下进行。公路路域生态学的研究对象是公路路域生态系统，然而不可避免会与路域经济系统和社会系统发生复杂的关联，而绿道思想恰好与这些都有密切的关系。因此绿道思想不仅对公路路域生态学研究具有直接的指导意义，对公路路域生态学的再发展——公路路域经济学和公路路域社会学也具有间接的借鉴意义，因此绿道思想对路域系统科学的发展具有重要意义。

（一）绿道思想是公路路域生态学的重要内容

公路路域的林带、公路桥梁、涵洞、隧道和各种野生动物通道等维持了自然界的生态过程；路域植被具有防洪固土、清洁水源、净化空气等作用；公路路域自然或人工恢复的植被和水体可能成为一些动物的栖息地；根据集合种群理论和岛屿地理学理论，公路路域较宽的林带、横跨公路上方的上跨式动物通道、公路下方的桥梁、涵洞和隧道等都可以减轻景观的破碎化，提供了动物运动的通道，使物种可以在不同栖息地之间季节性觅食，增加物种基因交流，还可以通过在不同栖息地之间迁徙来适应全球气候变化。

目前我国绝大多数的自然保护地被孤立起来单独进行保护，还没有形成一个全国性的自然保护网络。随着人类活动的剧烈干扰，尤其是道路的建设与道路网的形成，使得自然保护区和野生生物栖息地更加破碎化，而栖息地破碎化和生物物种数量的剧减已经对生物多样性的保护构成了巨大的威胁。2007年5月15日，由四川省林业厅等单位主持的岷江上游土地岭大熊猫栖息地廊道建设项目正式启动，该项目对试验地段大密度的人工油松林和灌丛进行结构性改造，模仿大熊猫栖息地环境，为大熊猫A、B种群的寻亲建立通道，废弃了原先切割A、B种群的地方公路，改为隧道穿越山体，连通了宝顶沟自然保护区与九顶山自然保护区。

绿道要充分体现其生态功能，宽度和设计是重要的影响因素。一般认为，绿道越宽，其生态连接性效果越好，生物多样性价值越高。荷兰的研究认为50m宽的野生动物上跨桥可适合所有物种通行，景观尺度也可很好地连接；美国研究认为宽度小于20m的野生动物上跨式通道不利于动物通行。绿道宽度与其发挥的生态功能如表4-3所示。绿道设计应尽量模拟周围自然生态环境，如野生动物通道要设计野生动物喜食的植被，以吸引其通过，根据动物亲水特性在通道口或内部设置水池。道路沿线宽阔的植被带及保护完好的原生栖息地环境、横跨道路上空的野生动物上跨桥、下方桥涵通道都是缓解栖息地破碎化和保护路域乃至景观中生物多样性的极佳方案。

绿道宽度与生态功能之间的关系　表4-3

宽度值	功能及特点
≤12m	绿道宽度与生物多样性之间相关性接近于零
≥12m	草本植物多样性为狭窄地带的2倍多
≥30m	含有较多边缘物种，但多样性仍然很低
≥50m	可满足多数物种的通行，具有景观尺度的连通功能
≥60m	对于草本植物和鸟类来说，具有较高的多样性和林内种；满足动植物繁衍和传播以及生物多样性保护的功能
600～1200m	能创造自然化的、物种丰富的景观结构，含有大量林内种

基于生物保护目的的绿道宽度设置必须注意以下几个关键问题：

（1）绿道要足够宽，以减少边缘效应的影响，同时应该尽可能拓宽内部生境；

（2）根据最敏感的物种的需求来设置绿道宽度；

（3）绿道内部应该足够宽，以适应大量小尺度自然干扰所引起的生态波动；

（4）尽最大可能将最高质量生境包括在绿道的边界内；

（5）对于较窄且缺少内部生境的绿道来说，应促进和维持植被的多样性，这样会增加覆盖度，提高廊道的质量；

（6）除非绿道足够宽（比如超过1km），否则绿道不应该延伸很长的距离；

（7）绿道应该保护生境的多样性，联系和覆盖尽可能多的环境梯度类型。

但公路绿道也存在许多生态学方面的负面影响。野生动物通道的效果一直备受争议，因为很少有证据证明目标物种会沿着预定的通道进行扩散，且通道还加速了外来物种和疾病的入侵；另外，保护大的斑块与利用各种通道减少破碎化之间也存在争议；绿道可能导致穿越区域的同质性，从而丧失不同区域的文化景观特色。

（二）绿道对公路路域经济学与公路路域社会学的借鉴意义

公路绿道具有经济、娱乐、文化、美学等多功能，从而对路域经济发展与社会进步起到重要的促进作用。风景区公路绿道将区域中相互隔离的景观连接起来，维系和增强了景观的美学价值，其建设理念就是要最大限度地连通各个风景旅游点，便于旅行者快速欣赏到区域的自然、历史、地质和文化景观。高等级公路绿道十分重视生态环境保护，对促进沿线经济发展和带动社会进步的贡献非常明显，我国多条高速公路通车后带动了沿线经济社会的发展，从而形成经济带，如京津塘、沪宁、成渝、沈大等高速公路沿线经济带，因此绿道具有十分重要的经济、社会、文化和美学价值。

未来，在绿道思想的启发下，我们要深入研究路域生态学，充分保证公路绿道生态功能，同时积极开展路域经济学与路域社会学的研究，促进公路绿道经济、社会等功能的发挥。我们只有在充分掌握路域生态学、经济学与社会学基本理论与发展规律的基础上，才能发挥公路绿道的多功能作用，才有可能在公路绿道内，最终实现生态、经济与社会的和谐发展，充分体现绿道规划思想。因此绿道是路域生态学不断发展，与其他路域分支学科相融合的产物。

第五章
公路路域生态环境影响评价与保护

公路对生态环境产生了各种各样的复杂的影响，包括正面影响与负面影响。而当前我国对公路生态环境影响评价研究较少，评价体系尚未完全建立，这些制约了公路生态环境保护整体水平的提高。今后应结合公路建设的特点和实际，建立公路生态环境影响评价指标体系；并注重在公路建设全过程（公路的规划、设计、施工、运行等不同阶段）遵循公路生态环境保护的三大原则，即整体性保护、时序性保护与空间性保护。

第一节　公路路域生态环境影响评价

一、发展现状

（一）环境影响评价的发展

1. 环境影响评价的产生和发展

20世纪中期，科技迅猛发展，工业和城市人口高度集中，环境污染和生态破坏的范围由小局部不断扩大到大区域。大气污染、水体污染、土壤污染等公害不断蔓延，森林面积缩小、草原退化、湿地减少、酸雨等一系列生态恶化事件不断发生。在这些情况下，人类逐渐认识到不能无节制地开发和利用环境，人类必须在尊重自然的基础上，在环境容量和生态平衡允许的范围内进行开发和建设活动。否则，将给自然环境，尤其是生态系统带来不可逆转的破坏，最终对大自然造成无法弥补的伤害。

随着科技不断发展和人类认识水平的不断提高，人类对自身活动造成的影响也越来越重视，并开始在活动之前开展环境影响评价的工作。20世纪50年代，由于核设施对环境的特殊潜在威胁，人们开始对辐射环境影响进行评价。20世纪60年代英国提出环境影响评价的“三个关键”，即关键影响因子、关键途径、关键居民区，并提出“污染源—污染途径—受影响人群”这一环境影响评价模式。

1969年，美国国会通过了《国家环境政策法》，并于1970年正式实施，把环境影响评价作为联邦政府在环境管理中必须遵循的一项制度。随后，瑞典（1970年）、新西兰（1973年）、加拿大（1973年）、澳大利亚（1974年）、马来西亚（1974年）、德国（1976年）等国家都相继建立了环评制度。

经过半个多世纪的发展，现在已经有100多个国家建立了环境影响评价制度。环境影响评价的内涵不断扩大和深化，人们不再仅仅关注污染问题，还增强了对自然生态影响的关注。

1972年联合国“斯德哥尔摩人类环境会议”后，我国正式引入“环境影响评价”的概念，并进行了一系列的研究和探索。1979年9月，《中华人民共和国环境影响评价法（试行）》颁布，我国建设项目环境影响评价开始制度化。此后，《基本建设项目环境保护管理办法的通知》又进一步强调了建设项目环境影响评价工作的重要性和制度化，把环境影响评价制度纳入基本建设项目的审批程序中。1986年，《建设项目环境保护管理办法》颁布，对建设项目环境影响评价的范围、内容、审批和环境影响报告书（表）都做了明确规定，促进了我国环境评价制度的规范化发展。

进入20世纪90年代，人们在注重环境污染的同时，加强了生态影响项目的环境影响评价，使污染防治和生态保护并重，并逐步扩大了公共参与性。

2. 公路建设项目环境影响评价进展

1986年，长安大学（原西安公路学院）环境工程所对西安——临潼高速公路进行了环境影响评价，这是中国第一个进行环境影响评价的公路项目，从此拉开了中国公路环境影响评价的序幕。1987年交通部颁布了《交通建设项目的环境保护管理办法（试行）》，标志着我国公路建设项目环境影响评价工作的开始。1996年交通部颁布了《公路建设项目环境影响评价规范（试行）》，该规范中规定了公路设计文件中必须含有环保设计篇章，在设计阶段落实了“环评”文件中提出的各项环保措施，这些成为我国公路环境影响评价发展的里程碑。2006年交通部在原规范的基础上继续发展，发布了修订后的《公路建设项目环境影响评价规范》（JTG B03—2006）。

多年来，环境影响评价工作对促进公路建设与生态环境的和谐发展起到了非常重要的作用。

（二）环境影响评价与生态影响评价

1. 关于定义的讨论

要阐明“环境评价”和“生态评价”的定义和关系，首先需要阐明“环境”这个词在环境影响评价领域和生态学领域的区别。

在我国环境影响评判领域内所指的“环境”，不仅包括自然环境，还包括人工改造后的自然环境。

生态学研究的“环境”主要指“生态系统”和“生物圈”。

所以，按照环境的主体来分，目前有两种体系：一种是以人或人类为主体，其他的生命物体和非生命物质都被视为环境要素，即环境就是指人类的生存环境，在环境科学中，多数研究者采用这种分类方法。另一种是将生物体（界）作为环境的主体，不把人以外的生物看成环境要素。在生态学中，往往采用这种分类法。可见生态学中的“环境”是以“生物”为主体。

这两个领域内“环境”的区别本质上是主体的不同。生态学所指的“环境”关注的对象更加广阔，不仅包括了人，也包括了植物、动物、微生物等所有有生命的部分。从伦理意义上来说，生态学中所指的“环境”包含了人类更深层次的“博爱”精神。

2. 环境影响评价与生态影响评价的关系

公路建设项目环境影响评价工作，经过20多年的实践，特别是交通部颁布《公路建设项目环境影响评价规范》（JTG B03—2006）以来，取得了可喜的进展，形成了比较完善的制度，形成了以社会环境、水土保持、水环境、声环境、生态环境、环境空气为主的评价体系。其中，生态环境影响评价是公路环境影响评价的重要内容之一。

3. 我国公路路域生态环境影响评价研究的现状和存在的问题

20世纪60年代中期以前，工业发达国家对交通环境污染主要是搞污染治理；20世纪60年代中期至20世纪70年代中期，进入防治结合，以防为主的综合阶段；20世纪70年代中期以后，进入了强调环境管理，全面规划，合理布局以及资源综合利用阶段，即开始了环境影响评价阶段。虽然环境影响评价中已经含有生态环境影响评价的内容，但是直到1985年，生态环境影响评价的概念才被美国加州大学洛杉矶分校的学者Walter E. Westman正式提出。经过多年的发展，目前工业发达国家已经形成了比较完善的相关法律。总的来说，他们对于生态环境影响评价基本上是按照法律的要求进行筛选，然后对选定的各评价因子进行单独评价，并编写详细的生态环境影响评价报告。

从生态环境评价的角度出发，我国目前公路环境影响评价主要存在以下问题：

1）没有突出公路作为非污染生态型建设项目的特点

根据相关文件，我国重污染行业暂定为冶金、化工、石化、煤炭、火电、建材、造纸、酿造、制药、发酵、纺织、制革和采矿业等13类，显然不包含公路交通行业。交通运输行业适用“非污染生态影响”类评价方法和要求，生态环境影响应是重点评价内容，但是在实际的工作中，目前公路环评更注重对大气和噪声的评价，并且有明确的定量化的模型进行计算，但是对于生态影响的评价则多以描述为主，缺乏定量的分析评价。

比如，对于噪声评价来说，在《公路建设项目环境影响评价规范》（JTG B03—2006）中规定“噪声环境影响评价包括施工期噪声影响评价和运营期噪声影响评价”，同时还要求“运营期应根据预测结果提出环境噪声监测计划或分期实施防治措施”。但是实际上，运营期的噪声并不是完全由公路本身产生的，很大一部分噪声是由于汽车造成的，削减交通噪声指标的任务应该由多个专业领域和政府管理部门来共同承担。

又如，按照《环境影响评价技术导则》的要求，对于公路建设项目而言，决定污染物排放量的因素是公路建设等级（交通量）和建设里程，很显然，建设里程的确定与项目的计划有关，而项目计划则属于行政管辖的范围。考虑公路作为线状构造物的特点，生搬硬套对公路建设者是不公平的，评价的结果也是不客观的。

再比如大气污染，《公路建设项目环境影响评价规范》（JTG B03—2006）中规定“运营期评价因子主要是二氧化氮，必要时增加一氧化碳”。世界各国都普遍认为公路上行驶的车辆向空气中排放的尾气，显然汽车尾气是主要大气污染源，公路本身并不产生大量有害气体，让公路建设者和管理者去改善运行期大气环境是不公平的，也是难以操作的。在国外，主要通过给汽车装备尾气净化设备、在公路两侧建立碳源林、改善燃油标准，合理引导旅游需求等来遏制公路路域的大气污染，显然这都不是仅依靠公路部门就能够解决的问题。

实际上，作为非污染型建设项目，公路建设的本质是土地利用模式的改变，使得原来的森林、荒野、水体或者农田等永久性用地变成公路。土壤是地球上最宝贵的资源之一，一旦破坏很难恢复，因此公路建设过程如何把对路域土壤的影响降到最小，如何解决与土壤相关的植被问题，如何防治水土流失问题，这些是评价中的关键所在，而不是噪声、大气等污染问题。研究公路建设过程中对生态环境的影响和修复才是公路环境影响评价的重点，公路生态环境影响评价的重点工作主要应针对路域沿线土壤、植被、水土流失等生态问题，显然更符合公路本身与环境的相互作用的特点，可以更好地让建设者把握公路建设与生态环境之间相互作用的关系，更能有力指导公路建设过程中的生态环境保护工作。

2）没有突出公路生态环境影响多因素、综合性和地域性的特点

目前，公路环境影响评价更注重单一指标的评价，比如噪声、大气等，没有对各种影响因素进行综合评价。

实际上，公路建设本身对生态环境的影响是多种多样的，涉及很多方面，比如可能影响水文、诱发地质灾害、导致土壤和植被的退化等等；同时由于公路本身是线形的，一条路可能会穿越不同的生态区域，所以即使是一条路，可能也会面临不同的生态问题。所以，把这些分散的、众多的指标汇总进行综合评价是必要的，有助于从整体上把握公路的生态环境影响深度与范围。

我国地域辽阔，有很多不同的生态类型，因此不同公路由于所处的生态区域不同，对生态环境的影响的侧重点也是不同的，具有明显的地域性。比如东部平原区的主要生态影响可能是对耕地的占用，而在西部山区则主要体现为植被的破坏和水土流失等问题。

各种环境影响因子对公路的影响情况是不同的。比如废气和噪声对公路的影响是没有地域性的，而生态指标则是有地域性的，位于不同生境的公路，其对相应生态环境的影响的内容和形式都是不一样的。目前的评价，往往没有特别突出这一特点,在评价结果中与噪声、大气等的量化评价相比，生态部分也显得相对薄弱和难以把握。由于我国地域辽阔，气候、地质地貌条件不同，社会经济发展水平也不同，公路建设所产生的生态环境影响带有十分突出的区域性特征，评价起来比一般的工业项目还要复杂。

在加拿大的公路环境评价中，最重视生态评价，对公路对自然生态影响评价十分详细，而对大气等则作一般的介绍。对于我们这样一个生态环境相对脆弱的国家来说，加拿大的经验值得借鉴。

3）没有突出公路生态环境影响评价是动态评价这一特点

在《公路建设项目环境影响评价规范》（JTG B03—2006）中，针对生态影响评价主要是现状调查、生态环境现状评价、生态环境影响预测，最后提出生态环境保护措施。这种评价模式对基本现状的把握很清楚和全面，但缺乏和工程实践的紧密结合。事实上，公路建设过程中，路域的环境随着工程的修建而不断发生变化，是动态的，而目前的评价工作没有明确施工中各个阶段对生态环境的具体影响，因而是静态的，也无法反映公路建设对环境的改造和修复工作。

很显然，公路建设的不同阶段对环境的影响是不同的，比如规划设计阶段主要是关注线位对生态环境敏感点的影响，施工阶段主要关注施工过程中对水土流失、植被和水体等的影响，因而公路各阶段环境保护的内容和保护措施也是不同的。总的来说，公路的环保问题首先是在设计阶段如何保护，其次是在施工阶段如何减少破坏，最后阶段才是如何恢复。因此要想准确评价公路对生态环境的影响，必须根据工程对环境的影响特点进行动态评价。

公路生态环境影响评价紧紧围绕公路建设不同阶段的特点，描绘公路建设的前中后期生态环境的变化情况，对公路建设过程有一个全面客观的评价，并且根据各阶段的评价结果还可以预测公路路域未来生态环境的变化趋势，对于指导公路建设全过程具有重要的意义。同时，为了检查路域生态恢复效果，开展公路生态后评价工作也是十分必要的。建立健全公路生态环境影响后评价制度有助于针对环境变化和原来不可预见因素作出补救措施，切实发挥生态环境影响评价的效力。

4）缺乏基础研究的支持，没有完备的生态环境影响评价指标体系

生态环境影响评价尤其需要多学科的结合，需要大量多学科的研究成果。由于目前基础研究工作比较薄弱，如在公路水土保持技术、路域植被演替规律、生态恢复与重建技术等方面缺乏基础研究资料，往往使得评价工作在一些项目上难以做出准确的分析和评价。同时，由于对我国典型生态系统背景特征的研究还不是很完备，尤其是对高速公路的环境评价，缺乏足够的、明确的指标，尤其是缺乏定量指标，严重制约了对公路路域生态影响评价的准确性和客观性。

针对此情况一些公路工程项目在生态环境评价方面进行了探索和改进。

陕西铜黄高速公路的建设者在建设之初就意识到黄土地区保护脆弱生态环境的重要性，对生态评价指标体系的建立进行了有益的尝试和探索。为了更好地保护和恢复路域生态系统，在铜黄公路环境保护工作中，提高了对生态环境影响的重视程度，甚至还对生态环境影响单独进行了评价，更筛选出与公路修建直接相关的生态评价因子，取得了一些阶段性、基础性的研究成果，为我国生态评价指标体系的完善迈出了关键的一步。

二、建立公路生态环境影响评价指标体系

随着我国公路的快速发展，生态环境影响评价已经成为建设项目环境影响评价的重要内容。

公路建设项目对于生态的影响发生在项目建设的全过程，并在不同的建设阶段有不同的影响，因而常规的“目标管理”对公路建设过程不具有现实的指导意义，采用“过程管理”模式则有助于更好地把握公路建设各个阶段的环境问题，从而可以不断评价、不断指导工程实践。面对我国公路建设全面开展的大好局面，有必要研究探索并尽快建立我国公路建设过程中公路路域生态环境影响评价指标体系。

指标体系的建立是进行预测和评价研究的前提和基础，它是将抽象的研究对象或者评价对象按照其本质属性和特征的某一方面的标志分解成为具有行为化和可操作化的结构，并对每个构成元素（指标）赋予相

应权重的过程，目的是为了描述某事物的状态或者发展趋势，加深对客观事物的认识。

尽管我国环境保护行业标准《环境影响评价技术导则　非污染生态影响》（HJ/T 19—1997）（以下简称《非污染生态影响》标准）对交通运输建设项目的生态影响评价明确了评价范围和评价重点，但是具体到公路交通项目的生态影响评价，目前还没有对应的评价指标体系，开展公路建设项目生态环境评价指标体系的研究是公路路域生态学重要的研究内容，对指导公路建设过程的生态环境保护工作，把握公路建设全过程对生态环境的影响程度，具有重要的意义。

（一）建立指标体系应遵循的原则

公路建设项目生态环境影响评价的目的，是科学把握公路建设过程中引起的路域生态环境变化，并根据工程特点，提出建设过程中缓解生态环境质量变化的措施和对策，为公路建设管理者提供科学依据，达到公路建设与生态环境保护之间的和谐。因此建立公路生态环境影响指标体系应遵循科学性、动态性、地域性、全过程性和可操作性的原则。

1. 科学性

科学性是指公路生态环境影响评价指标的选择和设计必须依据科学原理和当地的实际情况。其中科学原理是相关的多学科原理，如社会学、经济学、工程学、环境学、生态学、管理学等原理，而不是某单一的学科原理。指标的概念必须清晰明确，体现科学的内涵和意义，同时指标必须能客观反映公路建设的特点。具体指标的选择、权重系数的确定、数据的选取都必须以科学理论为依据，同时，指标应该是从区域发展的整体和长远利益出发，而非从个人或小集团的利益出发。

2. 动态性

公路建设过程中的生态系统处于动态变化过程中，其结构和功能都将不断变化，公路生态环境影响评价指标体系要能够正确反映出公路建设前、建设中、建设后生态环境状况、发展变化趋势，并对高速公路建设行为具有一定的指导作用。

3. 地域性

公路是长线形构造物，跨越的路域生态系统可能是多样的，产生影响也是不同的，因此指标体系具有地域性。不同的公路，指标体系中的指标可以不同。

4. 可操作性

可操作性是指应尽量选择那些能得到定量数据（或者半定量）的指标。在实际调查中有些指标很好，但由于数据难于获取而无法纳入指标体系。并且指标体系不是封闭的系统，是开放和可以扩展的，可以根据实际需要增加、减少或者替代其中的指标。

（二）建立指标体系的指导思想

1. 结合实际

指标体系应以公路建设实际为依托，突出表现特定生态区域公路建设特色，在指标选择、数据获得、数学模型的应用方面等紧密联系公路建设的实际情况。

2. 以防为主

公路的建设实践中，从设计、施工阶段就应开始采取有效措施，注意保护土地资源，减少侵占耕地面积，避免和减少可能造成的水土流失。在指标体系研究中必须反映这些事实，应该把生产过程中的防护性治理摆放在重要地位。

3. 矛盾冲突中求协调

公路建设中充满着矛盾、冲突，例如从经济费用上考虑，线路则越短越好，线形选择中直线距离最近，但是从地形地质、生态环境保护、建筑物、文物古迹保护等方面考虑又不得不避绕，使线路加长，甚至降低线路等级。在这一对矛盾中强调其中一方面，而忽视另一方面都是不对的。指标的选取必须充分进行协调，使建设项目获得最佳效益。

（三）指标体系的建立方法

1. 结合公路交通的特点确定评价方法

目前适用于公路路域生态环境影响评价的方法还处于研究和探索阶段，还没有定论。在《非污染生态影响》标准中明确了交通运输等八个行业环境影响评价中生态影响评价的要求。但是，建立公路路域生态环境影响评价指标，应结合公路交通的具体特点，进一步研究确定具有公路行业特点的评价方法。

2. 结合公路路域生态评价特点确定指标的选取

在选择、确定指标过程中，应按照公路路域生态系统的特征（公路路域生态系统的组分、结构和功能和动态变化），并根据不同地区，不同生态系统，不同道路等级的要求，确定主要的评价指标参数，注意以下四个方面的要求。

1）将影响路域生态的地区特征作为生态环评指标的首要因素

国家环保总局在关于“铜黄公路环境影响评价报告书”批复意见中指出：“该公路建设期主要环境问题为水土流失”。为了落实该指示，铜黄公路生态环评指标体系中，充分反映了黄土地区特征的水土保持问题，选取了土地利用和恢复保护单项指标列入土地资源的中类指标中。

显然，生态环评指标选取与公路建设地区特征密切相关。将该地区影响生态环保的地区特征作为生态环评指标建立的首要因素。

2）工程设计要求应该在指标体系内得到充分体现

公路建设过程对生态环境会产生不利影响，许多不利影响是由于不合理设计引起的，所以合理的工程设计是环境保护和生态建设的基础工作，应该在指标体系中得以体现。

3）植被恢复是生态环境质量改善的客观指标

公路施工侵占和破坏了原有地表植被，这是生态环境被破坏的明显标志。尽快恢复可绿化面积的植被，并具有相当功能的生物量、覆盖率是改善路域生态环境的重要标志。植被恢复是指标体系不可缺少的重要指标。

4）科学管理是项目成败的关键，应该纳入指标体系

公路建设应该保护生态环境、改善生态环境而不是破坏生态环境。这是公路管理层的重要理念之一。公路作为重要的建设项目，这一理念能不能付诸实践，能不能成为现实，都要靠科学的管理手段与方法。因此，科学管理的水平应在指标体系内有所体现。

5）原环评指标仍应进入生态环评指标体系

公路进入运行期，汽车噪声和废气对路域生态环境是有影响的。将此两项指标列入生态环评指标体系内，进行综合评价是非常必要的。铜黄公路生态环评指标体系中，没有纳入这两项指标是个缺陷。

（四）生态环境影响评价指标体系研究实例

1998年，交通部科学研究院，北京大学和陕西省高等级公路管理局合作开展了“黄土地区高速公路建设生态环境影响评价指标体系研究”，在国内率先开展高速公路生态环境评价指标体系的探索研究。

铜黄高速公路生态环境影响评价指标体系共设置中类指标4项，单项指标17项，见表5–1。其具体评价指示体系介绍如下：

铜黄高速公路生态环境评价指标体系组成、权重与上下限　　表 5–1

中类指标	单项指标		上限	下限	指标类型
工程设计（28）	选线设计（6）		100	0	定性
	隧道、桥涵和泄洪能力（6）		100	0	定量
	避绕率（3）		100	0	定量
	挖填平衡率（6）		100	0	定量
	水土保持设计（7）		100	0	定性
土地资源（38）	治理水土流失面积率（10）		100	0	定量
	工程防护拦渣率（8）		100	0	定量
	临时用地复垦率（6）		100	0	定量
	可绿化面积绿化率（6）		100	0	定量
	耕地返还率（8）		25	0	定量
生物资源（24）	生物量（5）		5 000	400	定量
	覆盖率（8）		60	20	定量
	物种丰度（5）		70	1	定量
	土地肥力恢复（6）		0.15	0.03	定量
管理（10）	环保资金投入率（6）		2.5	0	定量
	管理水平	工程质量管理宗旨（2）	100	0	定性
		环境管理法规执行（2）	100	0	定性

注：括弧内为权重，权重和为100。

1. 生态环境影响评价指标的设置

1）工程设计中类指标

公路工程设计是公路沿线生态环境保护的关键。以往公路设计阶段着重技术、经济比较，而忽视对生态环境的负面影响，导致在生态环境保护方面的先天不足。因此，生态环境影响评价指标体系中，首先提出工程设计作为中类指标之一。

（1）选线设计。影响公路选线的因素很多，包括建设地区的自然环境（地质、地形等）、社会和经济状况、公路使用性质、交通量要求、行车速度及沿线城镇发展规划等。科学选线应充分利用地形，达到路线便捷、顺适、占地少、对周围生态环境影响小等目的。

（2）避绕率。避绕是指公路选线时，选定线路所避开的具有特殊保护价值的地段，如重要文物保护地、原始森林、饮用水源地等。避绕率是指已经避开的生态敏感点的数量占沿线所有生态环境敏感点的比例。

$$\text{避绕率}=\frac{\text{已避绕生态敏感点}}{\text{所经区域所有生态敏感点}}\times 100\% \tag{5-1}$$

（3）隧道、桥涵、排水与泄洪能力设计。排水与泄洪能力是十分重要的综合性指标，它反映公路是否存在潜在灾害隐患，是否做到防患于未然。良好的排水和泄洪能力需要科学的路基设计、隧道与桥涵设计才能得到保障。泄洪能力是指公路修建时为防止挤占河道、防止在河道内设置取、弃土场，影响河道畅通而设计。

修山体隧道、建高架桥等，虽然技术难度和施工费用都成倍增加，但是既达到了工程指标的要求也保护了生态环境。它既能有效保留隧道上部原有自然风貌和地表植被，又能保证桥梁下部河道水系的泄洪能力。

$$\text{桥梁、涵洞、隧道比率}(Q)=\frac{\text{道路中桥梁、涵洞、隧道的总长度}}{\text{道路总长度}}\times 100\% \tag{5-2}$$

（4）挖填平衡率。挖填平衡率是指施工过程中，线路的挖方量与填方量之间的数量关系。在理想状态下，总挖方量与总填方量相等。但是，在实际设计与施工过程中，往往很难实现两者数量相等。填方或挖方过多，均会形成安全隐患，并对景观造成严重破坏。

$$\text{挖填平衡率}(T)=\begin{cases}\dfrac{\text{总挖方量}-\text{总填方量}}{\text{总挖方量}}\times 100\% & \text{总挖方量}\geqslant\text{总填方量}\\[2ex] \dfrac{\text{总填方量}-\text{总挖方量}}{\text{总填方量}}\times 100\% & \text{总填方量}\geqslant\text{总挖方量}\end{cases} \tag{5-3}$$

(5) 水土保持设计。水土保持设计是公路生态环境设计的重点之一，在原工程方案设计中就已经给予了重视。随着工程进展，在施工期又进行了变更，并形成了“水土保持设计方案”。

鉴于水土保持设计的施工类型多，缺乏客观的量化标准，在实际工程中采用人工赋值。

2）土地资源中类指标

土地资源中类指标包括土地面积和水土保持两个方面的内容。

公路占地问题一直是公路建设影响的敏感问题。采用临时用地面积复垦率、可绿化面积绿化率、耕地返还率三个单项指标定量反映土地面积指标和占地面积情况。

水土保持是公路建设对环境影响的核心问题之一。采用治理水土流失面积率和工程防护拦渣率两个单项指标定量反映水土保持情况。

（1）治理水土流失面积率。治理水土流失面积率是反映治理程度的重要指标。

$$治理水土流失面积率 = \frac{全部水土流失防治措施面积}{水土流失总面积} \times 100\% \qquad (5\text{-}4)$$

（2）工程防护拦渣率。为了防止水土流失，建设期采取工程防护措施能够拦截的弃土总量与工程排放的弃土总量的百分比。

$$拦渣率 = (总拦渣量 / 总弃土量) \times 100\% \qquad (5\text{-}5)$$

（3）临时用地面积复垦率。临时用地面积复垦率是反映工程竣工后土地综合整治的综合指标。

$$临时用地复垦率 = (复垦面积 / 临时用地总面积) \times 100\% \qquad (5\text{-}6)$$

（4）可绿化面积绿化率。可绿化面积是指在公路建成后，在路域内应该并且可以绿化的土地面积，例如中央分隔带、边坡等属于可绿化面积。但是，如行车道等属于不可绿化面积。

$$可绿化面积率 = (已绿化面积 / 可绿化面积) \times 100\% \qquad (5\text{-}7)$$

（5）耕地返还率。新造耕地是指在施工过程中合理利用工程废方，经过平整，变成适合于农业耕种的土地。

$$耕地返还率 = (新造耕地面积 / 工程永久性占用的原来耕地面积) \times 100\% \qquad (5\text{-}8)$$

3）生物资源中类指标

主要依据黄土地区植被的水土保持功能和绿化美化功能，选定中类指标。具有比较好的物种丰度以及适当的生物量与覆盖率是植被水土保持功能和绿化美化功能所必需的衡量指标。在植被恢复的同时，也伴随着土壤肥力恢复。良好的物种丰度是保证群落稳定性的必要条件，也是植被长期管理所必需的指标。

（1）生物量。生物量是一个非常重要并经常被采用的指标。它能反映系统的兴衰存亡。生物量的多少是系统内环境因子（如光、热、水、气、营养状况等）和群落内物种间关系的综合反映。

$$A=\frac{\sum_{i=1}^{n} a_i \cdot s_i}{\sum_{i=1}^{n} s_i} \tag{5-9}$$

式中：A——路域总生物量，g/m^2；

a_i——某种群落类型样地的平均生物量，g/m^2；

s_i——此类型样地的面积，m^2；

n——路域中群落类型总数。

（2）覆盖率。覆盖率在黄土高原地区具有特别重要的意义，它可以影响土壤入渗、初损雨量以及径流量等。植被可以改善土壤理化性质，使土壤的重度变小，毛细管增加，总空隙度增大，增加土壤入渗量。

$$D=\frac{\sum_{i=1}^{n} d_i \cdot s_i}{\sum_{i=1}^{n} s_i} \tag{5-10}$$

式中：D——路域总覆盖率，%；

d_i——某种类型边坡样地的平均覆盖率，%；

s_i——此类型样地的面积，m^2；

n——路域中边坡类型总数。

（3）物种丰度 。物种丰度就是物种多样性，是指该地区动物、植物、微生物物种的丰富程度。对于某个地区而言， 物种数越多，则多样性越高；物种数越少，则多样性越低。生态系统中的物种多样性高低在很大程度上可以反映出生态系统的现状和发展趋势。通常，健康的生态系统往往物种多样性较高，退化的生态系统则物种多样性较低。

（4）土壤肥力恢复。土壤肥力是衡量植被状况的潜在指标。土壤肥力是指土壤为植物生长提供养分、水分的能力以及优良环境条件的能力。其化学成分包括氮、磷、钾和有机质等。对高速公路路域土壤肥力的系统调查显示，随着恢复年限的增加，路域土壤中全氮和有机质的含量随恢复年限的增加而增加。

4）科学管理中类指标

项目管理往往是项目成败的关键因素。科学管理所能带来的效益已经越来越多地被人们认识。在生态环境影响评价指标体系中，将生态建设管理作为中类指标。

评价集中在建设项目单位的管理水平上，其管理活动影响工程全局，影响施工、监理等其他层次；决定着工程质量、进度、资金以及与工程有关政策和法规的贯彻与落实。还关系着与上级单位、协作单位以及当地政府等诸多方面的协调。

（1）环境保护投资率。主要指在建设阶段环境保护投资总额占工程投资总额的百分比。

（2）环境管理法规的执行情况。主要指在设计阶段、施工阶段、竣工阶段执行和落实建设项目环境保护管理法规的情况。

（3）工程质量管理宗旨。工程质量贯穿管理过程的始终，不仅涉及建设工程也包括生态环境保护与生态环境建设。

2. 生态环境影响评价指标权重的确定

本例所采用的为专家直接赋权重法。该方法有三个程序：

（1）请专家结合公路具体生态环境情况，赋给权重；

（2）对所赋权重加权求出平均值；

（3）结合具体情况，进行协调、修正权重值,见表5-1。

该方法的优点：

（1）避免过分烦琐的数学计算，不必进行矩阵特征根和特征向量的求矩；

（2）减轻专家咨询的工作量；

（3）紧密结合实际；

（4）权重直观。

3. 项目生态环境影响评价指标数据的无量纲化处理

1）标准型无量纲化法

由于所选取的各类指标涉及生态系统的多个方面，所使用单位不尽相同。为了能比较各指标要素和计算各指标的综合指数，需要进行数据无量纲化处理。对于一些不具备量纲的定性指标，可以不进行无量纲化处理。

数据无量纲化过程实际上是分级打分的过程。在划出某一指标要素的打分范围后，根据统计数据给指标分级。无量纲化方法有许多。本工程采用标准型法和等级法，即通过应用不同的标准型公式，分别对系统发展有利要素和对系统发展有阻碍作用的要素，采用分级打分方法，确定分级标准，这样可以较明确的显示出各个评估指标所处状态。

$$R_i=\begin{cases}1 & x_i \geqslant a_i \\ \dfrac{x_i-b_i}{a_i-b_i} & b_i<x_i<a_i \\ 0 & x_i \leqslant b_i\end{cases} \tag{5-11}$$

$$R_i=\begin{cases}1 & x_i \leqslant b_i \\ \dfrac{a_i-x_i}{a_i-b_i} & b_i<x_i<a_i \\ 0 & x_i \geqslant a_i\end{cases} \tag{5-12}$$

式中：R_i——基础数据无量纲化之后的结果，取值范围为0~1，表示该指标值与理想状态值的接近程度。

2）指标上下限的确定

指标上、下限的确定，是指标体系构建的重点与难点之一。由于很多指标要素目前尚无统一标准，还不能实现评价指标最后的制度化、法制化。该研究中，从实用性、可操作性角度考虑作出如下规定。

（1）定性类指标。如工程设计类、管理类等指标，采用定性分析，其上、下限分别定为100和0。

（2）定量指标。如土地资源类的若干指标，按交通运输部有关文件及土壤分级标准确定。可以定量的生物资源类指标，通过现场调查结果的类比情况并结合文献查询确定。对生物量和覆盖率等则采用分级评价的方法。陕西铜黄高速公路各指标的上、下限具体数值及评分标准见表5-1和表5-2。

路域常见生物群落的分级评分标准 表 5-2

评价等级	优	良	中	差	劣
生物量（g/m²）	≥5 000	5 000 ~ 3 000	3 000 ~ 1 500	1 500 ~ 400	≤400
覆盖率（%）	≥80	70 ~ 80	50 ~ 70	≤50	≤20
分值	80~100	60~80	40~60	20~40	0~20

注：该生物群落分级中只考虑与生物量、与覆盖率的对应关系，而没有考虑其多样性。

4. 项目生态环境影响评价综合指数计算

项目生态环境影响评价中类指数或综合指数的计算公式如下：

$$S=\sum_{i=1}^{n} P_i R_i \tag{5-13}$$

式中：S——中类指数或综合指数；

P_i——各单项指标的权重；

R_i——单项指标实际值经过无量纲化之后的数值。

各指标要素的实际值经过数据无量纲化处理，得到无量纲化数值R_i，然后乘以各个指标要素的权重值P_i，按照计算公式可求得中类指数$S_{中}$，利用中类指数进一步计算，可求得综合指数$S_{总}$。

5. 项目生态环境影响的分析和评价

1）建设期与生态环境相关的重要单项指标的分析

（1）选线设计。公路实际线路走向与设计路线基本一致，只是在两处有变更，即冯家河段改线和西河水库段改线。其中，冯家河改线路段距离较短，因此对公路沿线的环境影响变化不大。但是，公路为了避绕3.5 km长的巨型古滑坡地带，在西河水库段进行改线，改线长度为5.97km，而且离饮用水源地西河水库的最近距离由原设计线路的100m改为从库区岸坡通过（跨河沟通过水库）。

已经实施的铜黄高速公路的路线方案是最终确定的优选方案，在方案选择过程中，经过了多次修改，综合了专家以及当地公众意见。其合理性体现在对生态环境影响较小和施工难度较大两方面。

从环境因子的角度来考虑，实施方案具有对沿线生态环境不利影响较小的优点；但也存在施工难度较大和投资额较大的缺点。

从工程因子的角度考虑，实施方案具有有利于促进社会经济发展、交通便利和公路安全等优点。

从可持续发展的角度考虑，尽管实施方案的投资额较大，但权衡社会、经济和生态环境三方面的效益，实施方案仍然是最佳选择。

综合上述分析，铜黄高速公路建设路线虽然不是工程上路线最短、投资最小的方案，但该方案兼顾了社会、经济和生态环境三方面的效益，特别是考虑了对生态环境方面的影响。虽然最终的铜黄高速公路经过了西河水库的西坡，但是建设单位已经按照要求设计建设了积水池，并将宜君立交桥的建设地点设在了西河水库的下游。因此，根据铜黄高速公路的生态环境整体影响效果，并结合铜黄高速公路环境影响评价报告中周围居民对此路线满意度的民意调查，在此次铜黄高速公路生态环境影响评价中，“选线设计”这项指标的赋值为95分，给予的评价等级为“优”。

（2）避绕。铜黄高速公路所经地区文物古迹众多，主要包括古遗址、古墓葬、古建筑、石刻和石窟，这些古迹历史价值颇高。选定评价范围为公路两侧200m范围，与公路直接有关的重要文物和古滑坡地段为敏感区，经专家现场勘测和调整路线，避绕了以上地段（表5–3）。

铜黄路选线的避绕状况　　表 5–3

序号	敏感点名称	级　别	是否避绕
1	药王山石刻	国家级重点文物保护	距公路1.5km，已经避绕
2	耀州窑遗址	国家级重点文物保护	公路从其保护区通过，但进行补偿，计为避绕
3	黄帝陵保护区	国家级重点文物保护	公路终点以东6km，线路已绕过其保护区
4	王家河遗址	省级文物保护	公路从其保护区通过，未避绕
5	塔坡遗址	省级文物保护	耀县城北，线路西侧边缘，已避绕
6	金琐关遗址	市级文物保护	距公路约1km，已经避绕
7	西河水库	饮用水源地	在下游建立立交桥，并采取保护措施
8	古滑坡地带	地质敏感点	已经避绕

由上表可以看出，铜黄高速公路沿线所涉及的主要敏感点为8个，未能避绕的为王家河遗址，公路在对耀州窑遗址采取了相应的补充措施，视为避绕。将数据带入避绕率计算公式，得到铜黄高速公路避绕率的计算结果为85.7%，给予的评价等级为“良”。

（3）填挖平衡率。铜黄高速公路建设竣工时路基土石方工程的填挖总量的数据见表5–4，带入公式（5–3）得到铜黄高速公路的填挖平衡率为：

$$填挖平衡率 =（18102277-8066513）/18102277=0.554$$

将表5–5中黄土重丘地区高速公路建设填挖平衡率的分级表和表5–4中的T值大小进行比较，可以看出，铜黄高速公路的填挖平衡属于良。

铜黄高速公路路基土石方工程的填挖平衡率　　表 5–4

阶段 类别	设计期设计总量	施工期竣工总量
挖方（m^3）	11 848 247	18 102 277
填方（m^3）	5 827 136	8 066 513
T值	0.508	0.554

黄土重丘地区高速公路建设填挖平衡率分级表　　表 5-5

分级	优	良	中	差	劣
T值	≤ 0.5	0.5~0.6	0.6~0.7	0.7~0.8	≥ 0.8

（4）可绿化面积绿化率。在铜黄路域全部加速侵蚀面积中合计为510.80 hm^2中，除去路基占地面积400.52 hm^2外，临时用地应该经过复垦，恢复植被面积为110.28 hm^2；对铜黄高速公路而言，可绿化面积就是经过复垦的临时用地面积。方案实施后恢复植被或复垦面积为108.68 hm^2，可绿化面积绿化率达98.54%。

（5）环保投资率。本项目概算总投资为19.34亿元。实际总投资为 22.64亿元，其中实际环保投资 5 279.67万元，占总投资的比例为 2.30 %。环境保护的具体投资情况见表5-6。

工程环保投资情况　　表 5-6

序　号	治理项目	费用（万元）
1	水污染治理	174.0
2	空气污染治理	235.0
3	噪声防治	207.04
4	绿化	1 444.14
5	水土保持工程	2 782.0
6	文物保护	437.5
合　计		5 279.67

从工程环保投资表的数据可以看出，绿化和水土保持防护是环境保护工程的重点，两项合计为4 226.14万元，占环境保护投资的80 %。

2）运行期重要生态指标预测

（1）物种丰度变化曲线。在自然恢复条件下，随着年份的增加，路域内物种数逐渐增加。在恢复期前几年内，物种数增加较多，以后增加幅度逐渐减少，10年左右物种数基本达到稳定，不再继续增加（图5-1）。

在人工恢复条件下，路域物种丰度的变化是人工和自然两个过程的叠加。因此人工恢复条件下的生物量、覆盖率等都包含人工与自然两个过程。

（2）生物量变化曲线。铜黄高速公路路域生物量的变化曲线见图5-2。

生态恢复初期，自然条件下的植被生物量变化曲线基本上与逻辑斯蒂曲线相似，在7~10年后达到平衡。

人工恢复初期，由于进行了整地等土地处理措施，经过3~5年的时间，很快进入稳定生长期，植被的生物量趋于稳定。

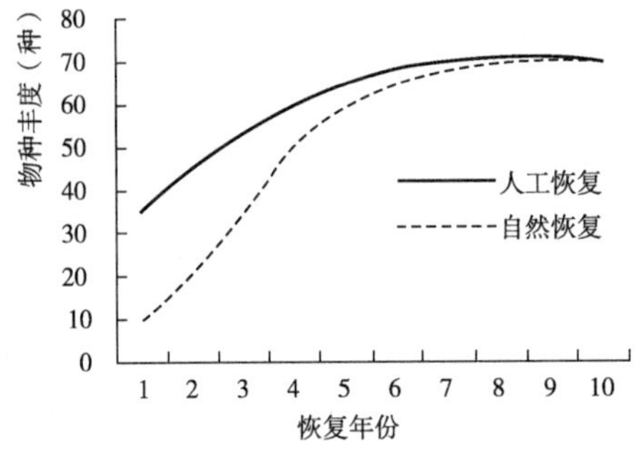

图5-1　铜黄公路生态恢复初期植被物种丰度变化曲线

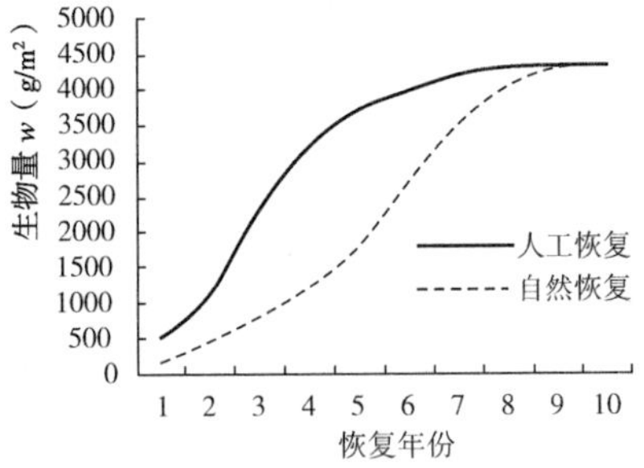

图5-2　铜黄公路生态恢复初期生物量变化曲线

（3）覆盖率变化曲线。铜黄高速公路路域植被自然恢复和人工恢复初期覆盖率的变化曲线见图5-3。

（4）土壤肥力（总氮含量）变化曲线。土壤肥力主要以总氮含量进行评价。铜黄高速公路路域植被自然恢复和人工恢复初期氮含量的变化曲线见图5-4。

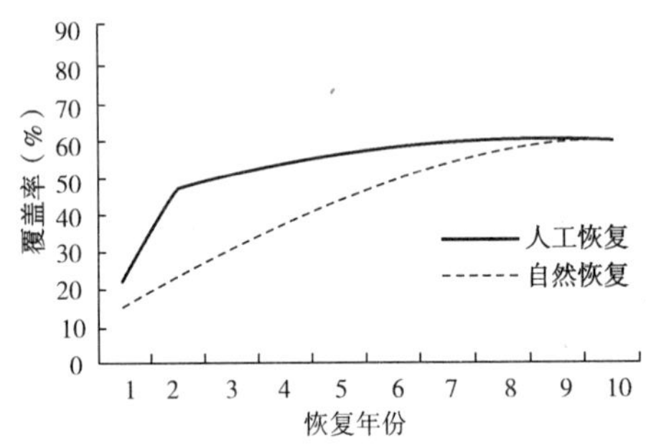

图5-3　铜黄公路生态恢复初期植被覆盖率年变化曲线

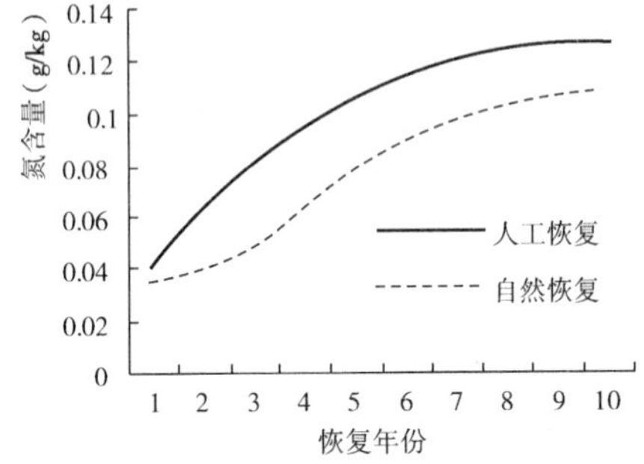

图5-4 铜黄公路生态恢复初期土壤全氮含量的年变化曲线

3）项目生态环境影响评价结论

利用生态环境指标体系分别对铜黄高速公路建设前、中、后路域生态环境质量进行评价。根据指标值变化状况，绘制出铜黄高速公路的生态环境动态变化曲线（图5-5），其中包括有效防护（采取各种有效防护措施，在科学管理下的实际状况）和无有效防护措施（假定不采取工程防护和生物防护情况下的状况）两条曲线。

由图5–5可以得出如下结论：

（1）在1998年动工之前，生态环境的指标值为良（平均为80分左右）。

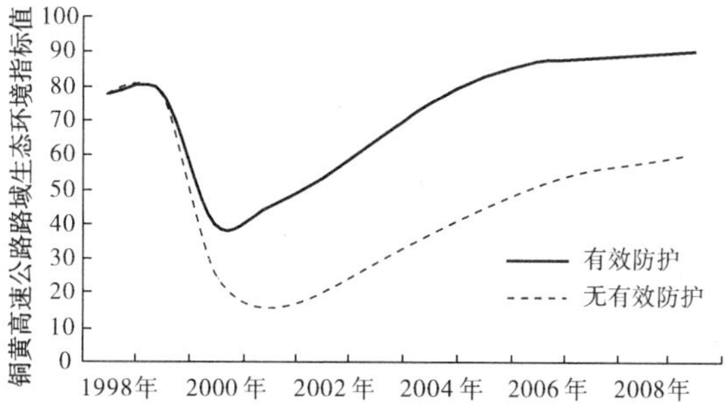

图5–5　铜黄高速公路建设前、中、后路域生态环境质量的动态变化

（2）在施工期开始的2000—2001年，环境质量指标值锐减。分两种情况：在没有有效防护措施条件下，路域环境质量指数值一直锐减为劣的等级；而在有效防护条件下，指标值下降为差的等级。

（3）在运行初期，环境质量指标值开始回升。在有、无有效防护措施两种条件下，两者环境质量指标值的回升差距明显。以2004年为例，在有效防护措施下，路域的环境质量指标值已达到“良”的水平，而在没有有效防护措施条件下，环境质量指标值处于“中”的水平。

（4）在竣工后的稳定期，如2004—2008年，环境质量指标值趋于稳定，达到较高水平。在有效防护措施下环境质量指标值为“优”，在没有有效防护措施条件下，指标值只接近于“良”。

第二节　公路路域生态环境保护原则

一、整体性保护

公路路域生态系统的保护是一个系统工程，保护对象综合了路域生态系统中生命因子与非生命因子所有要素，非生命组成要素有水体、大气、土壤、沉积物等，生命组成要素主要指动物、植物与微生物。此外，公路路域生态系统的其他功能也需要保护，如社会功能、历史文化功能等。

过去的做法是仅仅保护某种或某几种因子，20年前我国公路路域生态保护主要是指边坡生物防护，而且偏重于公路建设之后的“修修补补”与“绿化”，大多都是植树种草。不仅在物种的选择上单调，而且种植技术单调，直到我国引入湿法喷播与客土喷播技术之后才有所改观。而对于植被恢复与路域水土流失关系、植被恢复与小气候调节、植被恢复与路域野生动物保护、植被恢复与噪声防治、植被恢复视觉景观效果、植被恢复与水质水文调节之间的关系、公路路域动物保护、生物多样性保护、水文过程保护、景观美学研究等方面考虑甚少，缺乏从系统论高度来进行路域生态环境建设的研究。

公路建设对生态系统的不同组成因子产生的影响范围和影响程度不同，各种因子之间在形态和功能上相互联系，不可分割（图5–6）。比如设置动物通道，传统的做法仅仅为了某种或某几种动物的穿行而设置，这种作法可能对于生态系统的整体平衡不是最优的，因为目标物种与非目标物种功能上不会相互隔绝，它们都是生态系统的有机组成部分；因此，动物通道要考虑到绝大多数物种才是较好的方案。此外，考虑到各种生态流（水、风、植物种子、矿质养分、昆虫）乃至景观尺度的连接性的通道设置才有可能是最佳方案，如荷兰和加拿大的宽阔的上跨桥或者绿桥（Green Bridge）的设置。“绿桥”或者“景观连接器”通常就是指野生动物上跨通道，伴随着道路上部的相对广阔的自然植被带（图5–7、图5–8）。这些结构物通常可作为大型哺乳动物的通道，同时也可作为徒步旅行者通道。

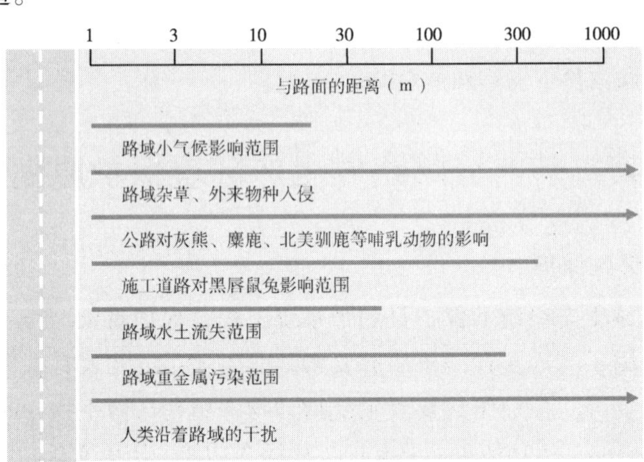

图5–6　公路对部分路域生态系统组成要素的影响范围

国外公路路域的综合研究发现，路域生物多样性十分丰富。如英国一个早期综合研究发现，英国的路域包括20种哺乳动物，占全国50种的40%，20%的鸟类（国家共200种），100%的爬行动物（国家共6种），83%两栖类（国家共6种），42%的蝴蝶（国家共60种），32%大黄蜂（国

图5-7　宽阔的野生动物上跨式通道

图5-8　桥隧相连的山区高速公路

家共25种）。而荷兰的研究则发现，50%的蝴蝶（国家共80种）生活在路域，还包括20种生活在路域的常见物种和几种稀有物种。相应的蚱蜢、蝉、蜜蜂和甲虫的比例都比蝴蝶高。原因主要是在这些国家，由于人类的干扰，自然栖息地已经很少，而只有公路路域、铁路路域是人类干扰景观中残存的原始栖息地，在这里物种丰富、生态环境质量好。

然而，认识到路域的保护价值的国家还比较少。荷兰采取了许多措施保护路域的自然群落。在英国，6处路域被官方指定为特殊科学研究兴趣所在地，这类似于美国州的自然保护区。此外，一个路域被指定为国家自然保护区，两个路域是特殊保护区域，一个路域被欧洲团体指定为重要物种保护区。

因此，路域生态系统应进行整体保护，而非单独保护某种生态因子。维护栖息地的景观格局，并保护其生态功能的实现，是未来路域生态环境建设的发展方向之一。

二、时序性保护

公路建设与运行对路域生态系统产生各种各样复杂的影响，有的影响很快表现出来。比如，公路施工灰尘和泥沙对空气和水体的污染是明显而迅速的；有的要经过较长时间才能被人类发觉，如公路运行对路域生物多样性的影响；有的影响可能过数年乃至数十年才能充分体现，如公路网络加密导致某些物种的灭绝。

以公路对野生动物种群影响为例，公路对野生动物种群的综合影响为栖息地损失、栖息地质量降低、野生动物公路致死率上升等（图5-9）。栖息地损失会很快表现出来，因为栖息地直接转化为公路用地，也容易计算出损失的种群数量。然而栖息地质量的降低却不然，如边缘效应对森林内部物种的影响很难定量计算。当公路密度到达一个域限值的时候，大尺度影响可能导致种群和物种的非线性降低或损失。动物交通事故导致的公路致死率增加也需要花费较长时间观察才能得出结果，这需研究公路交通量增加和野生动物死亡率累计量之间的关系，如果致死率较高，其对种群的影响应该可以在公路建设之后动物繁殖一代或两代辨别出。最后是公路的阻隔效应，如降低环境的连接度，则要我们通过对几代动物生存的观测才能发觉。

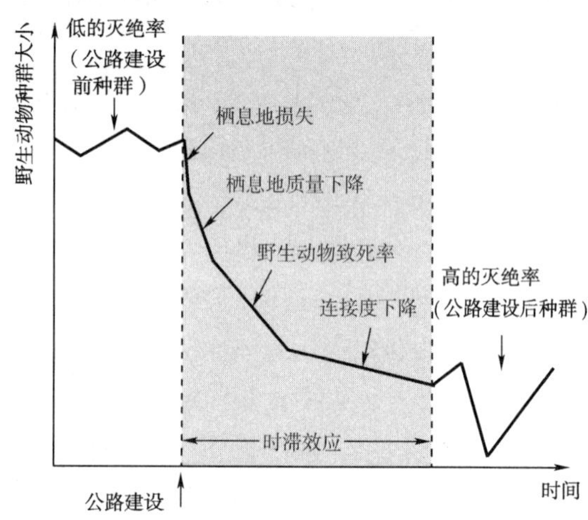

图5-9　公路对一个动物种群的四种生态影响和积累效应的滞后性

公路建设对湿地物种多样性损失的影响也已经有了研究。发现目前湿地物种多样性需通过30~40年前公路密度来精确计算，而不是通过现在的公路密度来计算。如果我们据此推论，那么公路对湿地物种多样性影响的滞后效应是30~40年。并且多数生态系统在发生栖息地破碎化和生态影响被人类完全认知的过程中表现了“滞后效应”。

此外，公路路域植物群落的恢复、公路建设对路域野生动物的直接影响与人类沿着路域的土地开发对路域野生动物的间接影响等方面都存在着大量的时序性特征。路域生态恢复要遵循植被生态系统的演替规律进行，最终达到顶级稳定群落，以达到生态系统的动态平衡。过去常常采用外来高养护成本的园林草种恢复和绿化边坡，初期由于养护及时和肥料充足，效果非常好，覆盖率几乎能达到100%。但是，经过几个生长期，外来物种与当地气候，尤其是路域边坡的恶劣生境、小气候的不适应性很快表现出来，于是出现了路域生态退化的恶果，导致边坡植被枯黄直至死亡。在暴雨冲刷的影响下发生水土流失和边坡垮塌，对行车安全、沿线水体泥沙的沉积、水生生态系统、路域生物多样性、景观美学等都是有损害性的。这是由于没有尊重植被生态系统演替规律和植被恢复的时序性特征。目前我国公路建设者已经意识到在物种选择上应该以地方乡土物种为主外来物种为辅，合理地筛选适合于路域的最佳草类与灌木组合，运用先进的生物工程技术来进行路域植被生态系统建设。

公路路域生态系统保护的措施也具有显著时序性特征。如从公路选线阶段就开始考虑，选线注意避免与回避生态敏感区域，或选择对敏感区域干扰最小的走廊带布线。其次，实在绕避不开，尽可能通过一些工程措施来缓解公路建设对生态环境的影响，从公路设计角度考虑的缓解措施主要包括动物通道的设置、路域生态设计、路线设计、路基设计、构造物设计等方面。最后，施工与运行过程中注意恢复损害的栖息地与实行生态补偿政策等。如公路占用一定面积的高生境质量地表区域（如湿地），可以在临近区域修建人工湿地，且面积不低于被公路侵占的湿地面积。生态敏感区域公路路域生态系统保护措施见表5–7。

生态敏感区域公路路域生态系统保护的三个步骤　　表 5–7

步骤一	避免：防止或避免生态影响	避免路线穿越生态敏感区
步骤二	缓解：最小化生态影响	路线设计遵循等高线布设，最小化挖填方； 尽量采用低路堤和路侧设置土堆以减轻公路对路域生态系统的干扰； 有条件的地方尽量放缓边坡以利于生态恢复和与周围环境相融合； 尽量采用草皮边沟，护栏和挡墙要与周围自然景观协调； 在条件允许情况下适当提高桥隧比，尽可能多的设置上跨桥或下穿通道以方便动物移动
步骤三	补偿：由当地提供相当数量生态补偿以平衡或缓解不可避免的生态影响	用于防止栖息地损失、栖息地退化和栖息地隔绝的方法如下： （1）提供大于影响区域面积的补偿区域； （2）靠近影响区域提供的补偿区域面积优于在远离影响区域提供的补偿区域面积； （3）扩大附近大型的自然植被区域； （4）恢复附近小溪和湿地还其自然面目； （5）建立适当的廊道和人工巢穴以扩大野生动物巢域； （6）提高稀有物种和生物多样性区域的栖息地条件

三、空间性保护

公路路域生态系统的保护是综合多因子的保护，不仅具有时间序列性，而且具有空间不均衡性。一些影响被限制在较短距离，如大气颗粒物沉积；一些影响可延伸到中等距离，如小气候影响大约在20m的范围内；多数影响可延伸很长距离，包括人类可达干扰、侵蚀对溪流的影响、公路对野生动物移动路线的干扰、对流层——最高层空气流动的影响等等。

如果把这些影响距离人为地划分为长距离影响、中等距离影响和短距离影响，可从一维的公路段落扩展到空间上的二维公路网络，如图5-10所示。

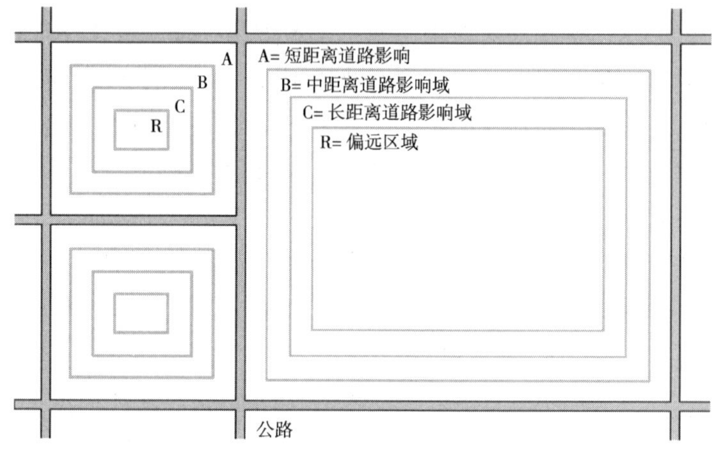

图5-10　公路网生态影响的空间性

从中可得出公路网络尺度生态影响的几个方面特征：首先，公路影响能渗透覆盖景观中大部分区域；其次，即使公路密度不大，在长距离影响的作用下，公路影响范围可能波及整个景观；再次，公路影响会导致相对不受公路影响的“偏远区域”成为“孤立斑块”。如这样的偏远栖息地对于一些濒危保护物种来说非常重要，尤其是那些体型大、巢域范围广阔、繁殖率低、食物需求量大的物种来讲，如果这些斑块分布太分散而彼此之间缺乏足够的连接，部分种群数量可能会下降甚至导致灭绝。

另外，受公路两侧景观格局、栖息地分布、交通量、人为干扰等因素影响，公路的生态影响空间范围在公路两侧不均衡分布，影响程度各异。实际上，任何两条公路或者同一条公路的不同路段和同一路段的两侧影响范围与影响深度都是不同的，分析起来可能主要有以下三个原因：

（1）气流的影响。公路灰尘、车辆尾气、噪声在顺风面传播的更远，因此产生更大影响。

（2）水文的影响。水体携带各种沉积物质，溶解其中的各种化学物质等，使得下坡面影响程度和距离大于上坡面。

（3）动物和人类行为方式的影响。如人类在一侧种植动物喜食的植被，可能导致动物出现频繁，这样缓解了公路交通对野生动物的干扰；而人类对路域栖息地干扰会使得野生动物回避，扩大了影响范围，加剧了影响程度。

因此，在气流、水文过程和行为方式三个机制影响下，围绕公路两侧出现了物质循环、能量转化和信息传递以及物种分布格局独特的区域，在区域内部公路建设与运行对沿线的生态系统的影响显著，而超出该区域范围的生态系统影响不显著（不是没有，而是没有统计学意义），我们把该空间影响区域叫做“公路影响域”，其在公路两侧呈不对称分布。在公路的横断面上“公路影响域”的宽度，可能是公路宽度的数倍，这与生态学过程和物种的敏感性相关。尽管这方面的影响因素不能被低估，但是，由于公路影响域的测度仍然很复杂，目前还缺乏一个很好的评估公路影响域生态学影响的方法。

公路影响域分析的一个典型案例是美国哈佛大学Forman教授以波士顿西郊一条25km的多车道公路为例作的相关研究。（该路车流为50 000辆/d），9个因子的生态影响距离超过100m，这9个影响因子是：湿地、溪流、融雪剂、侵入物种、驼鹿、鹿、两栖类、森林鸟、草地鸟，其中几个因子的影响超过了1km，多数因子通过2~5个特殊位置来测度，交通噪声的影响沿着公路较明显。这些影响带叠加到一张图上会发现景观中公路影响距离平均为600m（每边300m），并且不对称、不规则的边界好像手指一样延伸，见图5-11。

尽管精确的定位公路影响域存在难度，但可以看出公路的生态学影响面积确实很大。Forman教授初步估计美国国土面积的20%直接受到占1%国土面积的公路网络的生态学影响。

据我国学者研究发现我国国土面积的18.37%都不同程度的受到公路网络的生态影响，虽然这个数字很难精确，但至少证明我国的公路网络对生态环境影响的范围和程度不容忽视。因此，公路路域生态系统的空间性保护是公路建设者需要考虑的一个重要方面。

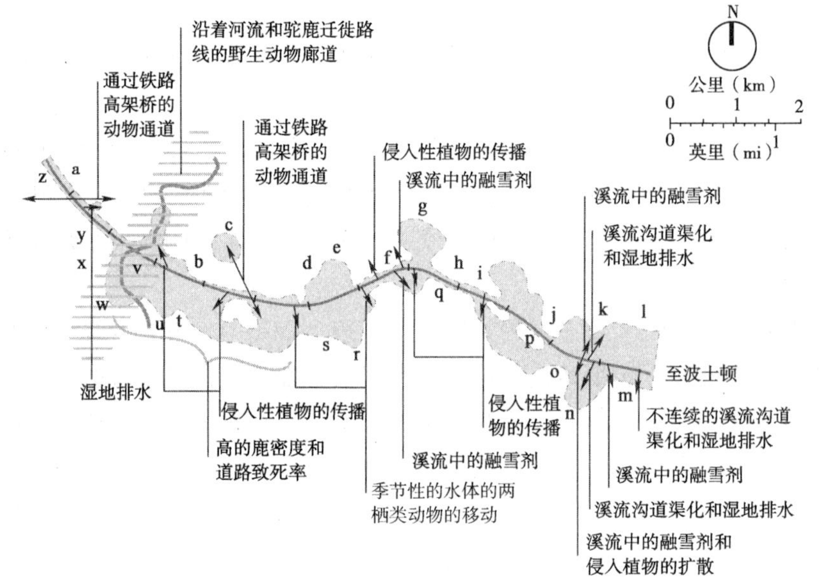

图5-11 多车道公路的公路影响域

注：图中的字母代表靠近公路的对噪声影响范围敏感的因素：a-建成区；b-建成区；c-牧场（农场）的下风向；d-低地；e-森林；f-路堤；g-森林；h-路堤；i-建成区；j-路堤和建成区；k-山；l-森林；m-建成区；n-森林；o-沿路的低路堤；p-建成区；q-路堤；r-森林；s-小山；t-森林；u-草地；v-河流；w-开阔湿地；x-高尔夫球场；y-山；z-建成区

第三节 公路路域生态环境保护的关键环节

公路建设离不开环境与资源的支撑，也对自然环境产生一定的负面影响。在公路建设过程中，要尊重自然规律，建立和维护人与自然的和谐关系，倍加爱护和保护自然。

总的来说，公路建设的基本程序一般包括前期准备工作（规划与设计）、施工组织工作（施工）与总结验收（运行）工作三个阶段，为了使得公路建设的生态保护更能贴近公路建设的实际情况，生态保护应紧紧围绕项目建设的过程展开，并在不同的建设阶段有不同的保护重点和保护内容。

过去，我国公路建设中的生态环境保护大多集中在植被恢复方面，也就是在公路土建工程完工后，相关的绿化单位在工程创伤面上进行植被恢复工作研究和实践，是一种被动的恢复工作，限于研究深度和广度，早些年边坡绿化的植物出现了不同程度的退化。缺乏细致的基础研究、理念落后是重要的原因。目前公路部门把生态环境保护重心逐渐转移到公路建设前期的保护上，即基于“设计上最大程度的保护”的原则，开发先进技术和工艺来优化公路设计工作。从发达国家公路的发展历程来看，如美国公路网络已经建成，公路网络产生的环境影响直接覆盖了全美1/5的土地，他们反思公路发展历程认为，规划与设计阶段的保护最为重要。从路域生态学学科自身发展来说，公路建设不同阶段的生态环境保护重点任务不同，协调好公路建设、发展与生态环境保护之间的关系，需要我们将各种矛盾的“缓解研究”、利益的“共生研究”在公路项目规划起始就开始考虑，并一直贯穿公路建设全过程。“源头的保护才是最有效的保护”，因而规划设计阶段的保护工作尤为重要。

因此，我们提出公路“设计阶段最大保护、施工阶段最小破坏和运行阶段最大恢复”的环保原则。“最大保护”是核心，“最小破坏”是整个施工过程中必须遵循的原则，“最大恢复”是针对公路与自然生态环境相和谐必须采取的最基本的技术和工程措施，以确保公路与自然生态环境之间的和谐，确保新的动态平衡系统的建立。

“设计阶段的最大保护”是核心。对于每一条具体公路的环境设计来说，都有一个保护什么、如何保护的问题，并不仅只是在生态敏感点才有保护什么和如何保护的问题。如果把人与自然和谐发展作为一个大前提考虑，就必须对公路经过的沿线自然生态环境进行系统分析，从保护自然生态系统的完整性出发，来研究工程和当地自然生态系统之间的相互依存的关系，并提出系统的分析意见，使其采取相应的工程措施确保路域生态系统新的动态平衡。

“施工阶段的最小破坏”是整个实施过程中必须遵循的原则。在采取工程措施的时候，首先要考虑克服由于公路建设对自然生态系统产生的割裂破坏，应尽量提供可能的工程措施，建立公路工程和自然生态系统新的联系纽带。公路工程建设应该尽量减少大填大挖，因为高大边坡和高大路堤必然会对自然生态环境造成大的破坏，尽量保护好、利用好自然生态系统的原有资源，并尽量采用当地物种进行植被恢复。

“运行阶段的最大恢复”是为促使公路与自然生态环境和谐发展必须采取的最基本的技术和工程设施，这些技术与设施的使用可以促进新动态平衡系统的建立。

要树立“不破坏就是最大的保护”的理念，把工程防护与生态防护结合起来，把设计作为改善环境的促进因素，摒弃先破坏、后恢复的理念，实现生态环境保护与公路建设并举，使公路发展与自然环境相和谐。

下面分别介绍公路建设三个关键阶段生态保护的要点。不同阶段的环境保护研究与实践的重点不同，这是公路路域生态学科的特色，不仅具有保护要素综合性、保护时间序列性，还具有保护空间区域性。

一、规划与设计阶段

实际上，规划设计阶段的保护是从根源上的保护。为了做好这项工作，公路规划阶段不仅要有公路规划专家、工程专家、经济学家、社会学家的参与，还应该有生态和环保专业的专家参与，从公路网规划、公路选线阶段要注重对植物资源、动物资源、水资源、湿地资源、地质地貌等自然环境要素加以保护，同时也要对土地资源、特色建筑、各类景观美学资源（视觉资源）加以保护。因为这些自然与人文资源共同构成了我们丰富多彩的世界。

（一）可研阶段

公路建设项目可行性研究的任务是建立在对地区社会、经济发展及路网状况充分地调查研究和评价预测的基础上，其中也包括必要的勘察工作，然后对项目建设的必要性、经济合理性、技术可行性，提出综合性的研究论证报告。

公路建设项目可行性研究报告的主要内容应包括：建设项目依据、历史背景；建设地区综合运输网的交通运输现状和建设项目在交通运输网中的地位及作用；原有公路的技术状况及适应程度；论述建设项目所在地区的经济特征，研究建设项目与经济发展的内在联系，预测交通量、运输量的发展水平；建设项目的地理位置，地形、地质、地震、气候、水文等自然特征。可行性研究报告还包括筑路材料来源及运输条件：论证不同建设方案的路线起讫点和主要控制点、建设规模、标准，并提出推荐意见；评价建设项目对环境的影响；测算主要工程数量、征地拆迁数量，估算投资，提出资金筹措方式；提出勘测设计、施工计划安排；确定运输成本及有关经济参数，进行经济评价、敏感性分析，收费公路、桥梁、隧道尚需做财务分析；评价推荐方案，提出存在问题和有关建议。

根据可研的工作内容，在本阶段主要环保目标是如何把公路线位对生态环境的影响降到最小程度，把公路融入自然当中去，实现对路域生态环境的最大保护。为此，在可研阶段的环保考虑中，把公路建设项目与公路沿线重要生态环境的位置关系摆在第一位，并评价其对路域生态环境的影响。

（1）在公路网络规划之时，考虑到生态系统综合保护的路网规划十分重要，不仅考虑动植物保护、更考虑动植物栖息环境的保护，不同路网规划对生态系统的影响各异，通过深入分析和研究，可选择一套基于生态系统保护的最佳路网规划方案。

（2）在选择路线的时候要重点关注森林生态系统、草原生态系统、湿地生态系统、荒漠生态系统的保护，对野生动物栖息地、自然保护区等对保持生态平衡和生物多样性起到重要作用的生态敏感区，进行合理避让。

例如，当公路必须经过湿地时，应首先选择对湿地影响最小的路线方案，其次考虑桥梁方案，最后才考虑挡墙路堤方案。又如，在珍稀濒危物种的栖息地，原则上是避免建设公路项目，当公路路线局部如果无法避让野生动植物栖息地时，也应采取对生态影响最小的方案，如高架桥、隧道等方案。

（3）我国耕地人均占有面积较少，土地资源很紧张，因此在路线布设时，要以最大限度保护耕地为原则，尽量少占用耕地，最大限度避免基本农田条块隔离。

（4）要对公路沿线的景观进行调查，并对自然景观进行视觉评价，按照调查到的自然和人文特征点进行合理布线，使得筛选的路线尽量能展示路域景观的美。

（二）设计阶段

公路设计主要分为两个阶段，即初步设计和施工图设计。初步设计的任务是确定合理的设计方案；施工图设计是根据初步设计的批复意见，对所确定的原则、方案和技术措施加以深化，并通过设计图的形式表示出来，以指导施工。

1. 技术标准的选择

公路设计首先是技术标准的选择，我国《公路工程技术标准》（JTJ B01—2003）中明确指出：公路等级的选用应根据公路功能、路网规划、交通量，并充分考虑项目所在地区综合运输体系、远期发展，经论证后确定。在实际操作中，公路等级选择的主要因素是服务交通量和公路所在地区的地形、地质、水文、生态等自然条件，在综合考虑这些因素后，确定项目的技术标准。

技术标准的选择是一个复杂的问题，既要避免采用过低的标准，防止公路在未达到交通使用年限就出现交通量的饱和而要进行扩建，也要避免采用过高标准带来的资金紧张和破坏环境等问题。

我们国家幅员辽阔，生态环境、地形地貌非常复杂，同时各区域的社会、经济、文化总体发展水平差异较大，公路建设水平也有很大差异。采用何种标准建设公路，是决定路域经济发展和对环境影响的关键因素。设计者应该本着“因地制宜、实事求是”的观点出发，根据需要选择恰当的标准，使得公路与社会和自然和谐。

在具体技术标准的选择中，除了考虑项目的总体定位和功能外，更要多关注项目本身对生态环境的影响，在综合考虑了包括生态环境在内的各种要素的前提下，选择合理的建设标准，并在设计中采用动态设计的方法，根据具体路段微调项目标准。

2005年10月25日，《人民日报》刊登了题为“呵护神农架保护区，生态旅游高速公路改为二级公路”的文章，文章称神农架林区领导决定调整规划中的高速公路设计方案，改为山区二级公路。由高速公路“降为”二级公路，投资从20亿元降为3.84亿元，新征用地按交通部山岭重丘区高速公路用地估算办法测算，从4130亩减少为620亩。 神农架旅游公路等级的变更，值得公路工作者认真思考，除了充分考虑对生态环境的保护以外，决策者的实事求是、统筹兼顾、因地制宜的整体性、全局性思想，值得借鉴。

2. 路线设计

公路路线设计主要指路线的平面设计、纵面设计和平纵组合设计。从保护路域生态环境的角度出发，公路的路线设计应考虑如下要点。

1）路线设计的避让和补偿

我国《公路环境保护设计规范》（JTJ/T 006—98）中把公路环境保护设计所称的生态环境定义为：“公路中心线两侧各200m范围内的自然保护区、水源保护地、森林、草原、湿地和野生生物及其栖息地等”。并在规范中明确规定公路应绕避生态环境中所列的保护对象。公路对生态环境中的保护对象产生干扰时，应结合受保护对象的特性提出保护方案，将不利影响减少到最低限度。有条件时，宜进行环境补偿。

在进行选线设计阶段，应该结合公路项目的具体情况，按照路域生态学的基本原理，对路域生态的情况进行认真分析。

有效避让是减少公路建设对生态、环境敏感点影响的最有效技术措施，可以大幅度减弱甚至消除对敏感点的影响。

补偿是针对无法避让而采取的对已破坏的生态环境在异地进行恢复或重建的工作。补偿也是减少公路对环境影响的另一个有效措施，但同时也必须要认识到，由于连续群落生境的形成需要漫长的时间，因此原则上是不可补偿的，例如湿地、草原、原始森林等。

东苏高速公路是国道210线包头至南宁公路内蒙古自治区境内其中的一段，东苏高速公路路线的布设除考虑了地形、地物和地质等方面的因素外，还将路线所经地区的生态环境因素作为重要因素进行了综合考虑，路线所经主要环境敏感区有沿线村庄、学校、成陵巴音昌霍克湿地、成陵旅游开发区、拟建的扎萨克水库，在路线布设时，根据具体情况，采取以下设计：

（1）在选线时，尽量对居民居住区进行避绕，在无法避绕时，对距离路中线100m以内的居民居住区，考虑进行搬迁。

（2）路线对沿途湿地进行避绕。从湿地的东侧经过，距离湿地500m，减少了对湿地生态环境的影响，同时，在流向湿地的河流上设计了一座大桥，不仅使通向湿地的水源畅通，又为生活在湿地内的野生动物预留了通道。

（3）路线对拟建的扎萨克水库进行避绕。扎萨克水库以后将成为鄂尔多斯市的重要水源地，线位布设采取避绕的措施，将线位布设于水库下游700m处，有力地保障了水源地水质不受污染。

又如陕西西汉公路途经佛坪大熊猫自然保护区、洋县朱鹮鸟类保护区、羚牛保护区以及古汉台等历史文化遗址。在选线设计上考虑避开动物保护区，绕行洋县汉江南岸。这种设计虽然使整个线路增加了30km，增加投资近15亿元，但较好的保护了秦岭宝贵的野生动植物资源。

2）线形设计

在公路的线形设计上，与地形的协调是非常重要的，这不仅可以减少工程量，而且可以减少对自然环境的扰动，同时使公路在视觉上看起来更加顺畅美观。

在进行线形设计时，应重点考虑如下方面：

（1）要综合考虑包括边坡的纵断面设计、周边的自然景观和植被状况。

（2）在视觉上要考虑如何将地域良好的景观要素包含在内。

（3）从驾驶员与乘客的实际视觉映像来设计平纵断面，要注意驾驶员和乘客实际看到的线形是透视效果，因此在线形设计中要尽量叠合平曲线和纵曲线，并让驾驶员很容易感觉到公路的走向。

（4）大规模的挖方对视觉和生态影响较大，在路线设计中应尽量考虑回避坡面和缩小坡度等问题。

3. 路基设计

1）挖填设计

地质病害防治、地形和地质条件是决定路线的主要因素。在早期的山区设计中，高速公路“多挖少填、纵向利用”和“填挖平衡、降低造价”的思想根深蒂固，加上对地质病害认识不足，对高填路堤和深挖路堑的安全问题也未引起足够的重视，造成了许多高填深挖路段的安全隐患，或在地质情况不十分明朗的情况下，选择了深挖路堑方案。

随着人们对环保意识的提高，公路的设计者也越来越重视在设计阶段最大限度保护生态环境，在山岭区逐渐以桥隧来替代高填深挖。如果地形陡峭，设计者还可考虑路线的分幅设计，这样能够把土方工程降到最低，避免对边坡过多开挖，同时能最大限度保护敏感环境，减少植被破坏和水土流失。

在山岭重丘区的路线设计中，降低造价并不是最重要的，首先要考虑的是最大限度减少地质灾害的发生和最大限度的保护路域的生态环境。

2）横断面设计

公路横断面设计也是决定公路对环境影响和视觉效果的重要因素。从保护环境和美观的角度出发，横断面设计应考虑以下要点：

（1）与地形相协调，让驾驶员感到公路安全平稳，减轻压迫感。

（2）根据环境保护的需要，可以适当采取平面分离和高低分离，这样能最大限度保护环境敏感点，减少坡面防护等人工构造物，同时有助于美化公路景观。

（3）分离式路基应尽量保存已有林地。

（4）尽量放缓边坡，有助于增强公路和周边景观的关联性。

（5）应构造经济的横断面，使其减少占地。

3）排水设计

路基排水设计是路基设计中必不可少的内容之一。同时，路基的排水情况也涉及沿线的生态平衡，水土保持，以及农田和水利建设。进行路基排水设计，选择排水设施的类型时，不仅要考虑自身排水的需要，还要少占农田，并与当地排灌系统相协调，重视环境保护，防止水土流失和水源污染，做到因地制宜，综合规划。

另外，排水工程的设计水平和施工质量直接影响高速公路的整体美观，也是高速公路景观设计的重要组成部分。

欧美非常重视保护自然，提倡植草边沟。据美国资料，高速公路土质边沟通常采用缓坡圆弧形边沟，边沟的边坡一般大于1:4，在开阔平坦地区可用1:5、1:6或更缓的坡度。条件受限时可用1:3较陡值。边沟底宽应大于4ft，边沟深在一般降雨小的地区用1ft，降雨大的地区用3ft。欧洲国家，如德国在高速公路旁边采用宽而浅的植草水道作为排水边沟，在路堤较矮的路段，植草边沟的采用可以与路堤形成一前一后相映成趣的景观，使得环境看起来更为自然，同时对保护环境，净化地表径流也有好处。

综合考虑水沟的功能要求、生态要求和景观要求，公路排水设计应主要考虑以下要点：

（1）水沟设计必须充分考虑与沿线的地形地貌、自然环境相协调，在考虑排水功能和安全的同时，必须考虑绿化效果和景观效果，尽量采用流线形设计，模糊公路和自然的边界，使得公路和自然融为一体。

（2）设计植草排水路线，植物不仅能有效防护路侧和水道的土壤侵蚀，还能为净化路面径流提供生物过滤系统。

（3）溪流的改道设计应考虑为鱼类提供适宜的栖息地和洄游通道。

（4）涵洞的设计在考虑泄洪能力的同时也要考虑对鱼类逆流通过能力的影响。

（5）设计雨水滞留系统对雨水进行控制，从而降低雨水从公路上流出的径流速度。

（6）圬工水沟虽然抗冲刷能力强，但景观效果不佳，根据具体情况，可采用草沟和土沟替代。

4）取弃土场设计

不合理取弃土设计将严重破坏公路的生态和景观。在取弃土场的设计中，应考虑以下环保和景观问题：

（1）取弃土场尽量选择在公路看不到的地方，或者通过植被恢复措施使得取弃土场尽量与周围的自然环境相协调。

（2）通过合理的设计，取土场可以成为排水池塘和雨水滞留区，但是水位必须进行控制，防止对地下水产生不良影响。

（3）取弃土场应该进行彻底的植被恢复。

（4）取土坑的纵横坡、底面必须保持平顺的纵坡，以利于排水。

5）边坡设计

在边坡本身设计之前，应通过线路的微调对高大边坡进行回避，从而最大限度地保护自然环境。在边坡的设计中，主要考虑以下环保要点：

（1）要研究坡面和地形的相互关系，尽量保护已有树木和植被，并对表土合理利用进行设计。

（2）坡面设计要考虑坡面与自然地形之间的顺畅与连续性，尽量消除坡面与地形之间的折线。

（3）对挖方边坡，不一定非要削去岩石和砍伐已有的树木，粗糙不平的边坡看起来更有质感。

（4）有条件的地方尽量放缓边坡，有助于维护工人和机械设备的接近，便于开展修剪、浇水和其他维护活动。

（5）在边坡稳定的前提下，选择刚性结构与柔性结构相结合，多层防护和植被防护相结合的防护形式。

（6）避免使用喷浆、锚杆挂网喷浆等对环境破坏大、严重影响景观的防护工艺。

4.桥梁设计

桥梁是展现公路风格的主要构造物。从环保和景观的角度来考虑，桥梁的设计主要考虑以下要点：

（1）对桥梁的设计，首先要考虑自身的美学效果，需要考虑对称、平衡、节奏、韵律等美学形式原理；同时需要充分研究与周边景观的协调与融合。

（2）在桥梁形式的选择过程中，重视功能和构造要求。

（3）桥梁设计的同时应该考虑如何恢复桥梁下部空间的植被。

（4）桥梁的基础部位可进行植物栽植，减少桥梁造成的压迫感。

二、施工阶段

公路属大型工程建设项目，具有线长、点多、面广等特点，故对环境的影响范围大，涉及面广，而由于公路建设项目的施工期较长，经常是跨年度施工，对生态环境影响周期较长。例如清理施工场地或开通公路时可能清掉珍贵或值得保护的植物；不合理的施工布局有可能增加占地面积，扩大影响范围；在公路建设的施工过程中还会造成噪声污染、水体污染、大气污染和固体废弃物污染等；施工期还可能发生线位调整、设计方案变更，产生新的环境问题和敏感保护目标。总之，施工阶段是一个最为活跃也最为多变的时期，它给自然资源和生态环境的保护既造成了巨大的压力，但同时也带来很多改善的机会。实践表明，对公路施工期的环境问题足够重视，有利于最大程度地减轻公路建设项目施工期对环境的危害，同时也为公路建设环境管理提供科学的理论依据，对促进公路建设与社会、经济、生态环境的协调发展，对实现公路交通的可持续发展都具有重要的现实意义。

（一）施工阶段的保护内容

施工阶段的环境保护的目标是对环境最小程度的破坏，客观说，建设过程中不破坏环境几乎是做不到的，但是公路建设者可以通过各种工程措施将这种破坏降到最低水平。这阶段的环境保护内容主要包括以下几个方面。

1. 防止路域水土流失

根据水利部《开发建设项目水土保持方案编报审批管理规定》的相关要求，在山区、丘陵区、风沙区修建铁路、公路、水利工程、开办矿山企业、电力企业和其他大中型工业企业，必须编报“水土保持方案报告书”。其总体防治目标为：人为新增水土流失得到基本控制。除工程占地、生活区占地外，土地复垦及恢复植被面积必须占破坏地表面积的90%以上。采用各类设施阻拦的弃土石渣时要占弃土石方总量的80%以上；原有地面水土流失应得到有效治理。使防治范围的植被覆盖率达40%以上，治理程度达50%以上，原有水土流失量减少60%以上；公路施工和运行安全应得到保证；方案实施为沿线地区实现可持续发展创造有利条件，通过绿化美化建设，使项目区周围的环境质量得到提高，为当地群众创造良好的生产、生活环境。

根据上述要求和公路建设的实践，公路施工阶段的水土保持工作主要考虑以下内容：

（1）开挖前，明确清理范围和对象，仔细进行测量、放样，不扩大清理范围，破坏沿线两侧的植被。

（2）清理的废土、弃土应运至弃土场堆放，并采取相应的防护措施，避免其流入水体中，公路两边的零星弃土，应在公路封闭前处理完毕。

（3）土石方开挖回填时要避开雨季，在降雨来临之前，进行开挖回填，及时设置临时沉淀池拦截泥砂，待路基建成后，及时将沉淀池推平，进行绿化或还耕。

（4）雨季施工时，应及时掌握气象预报资料，以便按降雨时间和特点实施雨前碾压成型，减少水土流失。

（5）路基施工过程中，及时设置排水设施，并时刻保持通畅，避免边坡垮塌，滑坡和水土流失，造成对两侧耕地的污染和损毁。

（6）当路基填高过高时，应及时在两侧设置拦水埝，边坡上每隔一定距离设置一条临时性的急流槽集中排水，不允许漫坡散流，并随路基填高而相应加长临时急流槽。

（7）开挖土方及钻渣应堆放在附近空地并进行围护，施工结束后及时回填泥浆池、沉淀池及桥墩基础。

（8）施工中的所有运输道路，包括租用的地方道路和自建的临时便道，都要进行养护、维修、洒水、清扫，保证道路畅通和排水通畅。

2. 保护路域土壤资源

公路施工应注意保存施工场地原表层土壤（熟土），在一些生态脆弱地区施工时，更应注意表层土壤的保存；禁止施工作业废水散排和施工垃圾任意堆放，防止土壤污染。

绥满公路哈尔滨——绥芬河段位于山岭重丘区。在这条公路的建设中，建设单位以“不多砍一棵树，不多占一亩地，不乱弃一车土”为原则。为了保护黑土资源，地表腐殖土被保存起来，在公路完工后，重新用于绿化和边坡培土。公路建设者还从大兴安岭的湿地中采集草皮，用于沿线裸露山体绿化，把施工过程中的破坏减少到最小。

3. 保护路域水环境

在没有得到有关管理部门的书面同意的情况下，公路各类施工活动不应干扰河流、水道、现有灌渠或排水系统以及为邻近的土地所有者提供灌溉与排水用的临时管道。

另一方面，公路建设也可以通过工程措施改善地区的储水条件。如陕西铜黄公路经过“西澡水库”，这是宜君县水源，由于先前大坝漏水，水库的储水量小。工程于1996—2000年施工，公路在施工过程中对西河水库的大坝进行了加固和防漏处理，水库储水量增加明显。在1993年11月和2000年12月的两次调查中，均发现有候鸟在水面上，2000年水面较大，出现鸟类的种类和数量较多，可见项目建设增加水域面积后改善了生态环境。为了保护西河水库的水质，修建了边沟和下边坡截水沟截流路面和路边污水。截流雨水经蒸发池处理。沿水库上游6km河段共修建了12座雨水蒸发池，蒸发池按历史最大小时流量的2倍设计，确保路面水不流入水库。

公路施工过程中的路域水环境保护主要考虑以下要点：

（1）钻孔桩基施工过程中形成的泥浆要集中处理，可利用废弃的鱼塘、较大的沟井坎穴或人工修筑的临时大坑，用泥浆车或其他运输工具，将灌完混凝土后的废弃泥浆集中存放，并在工程完工时及时清除干净，以免堵塞河道和妨碍交通。泥浆集中处理过程中的操作用水，应采取过滤、沉淀池处理或其他措施处理后排放。

（2）施工现场搅拌站废水，必须经沉淀池沉淀合格后再排放。

（3）施工现场临时食堂的污水排放时要求设置简易的隔油池，定期清理防止污染。

（4）工地临时厕所、化粪池要求采取防渗漏措施，并有防蝇灭蛆措施，防止污染水体和传播疾病损害施工人员的身体健康。

（5）路基施工期间应始终保持工地的良好排水状态，修建必要的临时排水渠道并与永久性排水设施连接，在临时排水渠道按一定的间距设置沉沙池，定期清理，防止泥沙冲入江河水体中。对跨越鱼塘的路段应在施工前划定施工界限，避免破坏征地范围外的鱼塘水质，施工营地和施工场地也应尽量远离鱼塘设置，对于紧靠鱼塘设置的便道应在其便道边缘适当设置拦水埝，防止泥水漫流至鱼塘，严禁将污水排入鱼塘。

（6）雨季填筑路堤应随挖、随运、随填、随压实，施工过程依次进行，每层表面应筑成一定的横坡，使其不积水；开挖或填筑的路基边坡应及时采取防护措施，在路基两边设置拦水埝，边坡设置临时急流槽，将路基表面的雨水集中引入排水渠道；在挖方段路槽两边设置临时排水沟，坡顶截水沟应尽早施工或设置临时截水沟，防止雨季到来时水流对坡面的冲刷而影响排水系统的功能，同时减少对附近水域的污染。

4. 保护自然和人文景观

在施工过程中，不应仅考虑一时的方便而破坏有意义的泉水、溪流、山岩、土丘等地物、地貌以及有重要存在价值的人文景观。

横亘在崇山峻岭间的黄塔（桃）高速公路，周边的生态环境奇佳，名贵树种繁多，而且沿途的古桥古道古民居不胜枚数。 在休宁县岭南乡璜茅村与江西婺源交界处，就保存着一段为数不多的古驿道，另外还有3座古石拱桥，具有较高的文化保护价值。为保持古道、古桥等古迹的原有风貌，施工单位修筑施工便道时多拐弯避开古道、古桥，实在不能避开则通过新建跨河桥梁等方式保护古道、古桥。与此同时，他们在对距古道、古桥边沿的路基开挖过程中，禁止施工人员放炮，防止古道、古桥受到震动而引起开裂或坍塌。虽然此举延缓了施工进度，并增加投入资金20余万元，但有效地保护了当地的人文景观，得到了当地群众的理解和支持。

5. 保护路域动植物

施工过程中应采取积极措施保护生物多样性，尽可能消除和减少对生物多样性的不利影响。如在选址驻地、预制场、拌和站等人员活动较多的场所时，避开动物（主要是受保护的动物）栖息地；在野生动物经常出现地段施工路基时应设置路障，防止动物摔损；严格划定施工作业范围，禁止乱砍乱伐、碾压施工作业界限以外的树林和草丛。

宁淮高速南京老山隧道总长6825m、设计时速100km、双向6车道、跨度14m，是一条高标准的高速公路隧道。老山隧道须经过的老山国家森林公园。该公园占地8 000公顷，森林覆盖率达80%，有成片的原始森林，野生植物达586种，还有200多种观赏树木。特别是国家二级保护动物虎凤蝶，目前仅在南京、武汉等少数地方能觅见其踪迹。宁淮高速公路如果沿用过去“逢山开路、炸山取石”的传统做法，势必会破坏老山森林公园的自然生态环境，最终导致这些蝴蝶无法继续生存下去。为此，建设者在线路实地勘察过程中，决定让高速公路“穿山而过”，这虽然加大了工程施工难度，但却为虎凤蝶保住了繁衍生息的生态空间。

在老山隧道的出口处，有两棵百年楸树，为国家一级保护树种。在最初的勘测设计方案里，其中一棵楸树恰好在施工范围内。为了保护这两株珍稀植物，建设者将施工线路作了相应调整，同时耗资10万余元为楸树专门砌石坡、筑栅栏，对其进行保护。

6. 降低施工噪声

施工噪声对人类和野生动物均产生一定程度的影响，大量研究表明多种鸟类回避公路形成公路回避带，噪声给沿线居民的正常生产生活带来不便。结合公路施工过程的特点和工程实践，施工阶段的噪声防治要点如下：

（1）尽量采用低噪声机械，工程施工所用的施工机械设备应事先对其进行常规工作状态下的噪声测量，对超过国家标准的机械禁止入场施工。施工过程中还应经常对设备进行维修保养，避免由于设备性能差而使噪声增强的现象发生。

（2）针对桥梁路段的施工应加强施工管理，合理安排施工作业时间，尽量避免夜间施工，严禁夜间进行打桩等高噪声施工作业，搅拌机等机械应采用半地下式，并采用木制隔声板等临时的降噪措施。

（3）临时修筑的施工便道应尽量远离敏感点，避免运输路线穿镇过村。应加强对物料运输的组织管理，尽量避免夜间运输。如无法安排则采取减速缓行、禁止鸣笛等措施。

（4）对施工机械操作工人及现场施工人员按劳动卫生标准控制工作时间，并采取个人防护措施，如戴隔声耳塞、头盔等。

7. 防止施工对大气产生污染

工程施工过程中会产生一定的废气和粉尘，对路域大气环境造成一定的影响，可以通过合理的施工组织和工程措施减少对其的影响。

（1）加强施工管理，提倡文明施工、集中施工、快速施工。

（2）堆场应加强管理，在物料堆场四周设置挡风墙（网），合理安排堆垛位置，并采取加盖篷布等遮挡措施。

（3）为降低物料拌和扬尘对其的影响，建议物料搅拌站设置尽量远离有密集村庄居住区的路段，并将拌和站尽量设置在敏感点以外较远的区域，并且采取全封闭作业。拌和站的扬尘主要产生于水泥充放及沙石装卸，可对水泥罐设置除尘装置；沙石料场应及时洒水；沙石装卸时应尽量降低落差；对场地应及时清扫、洒水；施工人员应配有防尘用具，以保护工人健康。

（4）水泥、砂和石灰等粉状易洒落的散装物料，在装卸、使用、运输、转运和临时存放等过程中，应采取防风遮盖措施，以减少扬尘。混合料应集中拌和，减轻对空气、农田的污染。

（5）沿线施工便道（包括临时道路）、进出堆场的道路和无铺装的路基段应及时进行洒水处理，减轻扬尘污染，便道与运输道路交叉处要及时清扫、洒水，减少扬尘。对临时施工便道应适当进行保护和硬化。

（6）路基填筑施工过程对成形施工路段适时洒水，减轻扬尘污染。

（二）施工阶段保护要点

1. 路基工程

路基工程施工过程主要的环境保护措施见表5–8。

2. 路面工程

路面工程施工过程中主要的环境保护措施见表5–9。

3. 桥涵工程

桥涵工程施工过程中主要的环境保护措施见表5–10。

4. 隧道工程

公路隧道是减少工程弃土和植被破坏，减少生态影响的较好方式，隧道一般以开挖面小、植被破坏量小的洞口设计方案为佳。在隧道施工中应注意以下环保问题：

（1）碴石应充分纵向调运利用，废渣应整齐、稳固地堆放在合理的弃土场中，并修建必要的排水设施。

（2）隧道位置若处于潜水层时，应重视地下水的渗漏问题，一旦发现处于潜水层应及时采取措施防漏止水，对高切坡处出现的地下涌水也应采取防水措施。

（3）施工废水经过沉淀等处理后方可排放，不得对自然水体造成污染。

（4）凿岩施工必须采用湿法钻孔。通风量必须保证能够有效除尘并置换新鲜空气进入作业面。

路基施工阶段环境保护措施要点 表 5-8

施工活动	相应的保护措施
准备	（1）边坡开挖时应顺应地形，连贯平顺，与地形的连接应利用弧线过渡，不得生搬硬套设计，避免边坡出现“一刀切”的人工痕迹，让边坡与原地貌融为一体，形成流线形效果； （2）尽量保留植物；禁止跨越红线作业
场地清理	（1）公路永久和临时用地内的所有非适用材料，应清除并移运到适宜地方妥善处理；工程区内的原始表土层，往往是表层有肥力的熟土，应在工程施工前预先对其进行剥离，并运送到渣场或料场与渣场或料场表层土集中堆放，立交范围剥离的表土需就地存放，以备后续覆土之用，并做好排水设施，达到设计堆放高度后采取覆盖或临时植被恢复措施； （2）在拆除旧通行及排水结构物前做好新的通道和排水设施，确保正常交通和排水； （3）结构物拆除点周围30m范围内有居民点时，采取整体大部件吊装拆除框架混凝土结构，并且在拆除前对被拆体充分洒水，保持湿润，以减少粉尘排放
路基开挖	（1）在路基开挖施工中发现的文物古迹，应立即报当地文物部门处置； （2）弃土严禁运入自然保护区核心区和缓冲区； （3）山区道路在易滑坡、崩塌和泥石流路段施工时，应严格按设计要求施工，施工过程尽量采用机械开挖，避免放大炮作业，防止爆破引起地质灾害； （4）路堑的开挖过程中，应尽量缩小作业面，将对植物的破坏减少到最小； （5）粉煤灰路堤施工中，粉煤灰的运输和堆放应呈潮湿状态，运输车辆周边密闭，顶面加盖，以防粉煤灰沿路散落飞扬而污染环境；在施工路堤两侧设置排水设施和防雨冲刷的措施，以防粉煤类污染附近水源和农田； （6）敏感点场地采取减噪措施，禁止高噪声机械设备夜间施工； （7）在雨水地面径流处开挖路基时，及时设置临时土沉淀池； （8）对土壤松散边坡坡面，可采用路肩挡水土埂防止汇流直接下泄冲毁路基； （9）路堤填土后立即对顶面、坡面平整并压密实； （10）路面应设路拱横坡； （11）边坡排水沟在坡脚处设横向截水沟或缓冲带，边坡排水沟和截水沟的末端每100m左右，视需要可以修建沉淀池，以阻留从坡面冲蚀的土壤，沉淀池要有足够的容量以沉淀土（石）渣； （12）临时排水沟和截水沟可以与永久性排水沟结合修建； （13）在雨季来临之前，将开挖或回填土方的边坡的排水设施处理好，并防止路基施工中发生泥水污染农田，雨季时用沙袋或草席压住坡面进行暂时防护； （14）边坡开挖时由于爆破引起的危石，必须清除，但对于边坡上稳定的整块孤石可不予清除
路基填筑	（1）边坡防护原则上最大限度的减少上挡护面墙、浆砌护坡等圬工砌体，尽量以植物生态防护为主，当工程需要设置挡防结构时，断面形式及尺寸应根据实际地质、地形条件灵活设置，采用多层防护与生态植被防护相结合的方法进行边坡防护； （2）挡土结构外观设计应避免千篇一律，尽量减少人工痕迹； （3）按指定地点取土，做好路基边坡防护工程； （4）控制路基取土的面积和深度； （5）雨季施工时及时掌握气象预报资料，按降雨时间和特点实施雨前填铺的松土压实等防护措施；填筑完工后，及时按设计要求开展防护工程施工； （6）填方高度较小的填方地段可采用较缓的坡比，使其平纵面的线形与原地貌圆顺过渡，避免出现起伏和折点； （7）防护工程施工完成后，应及时开展植物防护工程施工，并对植物防护工程的质量进行检验评定； （8）路基施工结束后，如不能及时进行防护工程的施工，遇汛期可采用塑料薄膜或草栅对路基边坡进行覆盖，以防降雨、径流对路基边坡产生的溅蚀、面蚀和冲蚀

路面工程施工阶段环境保护措施要点　　表 5-9

施工活动	相应的保护措施
灰土和沥青拌和	（1）要按照批准的场拌、路拌要求施工，重点控制扬尘和沥青烟的污染，并控制污水排放； （2）细粉料堆应进行遮盖或洒水措施处理； （3）拌和设备应配装有集尘等环保装置； （4）路拌时要及时洒水； （5）细粉料拌和作业，设置喷水嘴装置； （6）运输易引起尘的材料时车辆应备有盖布及类似物进行遮盖； （7）配备临时污水汇集设施，对拌和场清洗石料的污水应汇集处理回用，不得直接排出施工现场以外的地方
路面基层施工	（1）在敏感点场地采取减噪措施，禁止高噪声机械设备夜间施工； （2）在旱季施工时对施工场地和施工便道每天定时洒水； （3）禁止施工污水及路面径流直接流入河流中
沥青路面施工	（1）在敏感点场地采取减噪措施，禁止高噪声机械设备夜间施工； （2）在旱季施工时对施工场地和施工便道每天定时洒水； （3）禁止施工污水及路面径流直接流入河流中； （4）禁止沥青材料废渣进入水体； （5）注意减少对周围土壤植被产生的破坏

桥涵工程施工阶段环境保护措施要点　　表 5-10

施工活动	相应保护措施
施工前准备	（1）检查桥梁附近的施工营地或施工现场应远离水体； （2）若不得不布设在水体附近，产生的污水、粪便严禁排入水体，生活污水、粪便必须经化粪池处理后给当地农民还田
桥涵施工	（1）架桥时应设防护网，不让杂物掉进河中，桥面铺装、桥面养护时也不能让泥沙、废水流入河流； （2）对桥梁施工机械严格进行检查，防止油料泄漏，严禁将废油、施工垃圾等随意抛入水体； （3）桥梁施工中的工程用水经沉淀池沉淀后方可排放； （4）涵洞出口流速较大时，必须在进出口进行加固，防止冲刷； （5）于不可避免的河道及河岸开挖工程，应严格控制开挖界限，不得任意扩大开挖范围； （6）钻孔灌注桩施工中产生的泥浆和孔中污水不得直接排入水体中； （7）混凝土的灌注施工，溢出的泥浆应引流至适当地点处理； （8）旱桥施工中，除墩、台永久施工部分以外，应最大限度减少砍伐桥跨范围内的植被的现象； （9）原始森林内桩基施工建议采用挖孔方法进行，确须采用钻孔桩施工时，也不得随地排放泥浆污染周围环境，而应排放至专设的泥浆池内循环使用，待钻孔桩施工完成后，回填泥浆池，恢复植被； （10）基础基坑开挖及挖孔桩施工时，挖出的土石方不允许横向弃土压盖原始森林的丛林、灌木，而应运至指定的弃土场废弃； （11）基础施工完成后应回填基坑并将建筑垃圾清除到弃土场。基础开挖产生的废方及泥浆应运至指定地点堆放，全部堆放完毕后应采取绿化或复垦措施； （12）在敏感点场地采取减噪措施，禁止高噪声机械设备夜间施工和夜间禁止打桩作业

（5）宜利用原山地植被进行洞口绿化，不仅植物的生命力强、持续时间久，而且可减少视觉冲突。

5. 取弃土

公路工程施工中取弃土处理是项重要的内容。弃土处理不好就会带来较为严重的水土流失，且危害极大，它可冲毁土地和农田，给农业生产造成严重损失。产生的淤塞会抬高河道，导致洪水泛滥，破坏交通，威胁人民生命财产安全。取土过量会使土层变薄，植被破坏，大大降低了蓄水能力，加剧了洪涝灾害的发生。

公路工程弃土主要来源于路基工程、隧道工程、桥涵工程、建筑工程、便道工程、生活垃圾及取土场的清理。在很多情况下公路项目会出现工程弃土，弃土处理工作有时会遇到以下问题：

（1）土石山区公路的总挖方量远大于填方量，难以实现填挖平衡。

（2）路线长度大，地形条件差，难实现长距离调运。

（3）场地清表土有机质含量高，不宜作路基填料。

（4）挖方土石质量差，不宜作路基集料。

（5）工程施工操作环境差，有些土石难以收集清运。处理好弃土是有效减少施工过程对环境影响的重要环节。

因此取弃土处理过程应注意如下要点。

1）取弃土场地的合理选址

按设计或有关文件规定的界限和要求施工，考虑到方便以后利用，不能任意选址或扩大范围。采石取土区、弃土场、工程构件作业区禁止选用森林、草地和湿地作为选址地区。

禁止将废渣、土石等随意堆弃和倾倒在洞口、水体山涧等区域。弃方不得弃入或侵占耕地、渠道、河道、道路等场所，必须运至指定的弃方场。

为防止弃土场的水土流失，山区弃土场尽量选择在谷底的一翼，避免设在集中过水处。

弃土场要修砌挡墙。

2）取土场和弃土场的恢复利用

施工完毕应对取、弃土场全面修整和清理，按要求在地表覆盖熟土，及时绿化，并尽可能进行造田。

（1）弃土处理。弃土可以进行如下再利用，起到环境保护和资源再利用的双重效应。

① 填垫房基。对居住和出行条件较差的地区，或农民计划重建新居的地方，可用工程弃土填垫宅基，减少弃土量。对大面积拆迁或计划新建房屋的地区，可与地方政府联合，统一规划，用工程弃土填垫房基。这种方式处置的弃土量与环境条件有关，一般零星住房形式较多，用量较少，但这种方式可以化废为利，既帮助农户解决垫基土源，减少采土造成的生态破坏，同时也减少了水土流失的土石源。

陕西宝牛公路一大型弃土场选址位于巨大冲沟，码关村村民沿沟边居住，住房和出行环境很差。工程首先在冲沟边缘筑设了挡土墙，再分层填倒工程弃土，并作排水处理，最后整平上部覆土造田和建设新村。村民对这种改善生活环境和填渣方式非常乐意接受，并且很多人积极、主动地参与到整田建房工作中。

② 弃土造田。由于人口基数大，我国的人均耕地十分稀少，公路路基占地无疑使耕地资源更加紧缺，任何时候公路设计时都应尽可能的选择造地方式，利用公路弃土造地已有较成功的经验。一般先采取挡护措施，再分层填倒工程弃土，作排水处理，最后整平上部覆土造田。在选用冲沟或河滩造地时需要考虑地区泄洪，防止水流不畅引发洪涝灾害。

③ 弃土造绿地。虽然造田是处理弃土的首要选择，但由于农田对土质和日常操作条件要求较高，一些情况下造田比较困难，如：弃土坡度大、平整面小；当地土源缺乏，弃土含石量高；气候干旱，无灌溉条件；弃土中重金属含量较高。在这些条件下，农业经济价值低下，且年季的农耕操作过程会造成严重水土流失，这时，恢复和建造自然生态价值远高于农业经济价值，可将弃土固定绿化造景，优化生态效应。

集中弃土时，弃土场宜选在环山之中，挡护后集中堆弃，选用当地草种绿化，形成与周围环境色彩相协调的绿化沿线景观。

对于路边弃土方式，可采用植被自然恢复方式，也可采用花木绿化方式，不同的方式均增加了沿线景观的多样性和美感。

④ 弃土的其他利用。在石山区，工程废渣可作为石源，加工成各种规格的石材，供应市场。

（2）取土场处理。完工后应对取土场进行修整和清理。可按要求在地表覆盖熟土还耕，或与当地土地管理部门商议后，对取土坑进行改造，放缓边坡，开发成水源和鱼塘。

6. 附属工程

1）生活营地

生活营地指施工单位和驻地监理工程师的临时驻地。

修建生活营地的临时工程应尽量减少对原自然生态环境的损害；在竣工拆除临时工程后，应恢复原来的自然状态。

在合适地点修建临时性的卫生设施，以方便汇集与处理由临时驻地的住房、办公室、其他建筑物和流动性设施排出的污水，修建容量适当的临时污水处理池，建有化粪池或其他能满足生活要求的系统，并予以管理、维持。由专人负责集中处理生活垃圾，减少对生态环境的扰动和污染。

2）临时道路

施工临时道路的影响范围可能大于最后竣工的公路工程用地范围，尤其在山区兴建公路时，需要大量的临时道路，这些道路缺乏规划设计，缺乏维护，缺乏管理，缺乏复垦规划，因此也是环保工作中难度较大的工作之一。施工临时道路应经过妥善规划、设计，绕开生态敏感地区，即使在旱季也不阻断山谷中的洪水通道；加强维护，路面洒水保湿，控制扬尘；控制车辆运输时段和车况，尽可能控制噪声。

三、运行阶段

经济发展与环境保护始终是一对矛盾，如何协调并保持动态平衡是我们的主要任务。通过合理的公路选线、优化创新的设计虽然在设计上能最大程度地保护生态环境，通过创新的施工理念和精细化施工能在施工中最小程度地破坏生态环境，然而不可避免还是对沿线生态环境产生了一定程度的影响，在某些情况下影响可能是比较大的，甚至是非常严重的，这就需要我们在运行阶段对受损生态系统实施最大可能的恢复，如果恢复措施及时得当，有些情况下甚至可提高路域生态环境的质量。

运行阶段生态恢复与提高路域生态环境的内容包括各种生物资源与非生物资源的保护，尤其是在植物群落的恢复、动物栖息地的恢复等方面。当前对动物栖息地创造的研究几乎没有，从景观生态学角度研究公路对景观破碎化影响及缓解对策也是研究的空白点，因此在运行阶段如何提高路域生态环境还有许多工作要开展。

其实多数选线阶段的生态问题可通过各种途径来弥补。如，对人居社区的噪声影响可通过噪声墙来解决，对路域原生植被的破坏可以通过生态恢复来弥补等。但必须意识到这些措施只是一种弥补，在初期阶段尽量避免直接切割栖息地的选线才是根本方式。

目前在国外广泛施行的生态补偿机制虽然在我国未全面开展，但是从长远看来，是发展的必然方向。生态补偿，包括污染环境的补偿和生态功能的补偿，即包括对损害资源环境的行为进行收费或对保护资源环境的行为进行补偿，以提高该行为的成本或收益，达到保护资源的目的。在欧洲，对于鸟类栖息地的损害必须提供同样价值的补偿区域。在发达国家，补偿措施一般采用“无净损失”原则，即对于公路交通干扰所造成的栖息地和生物多样性的丧失，应在公路附近建立具有相似生态学价值的栖息地加以补偿。

但有时公路在运行阶段也能有效提高路域生态系统的质量。如在西藏与内蒙古地区的草原公路修建之前，车辆没有固定行驶路线而随意碾压草场导致草场退化，公路修建之后，车辆行驶规范化，不会在草地上到处行驶了，因而周围草场得到了极大的保护。

从目前我国公路建设的实际需求来看，在运行阶段需要急需解决以下问题。

（1）开展对路域生态环境的监测工作，观测路域生态环境的逐年变化情况。

（2）开展路域生态系统的后评价工作，为路域生态系统优化提供指导和方向。

（3）开展路域生态养护技术和设备的研发。

附 录

路域生态学研究相关网站

（1）http://www.wildlandscpr.org　野地 CPR 协会

（2）http://www.nrvma.org/aboutnrvma.html　美国国家路域植被管理协会

（3）http://roadecology.ucdavis.edu　加州大学戴维斯分校路域生态学研究委员会

（4）http://www.iene.info　基础设施网络欧洲网站

（5）http://www.fhwa.dot.gov　联邦公路管理局

（6）http://www.icoet.net/index.asp　交通与生态学国际会议网站

（7）http://www.pc.gc.ca　加拿大国家公园网站

（8）http://www.deercrash.com　美国鹿－车辆相撞事故交流中心

（9）http://www.minuartia.com/butlleti/numero1/butlleti_cost_n1_english.htm　交通基础设施导致栖息地破碎化

（10）http://cte.ncsu.edu/cte　北卡罗来那州大学交通和环境研究中心

（11）www.wit.montana edu/Road Ecology　蒙大拿州大学西部交通研究所道路生态学研究网站

（12）http://www.dot.state.fl.us　佛罗里达运输厅网站

（13）www.carnivore safe Passage.org/index.htm　美国西部地区与加拿大动物通道研究网站

参考文献

[1] 中华人民共和国交通部 .JTG B03—2006 公路建设项目环境影响评价规范 [S]. 北京：人民交通出版社，2006.

[2] 中华人民共和国交通部 JTJ/T 006—98 公路环境保护设计规范 [S]. 北京：人民交通出版社，1999.

[3] 段昌群，杨雪清 . 生态约束与生态支撑——生态环境与经济社会问题关系的互动分析 [M]. 北京：科学出版社，2006.

[4] 段昌群 . 环境生物学 [M]. 北京：科学出版社，2005.

[5] 傅伯杰，等 . 景观生态学原理及应用 [M]. 科学出版社，2001.

[6] 高速公路丛书编委会 . 高速公路环境保护与绿化 [M]. 北京：人民交通出版社，2001.

[7] 国家环境保护局自然保护司 . 中国生态问题报告 [M]. 北京：中国环境科学出版社，2003.

[8] 段昌群，等 . 生态科学进展（第二卷）[M]. 北京：高等教育出版社，2006.

[9] 江玉林，等 . 公路路域环境生态恢复研究与实践 [M]. 北京：中国农业出版社，2004.

[10] 姜汉侨，段昌群，杨树华，等 . 植物生态学 [M]. 北京：高等教育出版社，2004.

[11] 交通部公路司 . 新理念公路设计指南 [M]，北京：人民交通出版社，2005.

[12] 刘茂松，张明娟 . 景观生态学——原理与方法 [M]. 北京：化学工业出版社，2004.

[13] 唐建荣．生态经济学[M]. 北京：化学工业出版社，2005.
[14] 邬建国．景观生态学——格局、过程、尺度与等级[M]. 北京：高等教育出版社，2002.
[15] 中国生物多样性国情研究报告编写组．中国生物多样性国情研究报告[M]. 北京：中国环境科学出版社，1997.
[16] Odum E.P. 生态学基础[M]. 孙儒泳等，译．北京：人民教育出版社，1981.
[17] Remmert H. 生态学[M]. 庄吉珊，译．北京：科学出版社，1988.
[18] 毛文永．生态环境影响评价概论（修订版）[M]. 北京：中国环境科学出版社，2003.
[19] 王珏．生态公路探索与实践[M]. 北京：人民交通出版社，2007.
[20] 陈爱侠．路域生态系统环境功能与稳定性的初步研究[J]. 长安大学学报，2003，20（1）.
[21] 鲁光银，熊瑛，朱自强．岩溶地区公路路侧土壤中重金属污染及其评价[J]. 公路，2007（3）.
[22] 谭少华，赵万民．绿道规划研究进展与展望[J]. 中国园林，2007(2).
[23] 项卫东，郭建，魏勇，等．高速公路建设对区域生物多样性影响的评价[J]. 北京：林业大学学报（自然科学版），2003，27（6）.
[24] 陈学平，江玉林，李振宇．我国公路建设项目生态保护与恢复对策[J]. 中国水土保持科学．2006（B12）.
[25] 李双成．中国道路网络与生态系统破碎化关系统计分析[J]. 地理科学进展，2004，23（5）.
[26] 李英华，张镭，段丽洁，等．公路建设对甘南草原生态环境的影响[J]. 干旱气象，2005，23（4）.
[27] 李月辉，胡远满，李秀珍．道路生态研究进展[J]. 应用生态学报，2003，14（3）.
[28] 柳雁．湖南省公路建设对湿地生态环境的影响及对策[J]. 湖南交通科技，2006，32（3）.
[29] 王云，李海峰，崔鹏．卧龙自然保护区公路和动物通道设置研究[J]. 公路，2007，（1）.

[30] John Davenport Etal. The Ecology of Transportation: Managing Mobility for the Environment [M].Netherlands: Springer, 2006.

[31] Forman RTT, Land Mosaics: the ecology of landscape and regions [M]. Cambridge. Cambridge University Press,1995.

[32] Forman RTT, Sperling D, Bissonette J A. Etal. Road Ecology: Science and Solution [M]. Washington:Island Press, 2003.

[33] Forman RTT, Godron M. Landscape ecology [M]. New york: John Wiley & Sons, 1986.

[34] Radley Z.Watkins, Jiquan Chen, Jim Pickens Etal. Effects of Forest Roads on Understory Plants in a Managed Hardwood Landscape [J]. Conservation Biology, 2003, (17) .

[35] Spellerberg I F. Ecological Effects of Roads [M]. New Hampshire: Science Publishers. 2002.